学前教育专业体育与幼儿体育活动指导

XUE QIAN JIAO YU ZHUAN YE TI YU YU
YOU ER TI YU HUO DONG ZHI DAO

张立燕 吕昌民 田志升 著

山东人民出版社
全国百佳图书出版单位 国家一级出版社

图书在版编目(CIP)数据

学前教育专业体育与幼儿体育活动指导/张立燕,吕昌民,田志升著.—济南:山东人民出版社,2014.7(2016.7重印)

ISBN 978-7-209-06691-4

Ⅰ.①学… Ⅱ.①张… ②吕… ③田… Ⅲ.①体育教育-学前教育-研究 Ⅳ.①G807.1

中国版本图书馆CIP数据核字(2012)第185695号

责任编辑:常纪栋

学前教育专业体育与幼儿体育活动指导

张立燕　吕昌民　田志升　著

山东出版传媒股份有限公司

山东人民出版社出版发行

社　址:济南市经九路胜利大街39号　邮　编:250001

网　址:http:// www.sd-book.com.cn

发行部:(0531)82098027　82098028

新华书店经销

山东省东营市新华印刷厂印装

规　格　16开(169mm×239mm)

印　张　19

字　数　340千字

版　次　2014年7月第1版

印　次　2016年7月第2次

ISBN 978-7-209-06691-4

定　价　32.00元

前 言

进入新世纪以来,学前教育越来越受到全社会的重视,幼教师资学历层次上移成为大趋势,幼儿师范教育也基本完成了从中专幼师向高职大专学前教育专业的过渡,招收的学生由原来的初中毕业生升为高中毕业生,原有的教材体系已不能适应办学的要求,适应专科层次学前教育专业的体育教材体系成为"空白点"。由于新教材的空缺,使得相当一部分学校只能沿用中专幼师体育教材,或选择高职高专通用教材,而这显然不符合学前教育发展的自身规律和培养目标。在学前教育实现大专化的进程中,适时编写出版一本体现幼教理念、思维和反映课程改革新成果的学前教育专业体育教材,无疑将会对新时代的学前教育注入新的活力。

这本体育教材源于教学改革研究实践,根据学前教育课程设置的有关规定和我校《学前教育专业体育教学大纲》编写的教师学生用书。学前教育专业的体育教学包括自身体育学习和职前技能训练的双重任务。随着改革研究的不断深入,教材在第一版基础上进行了完善修改,增加了理论知识部分,主要介绍了体育在学前教育专业教育中的意义与作用、体育和健康常识,结合未来职业介绍了幼儿园体育活动的组织与指导方法等内容。在技能实践部分的教材中根据学生特点选用适合大专学生的学习内容,教材内容包括体操、田径、球类、武术、健美操等。同时根据幼儿教师在幼儿园每天都要进行的早操以及组织幼儿进行体育游戏和体育教学等活动,把幼儿操、体育游戏、体育教学活动实践作为学生必须学习掌握的教学内容。

我们试图在本教材中突出学前教育专业特色,体现高等教育与职业教育的结合,体现理论与实践的结合。本书由周京峰宏观统筹,第六章田径运动由吕昌民编写;第七章球类运动为田志升编写,理论知识部分、技能实践第五、八、九、十、十一章由张立燕编写。本书的编写,得到了我校和教务处领导的关心和支持,学前教育学院领导和老师们的积极协助。另外,书中的健美操图片由淄博师专学前教育学院的刘洁同学示范,幼儿体操图片由淄博师专附属幼儿园的蒲昭妍小朋友示范,在此一并感谢。

由于我们水平有限,创新能力不强,体育教学实践的各种范例不够丰富,致使我们许多设想还没有完全实现,这也是我们编者心中遗憾之事。我们希望使用和学习这本教材的老师和同学们多提宝贵意见,能够在领会我们编写意图的基础上,创造性地学习和思考,并把意见和建议反馈给我们,以便今后教材修订时成为新的编写思路。我们欢迎大家的批评和指正。

编　者

目 录

理论部分

实践部分

理论部分

第一章　学前教育专业体育

第一节　体育概念与功能

学习和掌握体育的概念及其功能可以帮助同学们正确理解体育这一社会文化现象的本质，提高体育文化素养，明确学校体育在学校教育中的作用，为学好体育这门学科奠定基础。

一、体育的概念

体育作为一种文化现象有着悠久的历史。随着社会的发展，体育已成为现代文明的重要组成部分，是世界文化百花园中的一朵奇葩。

体育的概念是随着社会的发展而发展的。起初，人们认为体育是根据人体适应与变化的自然规律，有意识地运用人体自身运动增强体质，促进身体健康的方法。随着人们认识的不断提高，体育也被认为是一种社会文化教育活动。

在我国，一般把体育分为"广义体育"和"狭义体育"。

广义体育是体育运动的同义词，它包括学校体育、社会体育（也称群众体育）和竞技体育。三者之间是既有区别又有联系的整体，其根本任务是增强人民体质，提高运动技术水平，丰富人民文化生活，为社会主义建设事业服务。

狭义体育是指学校体育，它是学校教育的重要组成部分，根据"树立健康第一的指导思想"，按照学校教育目标和不同年龄阶段学生身心发展的特点，面向全体学生，通过体育课、体育课外活动，运用多种多样的身体练习手段，全面发展学生身体，增强体质，传授体育知识技能，培养优良的思想道德品质和促进个性发展，是一种有目的、有计划、有组织的教育过程。它与学校德育、智育、美育等相互配合，共同促进学生素质的全面提高，共同完成培养合格人才的任务。

学前教育专业的体育同样是学校教育的重要组成部分，《教育部关于加强高职高专教育人才培养工作的意见》曾明确指出："高职高专教育应以培养高等技术应用型专门人才为根本任务，以适应社会需要为目标。"因此，学前教育专业体育在按照学校的一般规律促进学生身心发展的同时，还要进行幼儿园体育的职前技能训练,为将来成为全面发展的合格幼儿教师奠定基础。

二、体育的功能

体育具有多种功能,学校体育作为教育的内容之一,是素质教育的重要组成部分,在增进学生身体健康、增强体质、促进身心素质的全面发展等方面,具有不可替代的功能。仅从体育对人体的身心发展来看,具有以下功能:

(一)健身功能

体育的基本功能是健身功能。通过身体活动增强体质,提高健康水平,是体育的目的之一。体质是指人体的质量,它是在遗传性和获得性的基础上表现出的人体形态结构、生理机能和心理等综合的、相对稳定的特征。体育可以改善人的身体形态和发育状况,提高生理机能、身体素质和人体基本活动能力的水平,增强对外环境的适应能力和对疾病的抵抗能力,改善心理状态,促进心理健康发展。

(二)智育功能

体育为促进智力发展打下良好的物质基础。良好的体质可以保证有充沛的精力进行学习。体育活动中由于快速多变的各种练习,使人的视觉、听觉、触觉等各感觉器官都能得到很好的锻炼,使得思维敏捷,记忆力增强,从而促进大脑皮质功能的提高和智力的发展。

(三)德育功能

体育是提高人的思想道德素质的有效途径。体育活动中要练习各种复杂的动作,克服生理上、心理上的障碍和困难,磨炼刻苦、顽强、勇敢、坚毅等意志品质;集体活动中要互相帮助、团结协作、密切配合、共同努力,为集体争取荣誉;激烈的竞赛可以培养人的竞争意识、合作意识、创新精神和拼搏精神。通过体育锻炼有助于获得以上这些现代社会对人的思想道德素质的要求。

(三)娱乐功能

体育是调节心理状态和使精神得到放松的有效手段。通过体育活动,可以获得乐趣,使郁闷的心情得以排遣,满足心理的某种需要;可以使紧张的神经得到松弛,消除学习、工作中的疲劳,使人的精神愉快,心情不错。

此外,体育还可以促进社会文化的繁荣与发展,这对于促进社会主义精神文明建设、丰富人民群众的文化生活等许多方面具有特殊功能。

但是,体育的诸多功能只是潜在的,只有通过有目的、有计划地反复进行实践练习活动,才能在不断的锻炼过程中得以实现。

作业:

1.什么是体育?如何理解学校体育?

2.体育具有哪些功能?怎样理解其功能的潜在性?

第二节 学前教育专业体育的目的、任务与特点

学前教育专业学生不仅要明确自身体育锻炼的意义和目的,还要从未来从事幼儿教育的角度理解学前教育专业体育的目的和任务。

一、学前教育专业学校体育的目的

通过体育教学、课外体育活动和教育实践等活动,向学生进行体育理论与方法的教学和身体锻炼的实践,全面锻炼学生身体,增进学生健康,增强体质,促进身心发展,培养学生热爱幼儿教育事业并初步具有担任幼儿体育工作的能力,成为德、智、体等方面全面发展的幼儿教师。

二、学前教育专业学校体育的任务

(一)全面锻炼身体

培养学生挺拔、健美的身体姿态和良好的教师形象;促进身体的正常发育和身体素质以及基本活动能力的全面发展;提高身体生理机能水平,增强适应外界的能力和抵抗疾病的能力;促进学生身心全面发展。

(二)掌握体育基础知识、基本技术和基本技能,提高体育文化素养

学习和掌握体育的基础理论知识、基本技术和基本技能;学会科学锻炼身体的方法,懂得一般的体育与健康知识和体育娱乐的方法;培养对体育的兴趣、爱好,逐步养成经常参加体育锻炼的习惯以及良好的卫生习惯;为终身体育奠定基础。

(三)培养从事幼儿体育工作的职业能力

掌握幼儿体育的基础理论知识和幼儿体育活动的组织教法;培养初步具有担任幼儿体育教学、卫生保健工作以及组织幼儿体育活动的能力;培养对幼儿体育活动的兴趣,提高从事幼儿体育工作的职前技能,使其能够基本上胜任幼儿体育的全面工作。

(四)培养优良思想品德,促进学生个性发展

教育学生拥护中国共产党,热爱祖国,热爱孩子和幼儿教育事业;初步树立正确的世界观、人生观、价值观;培养学生具有良好的社会公德和教师的职业道德;发展学生个性,培养学生的竞争意识、创新、合作和应变能力;培养勇敢顽强、艰苦奋斗等优良品质,促进心理健康,陶冶美的情操。

三、学前教育专业学校体育的特点

(一)突出"健康第一"的指导思想

学前教育专业体育教学大纲在教学目的中,贯彻"健康第一"的指导思想,把全面锻炼学生身体、增进学生健康、增强体质作为教学的主要目的;在教学要求中,把培养学生挺拔、健美的身体姿态,促进身体正常的生长发育,提高生理机能水平,增强适应外界自然环境和抵抗疾病的能力,摆在了首要位置;在贯彻执行大纲的要求中,把体育与健康教育相结合加以强调,明确指出:体育必须以"健康第一"作为指导思想,学生的健康是学前教育专业体育的目标之一;体育是健康教育的重要内容与手段。

(二)突出职业特点

培养合格的幼儿园教师,是学前教育专业体育教学的最终目的。通过幼儿体育的基础理论知识的学习,培养学前教育专业学生开展和组织幼儿体育活动的能力;通过幼儿体育的职前技能训练,使其掌握幼儿园体育所必需的基本动作和教学组织技能技巧;培养学前教育专业学生的敬业精神,进行热爱学前教育专业的思想教育。从思想上、理论上、专业技术、技能上进行全方位的培养,提高学生的综合素质与能力,为成为合格的幼儿教师打下坚实基础。

(三)理论与实践相结合

在体育的必修教材中,包括理论知识和技能实践内容共两大部分。理论知识部分包含体育基础理论、体育学习方法和幼儿体育理论与方法。这部分内容根据学生的特点和对知识的接受程度,主要介绍了体育在学前教育专业教育中的意义与作用,体育教学的目的与任务,运动项目的基本原理和文化知识,体育和健康常识;结合未来职业介绍了幼儿园体育活动的组织与指导方法。在技能实践部分的教材中,列出了体操、球类、田径、武术、游戏、发展身体素质练习等项内容,同时还安排了幼儿园的体育实践。

在认真学习并掌握体育基础知识的基础上进行体育实践和体育的职前技能训练,使理论结合实际,理论指导实践,全面完成体育的教学目标。

作业:

1.讨论:学前教育专业学生为什么学习体育?怎样学好体育?

第二章　多元健康观

世界卫生组织马勒博士曾指出:“健康并不代表一切,但丧失健康就丧失了一切。”这说明健康是人一生中重要的财富,也是人每天高质量生活的必要条件。那么,什么是健康?我们学前教育专业学生应该如何认识健康呢?

早期,人们把健康理解为“远离疾病和身体虚弱病症的一种身体状态”;随着社会的发展,人们认识到健康的多元性。按照世界卫生组织对健康的解释,一个人的健康应该包括身体健康、心理健康、社会适应良好及道德健康等方面。学前教育专业学生都应该把自己造就成为一个身心健康、拥有多元健康观的人。

第一节　《大学生体质健康标准》简介

体质可以反映人体的生命活动、运动能力水平。体质健康通常代表一个人的身体健康。国家历来重视大学生的身体健康。《大学生体质健康标准》(以下简称《标准》)是由教育部、国家体育总局共同组织研制,于 2002 年 7 月正式颁布实施的。《标准》适用于普通高等学校的在校学生,学前教育专业学生必须了解《标准》测试是“促进学生体质健康发展、激励学生积极进行身体锻炼的教育手段,是学生体质健康的个体评价标准,也是学生毕业的基本条件之一”。

一、《标准》的测试项目

根据《标准》要求,大学生需要进行的测试项目共计六项,分别是身高、体重、肺活量、台阶试验(1000 米选其一)、立定跳远(50 米跑)、握力。

二、《标准》的评分方法及等级

根据《标准》要求,在评价后以 100 分为满分进行评分,各项评价分数的权重系数为:

身高标准体重:15 分 ;台阶指数(1000 米):20 分;肺活量体重指数:15 分 ;立定跳远(50 米):30 分;握力体重指数:20 分。

《标准》评价得分与等级对应

得分	等级
86分以上	优秀
76—85分	良好
60—75分	及格
59分及以下	不及格

三、《标准》各项测评指标的意义

1.身高标准体重

身高标准体重是指身高与体重两者的比例应在正常的范围。它通过身高与体重一定的比例关系，反映人体的围度、宽度和厚度以及人体的密度。身高标准体重是评价人体形态发育水平和营养及身体匀称度的重要指标，它可以间接地反映人体的身体成分。

2.台阶试验指数

台阶试验指数是一种简易的评价心血管系统机能的定量负荷实验。该测试主要是通过观察定量负荷持续运动的时间、运动中心血管的反应负荷后心率恢复速度的关系（台阶指数）来评定心血管系统机能水平。台阶试验指数值越大，则反映心血管系统的机能水平越高；反之则低。

3.肺活量体重指数

肺活量可以反映肺的容积和肺的扩张能力，是评价人体呼吸系统机能的一个重要指标，常用于评价人体生长发育水平和体质状况。

肺活量的大小与体重、身高、胸围等因素有着密切的关系。因此，为了将学生身体发育的不同因素在肺脏机能的评价中得以体现，在《标准》测试中选用肺活量体重指数进行评价。

肺活量体重指数 = 肺活量（毫升）/体重（公斤）

4.立定跳远

立定跳远主要是测量向前跳跃时下肢肌肉的爆发力。爆发力要求在最短时间内发挥最大的力量，其大小不仅取决于力量，而且取决于力量和速度的结合。腿部的爆发力以腿部的力量为基础。

5.握力体重指数

握力评价的是受试者肌肉静力的最大力量状况，主要反映前臂和手部肌肉的力量，因其与其他肌群的力量有关，所以也是反映肌肉总体力量的一个指标。

握力指数反映的是肌肉的相对力量，即每公斤体重的握力。

握力体重指数 = 握力（公斤）/体重（公斤）＊100

四、《大学生体质健康标准》测试具体项目

(一)身高体重

1.身高体重主要用来评价身体匀称度,间接反映身体成分。

2.身高体重测量方法:立正姿势站在测试器踏板上,上臂下垂,足跟并拢,足尖分开约成60°角,躯干自然挺直,头部保持正直。在测量身高的同时,体重数据也被仪器自然读出。记取成绩以厘米为单位,精确到小数点后一位。

(二)肺活量

1.肺活量可以反映肺的容积和扩张能力,是评价人体呼吸系统机能的一个重要指标,常用于评价人体的生长发育水平和体质状况。它的计算公式为:

肺活量体重指数=肺活量(毫升)/体重(公斤)

2.肺活量测试方法:

目前我们采用的是电子肺活测试仪,使用干燥的塑料吹嘴(每名同学使用的吹嘴都已经过消毒)。测试同学深呼一口气后,向吹嘴处慢慢呼出至不能再呼出为止。吹气完毕后,液晶屏上最终显示的数字即为肺活量毫升值。共测两次,每次间隔15秒,记录最大值作为测试结果。以毫升为单位,不保留小数。

(三)握力

1.握力体重指数反映的是肌肉的相对力量,即每公斤体重的握力,是评价上肢肌肉力量的指标。它的计算公式为:

握力体重指数=握力(公斤)/体重(公斤)*100

2.握力测试方法:

使用电子握力计,两脚自然分开成直立姿势,两臂自然下垂。一手持握力计全力紧握(此时电子握力计不能接触衣服和身体),电子握力计显示数字为测试数据。用有力手握两次,取最大值,以公斤为单位。测试时保留一位小数。

(四)立定跳远

1.立定跳远主要是测量向前跳跃时下肢肌肉的爆发力,它是评价下肢爆发力的指标。

2.立定跳远的测试方法:

两脚自然分开站立,站在起跳线后,脚尖不得踩线。两脚原地同时起跳,不得有垫步或连跳动作。丈量起跳线后缘至最近着地点后缘的垂直距离。每位同学可试跳三次,取其中成绩最好一次。以厘米为单位,不计小数。

(五)台阶试验

1.台阶试验是一种简易的评价心血管系统机能的定量负荷实验。

2.台阶试验测试方法:

男同学用高40厘米的台阶,女同学用高35厘米的台阶。测试前,被测试同

学可做轻度的准备活动,主要是活动下肢关节。上、下台阶的频率是 30 次/分,因而节拍器的节律为 120 次/分(每上、下一次是四动)。参加测试的同学根据提示,按节拍器的节律完成试验。基本动作要求:从预备姿势开始,(1)一只脚踏在台阶上;(2)踏台阶腿伸直成台上站立;(3)先踏台的脚先下;(4)还原成预备姿势。用 2 秒上、下一次的速度(按节拍器的节律来做)连续做 3 分钟。做完后,持测试卡进行脉搏数测量。

五、《国家学生体质健康标准》评分表

(一)大学男生身高标准体重(体重单位:公斤)

身高段(厘米)	营养不良	较低体重	正常体重	超　重	肥　胖
	5分	6分	10分	6分	5分
144.0~144.9	<41.5	41.5~46.3	46.4~51.9	52.0~53.7	> =53.8
145.0~145.9	<41.8	41.8~46.7	46.8~52.6	52.7~54.5	> =54.6
146.0~146.9	<42.1	42.1~47.1	47.2~53.1	53.2~55.1	> =55.2
147.0~147.9	<42.4	42.4~47.5	47.6~53.7	53.8~55.7	> =55.8
148.0~148.9	<42.6	42.6~47.9	48.0~54.2	54.3~56.3	> =56.4
149.0~149.9	<42.9	42.9~48.3	48.4~54.8	54.9~56.6	> =56.7
150.0~150.9	<43.2	43.2~48.8	48.9~55.4	55.5~57.6	> =57.7
151.0~151.9	<43.5	43.5~49.2	49.3~56.0	56.1~58.2	> =58.3
152.0~152.9	<43.9	43.9~49.7	49.8~56.5	56.6~58.7	> =58.8
153.0~153.9	<44.2	44.2~50.1	50.2~57.0	57.1~59.3	> =59.4
154.0~154.9	<44.7	44.7~50.6	50.7~57.5	57.6~59.8	> =59.9
155.0~155.9	<45.2	45.2~51.1	51.2~58.0	58.1~60.7	> =60.8
156.0~156.9	<45.6	45.6~51.6	51.7~58.7	58.8~61.0	> =61.1
157.0~157.9	<46.1	46.1~52.1	52.2~59.2	59.3~61.5	> =61.6
158.0~158.9	<46.6	46.6~52.6	52.7~59.8	59.9~62.2	> =62.3
159.0~159.9	<46.9	46.9~53.1	53.2~60.3	60.4~62.7	> =62.8
160.0~160.9	<47.4	47.4~53.6	53.7—60.9	61.0~63.4	> =63.5
161.0~161.9	<48.1	48.1~54.3	54.4~61.6	61.7~64.1	> =64.2
162.0~162.9	<48.5	48.5~54.8	54.9~62.2	62.3~64.8	> =64.9
163.0~163.9	<49.0	49.0~55.3	55.4~62.8	62.9~65.3	> =65.4
164.0~164.9	<49.5	49.5~55.9	56.0~63.4	63.5~65.9	> =66.0

（续表）

身高段(厘米)	营养不良	较低体重	正常体重	超　重	肥　胖
	5分	6分	10分	6分	5分
165.0~165.9	<49.9	49.9~56.4	56.5~64.1	64.2~66.6	>=66.7
166.0~166.9	<50.4	50.4~56.9	57.0~64.6	64.7~67.0	>=67.1
167.0~167.9	<50.8	50.8~57.3	57.4~65.0	65.1~67.5	>=67.6
168.0~168.9	<51.1	51.1~57.7	57.8~65.5	65.6~68.1	>=68.2
169.0~169.9	<51.6	51.6~58.2	58.3~66.0	66.1~68.6	>=68.7
170.0~170.9	<52.1	52.1~58.7	58.8~66.5	66.6~69.1	>=69.2
171.0~171.9	<52.5	52.5~59.2	59.3~67.2	67.3~69.8	>=69.9
172.0~172.9	<53.0	53.0~59.8	59.9~67.8	67.9~70.4	>=70.5
173.0~173.9	<53.5	53.5~60.3	60.4~68.4	68.5~71.1	>=71.2
174.0~174.9	<53.8	53.8~61.0	61.1~69.3	69.4~72.0	>=72.1
175.0~175.9	<54.5	54.5~61.5	61.6~69.9	70.0~72.7	>=72.8
176.0~176.9	<55.3	55.3~62.2	62.3~70.9	71.0~73.8	>=73.9
177.0~177.9	<55.8	55.8~62.7	62.8~71.6	71.7~74.5	>=74.6
178.0~178.9	<56.2	56.2~63.3	63.4~72.3	72.4~75.3	>=75.4
179.0~179.9	<56.7	56.7~63.8	63.9~72.8	72.9~75.8	>=75.9
180.0~180.9	<57.1	57.1~64.3	64.4~73.5	73.6~76.5	>=76.6
181.0~181.9	<57.7	57.7~64.9	65.0~74.2	74.3~77.3	>=77.4
182.0~182.9	<58.2	58.2~65.6	65.7~74.9	75.0~77.8	>=77.9
183.0~183.9	<58.8	58.8~66.2	66.3~75.7	75.8~78.8	>=78.9
184.0~184.9	<59.3	59.3~66.8	66.9~76.3	76.4~79.4	>=79.5
185.0~185.9	<59.9	59.9~67.4	67.5~77.0	77.1~80.2	>=80.3
186.0~186.9	<60.4	60.4~68.1	68.2~77.8	77.9~81.1	>=81.2
187.0~187.9	<60.9	60.9~68.7	68.8~78.6	78.7~81.9	>=82.0
188.0~188.9	<61.4	61.4~69.2	69.3~79.3	79.4~82.6	>=82.7
189.0~189.9	<61.8	61.8~69.8	69.9~79.9	80.0~83.2	>=83.3
190.0~190.9	<62.4	62.4~70.4	70.5~80.5	80.6~83.6	>=83.7

注：身高低于表中所列出的最低身高段的下限值时，身高每低1厘米，实测体重需加上0.5公斤，实测身高需加上1厘米，再查表确定分值。身高高于表中所列出的最高身高段时.身高每高1厘米，实测体重需减去0.9公斤，实测身高需减去1厘米，再查表确定分值。

(二)大学女生身高标准体重(体重单位:公斤)

身高段(厘米)	营养不良	较低体重	正常体重	超　重	肥　胖
	5分	6分	10分	6分	5分
140.0~140.9	<36.5	36.5~42.4	42.5~50.6	50.7~53.3	>=53.4
141.0~141.9	<36.6	36.6~42.9	43.0~51.3	51.4~54.1	>=54.2
142.0~142.9	<36.8	36.8~43.2	43.3~51.9	52.0~54.7	>=54.8
143.0~143.9	<37.0	37.0~43.5	43.6~52.3	52.4~55.2	>=55.3
144.0~144.9	<37.2	37.2~43.7	43.8~52.7	52.8~55.6	>=55.7
145.0~145.9	<37.5	37.5~44.0	44.1~53.1	53.2~56.1	>=56.2
146.0~146.9	<37.9	37.9~44.4	44.5~53.7	53.8~56.7	>=56.8
147.0~147.9	<38.5	38.5~45.0	45.1~54.3	54.4~57.3	>=57.4
148.0~148.9	<39.1	39.1~45.7	45.8~55.0	55.1~58.0	>=58.1
149.0~149.9	<39.5	39.5~46.2	46.3~55.6	55.7~58.7	>=58.8
150.0~150.9	<39.9	39.9~46.6	46.7~56.2	56.3~59.3	>=59.4
151.0~151.9	<40.3	40.3~47.1	47.2~56.7	56.8~59.8	>=59.9
152.0~152.9	<40.8	40.8~47.6	47.7~57.4	57.5~60.5	>=60.6
153.0~153.9	<41.4	41.4~48.2	48.3~57.9	58.0~61.1	>=61.2
154.0~154.9	<41.9	41.9~48.8	48.9~58.6	58.7~61.9	>=62.0
155.0~155.9	<42.3	42.3~49.1	49.2~59.1	59.2~62.4	>=62.5
156.0~156.9	<42.9	42.9~49.7	49.8~59.7	59.8~63.0	>=63.1
157.0~157.9	<43.5	43.5~50.3	50.4~60.4	60.5~63.6	>=63.7
158.0~158.9	<44.0	44.0~50.8	50.9~61.2	61.3~64.5	>=64.6
159.0~159.9	<44.5	44.5~51.4	51.5~61.7	61.8~65.1	>=65.2
160.0~160.9	<45.0	45.0~52.1	52.2~62.3	62.4~65.6	>=65.7
161.0~161.9	<45.4	45.4~52.5	52.6~62.8	62.9~66.2	>=66.3
162.0~162.9	<45.9	45.9~53.1	53.2~63.4	63.5~66.8	>=66.9
163.0~163.9	<46.4	46.4~53.6	53.7~63.9	64.0~67.3	>=67.4
164.0~164.9	<46.8	46.8~54.2	54.3~64.5	64.6~67.9	>=68.0
165.0~165.9	<47.4	47.4~54.8	54.9~65.0	65.1~68.3	>=68.4
166.0~166.9	<48.0	48.0~55.4	55.5~65.5	65.6~68.9	>=69.0

（续表）

身高段（厘米）	营养不良	较低体重	正常体重	超　重	肥　胖
	5分	6分	10分	6分	5分
167.0～167.9	<48.5	48.5～56.0	56.1～66.2	66.3～69.5	>=69.6
168.0～168.9	<49.0	49.0～56.4	56.5～66.7	66.8～70.1	>=70.2
169.0～169.9	<49.4	49.4～56.8	56.9～67.3	67.4～70.7	>=70.8
170.0～170.9	<49.9	49.9～57.3	57.4～67.9	68.0～71.4	>=71.5
171.0～171.9	<50.2	50.2～57.8	57.9～68.5	68.6～72.1	>=72.2
172.0～172.9	<50.7	50.7～58.4	58.5～69.1	69.2～72.7	>=72.8
173.0～173.9	<51.0	51.0～58.8	58.9～69.6	69.7～73.1	>=73.2
174.0～174.9	<51.3	51.3～59.3	59.4～70.2	70.3～73.6	>=73.7
175.0～175.9	<51.9	51.9～59.9	60.0～70.8	70.9～74.4	>=74.5
176.0～176.9	<52.4	52.4～60.4	60.5～71.5	71.6～75.1	>=75.2
177.0～177.9	<52.8	52.8～61.0	61.1～72.1	72.2～75.7	>=75.8
178.0～178.9	<53.2	53.2～61.5	61.6～72.6	72.7～76.2	>=76.3
179.0～179.9	<53.6	53.6～62.0	62.1～73.2	73.3～76.7	>=76.8
180.0～180.9	<54.1	54.1～62.5	62.6～73.7	73.8～77.0	>=77.1
181.0～181.9	<54.5	54.5～63.1	63.2～74.3	74.4～77.8	>=77.9
182.0～182.9	<55.1	55.1～63.8	63.9～75.0	75.1～79.4	>=79.5
183.0～183.9	<55.6	55.6～64.5	64.6～75.7	75.8～80.4	>=80.5
184.0～184.9	<56.1	56.1～65.3	65.4～76.6	76.7～81.2	>=81.3
185.0～185.9	<56.8	56.8～66.1	66.2～77.5	77.6～82.4	>=82.5
186.0～186.9	<57.3	57.3～66.9	67.0～78.6	78.7～83.3	>=83.4

注：身高低于表中所列出的最低身高段的下限值时，身高每低1厘米，实测体重需加上0.5公斤，实测身高需加上1厘米，再查表确定分值。身高高于表中所列出的最高身高段时．身高每高1厘米，实测体重需减去0.9公斤，实测身高需减去1厘米，再查表确定分值。

(三)大学男生评分标准

等级	肺活量体重指数	得分	台阶试验	得分	立定跳远(米)	得分	握力体重指数	得分
优秀	84	20	82	30	2.66	20	92	20
	83	19.6	80	29.4	2.65	19.6	91	19.6
	82	19.2	77	28.8	2.63	19.2	90	19.2
	81	18.8	74	28.2	2.62	18.8	89	18.8
	80	18.4	71	27.6	2.60	18.4	87	18.4
	78	18.0	67	27.0	2.58	18.0	86	18.0
良好	77	17.4	65	26.1	2.56	17.4	84	17.4
	75	16.8	63	25.2	2.52	16.8	81	16.8
	73	16.2	60	24.3	2.48	16.2	79	16.2
	71	15.6	57	23.4	2.43	15.6	75	15.6
	68	15.0	53	22.5	2.38	15.0	72	15.0
及格	66	14.4	52	21.6	2.35	14.4	70	14.4
	64	13.8	51	20.7	2.31	13.8	66	13.8
	61	13.2	50	19.8	2.26	13.2	63	13.2
	58	12.6	48	18.9	2.20	12.6	59	12.6
	55	12.0	46	18.0	2.14	12.0	54	12.0
不及格	54	10.0	45	15.0	2.12	10.0	53	10.0
	52	8.0	44	12.0	2.09	8.0	51	8.0
	51	6.0	43	9.0	2.06	6.0	49	6.0
	49	4.0	42	6.0	2.03	4.0	47	4.0
	47	2.0	40	3.0	1.99	2.0	44	2.0

(四)大学女生评分标准

等级	肺活量体重指数	得分	台阶试验	得分	立定跳远(米)	得分	握力体重指数	得分
优秀	70	20	78	30	2.07	20	74	20
	69	19.6	75	29.4	2.06	19.6	73	19.6
	68	19.2	72	28.8	2.05	19.2	72	19.2
	67	18.8	69	28.2	2.03	18.8	71	18.8
	65	18.4	64	27.6	2.01	18.4	69	18.4
	64	18.0	60	27.0	1.99	18.0	67	18.0
良好	63	17.4	59	26.1	1.97	17.4	66	17.4
	61	16.8	57	25.2	1.93	16.8	63	16.8
	59	16.2	55	24.3	1.89	16.2	61	16.2
	57	15.6	52	23.4	1.84	15.6	58	15.6
	54	15.0	49	22.5	1.79	15.0	55	15.0
及格	53	14.4	49	21.6	1.76	14.4	53	14.4
	51	13.8	47	20.7	1.72	13.8	50	13.8
	49	13.2	46	19.8	1.69	13.2	48	13.2
	46	12.6	44	18.9	1.63	12.6	44	12.6
	43	12.0	42	18.0	1.58	12.0	40	12.0
不及格	42	10.0	41	15.0	1.56	10.0	39	10.0
	41	8.0	40	12.0	1.53	8.0	38	8.0
	39	6.0	39	9.0	1.50	6.0	36	6.0
	37	4.0	38	6.0	1.46	4.0	34	4.0
	35	2.0	36	3.0	1.42	2.0	32	2.0

第二节　心理健康

一、什么是心理健康

心理健康是指个体心理在本身及环境条件许可的范围内,所能达到的最佳状态。也就是说,个体心理具有平稳的、良好的状态,对当前和发展的自然环境、社会环境及自身内环境有良好的适应性，并具有最佳的状态。心理健康对人的生活、学习和工作都有重要意义。当前社会生活节奏的加快，日趋激烈的竞争和挑战需要人们具有健康的心理状态。那么，什么是健康的心理呢？

二、学前教育专业学生心理健康的标准

（一）学习态度积极

学习是学前教育专业学生的主要任务。心理健康的大学生，学习兴趣浓厚，责任感强，能主动认真地完成学习任务，对教学方案所规定的各科学习保持着积极的学习态度；即使对个别学科缺乏兴趣，也能理智地分析原因，并努力克服困难，争取学好。

（二）人际关系和谐

人是在一定的群体中生活的，并且要和别人交往相处，因而会出现各种不同的人际关系，如家庭关系、社会关系等。学前教育专业学生在校要正确处理好与老师、与舍友、与同学的关系，对人坦诚，尊重和关心别人，能够互相帮助，关系和谐；即便有了矛盾也能正确认识，不会为人际关系终日苦恼。

（三）情绪稳定

心理健康的人在日常生活、学习、交往中，乐于表达，关心、关爱他人，心胸豁达、乐观，活泼开朗，情绪稳定；即使遇到不愉快的事情，也能比较快地调节好自己的情绪。

（四）适应周围环境

人生活的环境常常发生变化。心理健康的人，能够主动适应变化的环境，找到适合自己的位置，并以积极的态度识别环境中的善恶、美丑。能够借助环境的有利因素，发展自己；对丑恶的东西进行抵制。

（五）有一定的自我调节能力

学前教育专业学生正处于发展时期，有了相当的自我调控能力。在遇到困难、学习挫折、身体患病、友情变化等情况时，心理健康的学生能正确地分析认识、对待，避免引起心理上的起伏。

以上几点是互相联系的整体，不能仅从一点看心理健康程度。对于一时的或在某些方面的不足，不能认为是心理不健康，只要积极进行调整，就可以保持和增进心理健康。

三、学前教育专业学生常见心理挫折及克服挫折的方式

在实际生活中，由于生活、学习、工作环境的改变，生活节奏加快，心理压力过大，可能有的人产生了神经衰弱症、焦虑症、抑郁症等心理疾病。据上海市精神卫生研究所报告："在 1300 万人口的上海市，已有 75 万的各类精神、心理障碍症患

者。他们大多是工作、学习、生活压力过大,长年超负荷运转的年轻人,其中大学生的发病率高达25%。"世界卫生组织的专家呼吁:"从疾病发展史来看,人类已经从'传染病时代''躯体疾病时代'进入'精神疾病时代'。"因此,如何战胜各种心理挫折,维护自己的心理健康,对个体的健康成长以致国家民族的发展都具有非常重要的意义。

(一)学前教育专业学生常见的心理挫折

挫折是个体在从事有目的的活动过程中,遇到障碍或干扰,致使个人动机不能实现、需要不能满足时的情绪状态。造成学前教育专业学生心理挫折的原因一般有以下几个方面:

学习方面:学习成绩达不到自己的预期目标;无机会展现自己的才能;所学专业不符合自身愿望,求知欲望得不到满足;受到处分。

人际关系方面:大学生离开家庭走入住校生活,特别是第一次离家生活的学生不擅长与人交往,受到同学的排斥与讽刺;学习一般,不受教师喜爱,或遭受教师的批评;交不到知心朋友;父母教育方法不当,交流有障碍等。

兴趣与愿望方面:个人的兴趣爱好得不到别人的肯定和支持;受到过多的限制和责备;因生理条件的限制(如过矮、过胖等)而不能达到自己的愿望或受到歧视。

自我尊重方面:得不到教师和同学的信任,常受到轻视或感到委屈;自我感觉良好,而没有受到表彰或没有被选为班干部;思考速度、灵活性、学习成绩不如其他同学。

学前教育专业学生走入大学,正处在家庭生活向社会生活的过渡期,身心发展急剧变化,容易产生挫折感。其实挫折本身并不可怕,问题是要正确地对待挫折,学会正确认识自己、分析自己,找出产生挫折的原因和个人的不足,从而学会用积极的方式战胜挫折。

(二)学会用积极的方式战胜挫折

1.注意保持适当的自我期望水平,不断调整自己的目标和行为。学前教育专业学生应根据自己的实际情况来确定奋斗目标,保持适当的自我期望水平,既不要过高地估计自己,也不要地轻易否定自己。当一种目标和行为经过一再尝试却得不到成功,就应学会调整目标,通过迂回的方式或另辟蹊径以达到成功。

2.培养正确认识和分析挫折的能力,以积极的态度从挫折中吸取教训。如自己与教师、同学或父母的关系紧张,原因何在?特别是要分析造成关系紧张的主观原因是什么,并及时改进,使人际关系得到改善。

3.不断学习,提高自己的思想和文化水平。学习古今中外有志者从"困境"中奋起的优良品质以及他们对待挫折的态度,激励自己不断进步。

4.培养坚强的意志品质。坚强的意志和性格不会从天而降,是通过后天的学习与锻炼,通过个人有意识地在实践中不断磨练而成的。正如歌德说过的:"倘不是就着泪水吃过面包的人,是不懂得人生之味的。"

5.学会用积极的心理防御机制,提高对挫折的承受力和调节力。这就需要正确地分析和认识自己,找出个性中的优点和不足,不断完善自我的个性特征,使自己逐步成熟起来,提高耐受挫折的能力。

四、体育对促进心理健康的作用

体育锻炼能增进健康,陶冶情操,锻炼意志,促进人际关系,获得积极向上和活泼愉快的心情,也是积极休息的好方式,对促进心理健康具有积极作用,主要表现在以下几个方面:

(一)调节情绪,陶冶情操

情绪是人对客观事物的反应,也是人对现实事物的态度和内心的体验。在从事繁重的学习后,参加轻松活泼的体育活动,如练习韵律体操和舞蹈,在优美的音乐旋律中进行活动,欢快的情绪油然而生,并在思想情操上得到陶冶,使人的精神为之振奋。

(二)消除紧张,恢复体力

在紧张的学习之余,全身心地投入体育锻炼,紧张、烦恼、焦虑的情绪一扫而光,并在体育锻炼过程中活动筋骨,获得积极的休息,消除疲劳,增进身心健康。

(三)加强友谊,改善人际关系

在体育锻炼和竞赛活动中,特别是一些集体项目的竞赛,人与人、队与队之间的人际交往频繁,为加强友谊、发展人际关系提供了良好的机会。

(四)提高自信,完善自我

在体育锻炼和竞赛中,特别是参加个人擅长的运动项目,能在完成各种复杂动作的过程中,在与对手斗智斗勇的拼搏中,在取得胜利的喜悦中,获得自我满足,提高自信心;并在训练和比赛中不断完善自我。

作业:

1.在你的学习生活中,遇到挫折,心理有何变化?你准备如何克服挫折?

2.你尝试过通过体育运动调节心理吗?谈谈感受。

第三章 运动创伤的预防与处理方法

经常参加体育活动,可以促进身体的生长发育,增进健康,增强体质。但是锻炼时不遵守科学的锻炼方法,不注意安全,就容易发生运动创伤。对待运动创伤问题,我们一方面要重视它,以预防为主,采取有效措施,预防运动创伤的发生;另一方面要正确对待,如果出现运动创伤,及时采取应急处理,将身体伤害降到最低。切不能因为一些运动创伤事故的发生就因噎废食,停止户外体育锻炼。运动中主动预防创伤,比发生创伤后再去治疗更为重要。那么,如何预防呢?

1.思想上重视安全。体育运动中发生运动创伤,常常是思想上麻痹大意,没有采取必要的预防措施造成的。预防运动损伤首先要从思想上重视,从加强安全教育入手。遵守科学的锻炼方法,自觉遵守规定的锻炼纪律,注意安全,加上适当的安全措施,是预防发生运动创伤的重要环节。

2.场地器材、服装的重视。首先,重视场地器材的安全性,清除场地内的砖头、石块、碎玻璃;定时平整场地,清除场地周围的锐角突起;经常检查和维修运动器材。其次,规划运动场地,必要时可画出清晰的分界线,保证场地上打球、投掷、跑步的同学互不干扰,有组织地进行锻炼。再次,服装要宽松,尽可能穿运动服,穿运动鞋。身上不要佩戴别针、小刀等尖锐物品,以免运动时扎伤自己。

3. 准备活动要充分。运动前做准备活动可以提高中枢神经系统的兴奋性,克服机体机能活动的生理惰性,为正式练习做好准备。准备活动能增加肌肉中毛细血管开放的数量,提高肌肉的力量、弹性和灵活性,同时也可以提高关节韧带的机能,增强韧带的弹性,使关节腔内的滑液增多,防止肌肉和韧带的损伤。在实际工作中,我们发现不少运动创伤是由于准备活动不足造成的。因此,运动前做好准备活动十分必要。在进行准备活动时,既要躯干、肢体的大肌肉群和关节充分活动开,同时也要注意各个小关节的活动。

4.运动方法要合理。要掌握正确的运动方法和运动技术,科学地选择运动难度和运动量。不要勉强从事力所不及的高难动作,运动量不可过大,以免引起过度疲劳引发运动创伤。对于不同性别、年龄、水平及健康状况的人,在运动量的安排上应因人而异、循序渐进。例如,幼儿在体育活动内容上,应把全面身体锻炼和身体基本运动能力练习结合起来,并以全面身体练习为主;在运动量的安排上应考虑到他们的生理特点,与成年人比较起来运动时间要短些,强度要小些。

我们同学常常因为缺乏一定的运动训练卫生知识和对出现运动损伤后应采取什么措施不了解,在发生运动创伤时好心办坏事,对伤者造成不必要的痛苦,严重者甚至导致终身遗憾。下面就一些常见的运动创伤的简易处理方法介绍给大家。

扭伤

扭伤多发生在四肢关节处。扭伤是关节活动范围超过正常限度,使附着在关节周围的韧带、肌腱、肌肉撕裂造成的。扭伤发生的原因通常是由于运动时不遵守科学的锻炼方法,如准备活动不充分或过度疲劳、粗心大意、动作完成不正确、场地不平或太滑造成的。

扭伤一般有轻度扭伤和重度扭伤两种情况。轻度扭伤只是小部分关节周围肌腱或韧带受伤,伤处会有轻微疼痛,在关节外表看不出什么,关节活动没有障碍。一般让伤者暂停运动,一两周后即可痊愈。

重度扭伤可以使关节周围的韧带、肌腱和血管断裂。受伤后,伤者感到剧烈疼痛,受伤部位逐渐肿大,关节不能活动。这是由于血管破裂,大量血液流进组织间隙的缘故,并且其后受伤部位逐渐变为青黑色。重度扭伤的紧急处理要点是先止血、止痛。具体方法是对受伤部位冷敷,冷敷方法有两种,一种是用冰袋冷敷。在冰袋里装入半袋或三分之一袋碎冰或冷水,把袋内的空气排出,用夹子把袋口夹紧,放在发生损伤的部位。没有冰袋时,用塑料袋也可。另一种冷敷法是,把毛巾或敷布在冷水或冰水内浸湿,拧干敷在伤处,最好两块布交替使用。冷敷每隔3-4小时一次,每次8-10分钟。这样做可以使受伤部位的血管收缩,减少出血量,减轻受伤部位肿大,并有麻痹神经末梢从而减轻疼痛的作用。冷敷后用绷带包扎,轻加压力,不宜包得过紧,以免影响血液循环。

受伤24-48小时后,为了促进受伤部位血液循环,应使用热敷。热敷能使血管扩张,促进血液循环,加快淤血的吸收消退,有消炎、消肿,帮助受伤组织修复愈合的作用。热敷有两种方法。一种是用热水袋,水温大约是60-80℃,以用手背试温不太烫为度,将热水灌至热水袋的三分之二即可,排出袋内气体,拧紧螺旋盖,装进布套内或用毛巾裹好,放在受伤部位。一般每次热敷20-30分钟,每天3-4次。另一种方法是把毛巾在热水中浸湿,拧干后敷于患病部位。在热毛巾外面可以再盖一层毛巾或棉垫,以保持热度。一般每5分钟更换一次毛巾,最好用两条交替使用。每次热敷时间15-20分钟,每天敷3-4次。

挫伤

挫伤是由于钝力作用于身体的局部组织而引起的损伤,例如经常见到的幼儿头上鼓个大包就属于挫伤。受伤部位疼痛、肿胀、皮下出血,皮肤青紫,这是皮肤下面的组织(肌肉、韧带、血管)可能发生与重度扭伤相同的损伤,如内出血等。挫伤的急救方法与扭伤相同。

擦伤

擦伤是因身体跌倒时接触地面,与地面猛烈摩擦而发生的身体损伤。

容易擦伤部位有小臂外侧、手掌、大腿外侧、膝盖、小腿外侧等。擦伤有轻度、重度之分。轻度擦伤时,受伤表面只渗出少许黄色液体(淋巴液)和少量小血点。受伤部位感到轻微疼痛,肢体活动能力不受影响。一般由于血液有自行凝结的能力,所以轻度擦伤时渗出性出血可以在几分钟后自行停止。但如果地面上有胶粒、炭渣、泥土粘在受伤部位中,要先用医用棉球蘸以生理盐水,把伤面的污物冲洗除去。然后用消毒纱布吸去伤面上的水分,在伤面擦以红汞或紫药水,不需要包扎,伤面会很快干燥。

重度擦伤皮肤及皮肤下面的血管及其他组织损伤较重,如出血不止,应先把受伤肢体抬高。同时用手指或带子压住流血部位上方的动脉血管。对受伤部位进行消毒(同上),为了防止大面积较深的伤口感染化脓,可在伤面上洒适量消炎粉,并用无菌敷料覆盖包扎。

抽筋

人们常说的抽筋,又称肌肉痉挛,是由于肌肉失去正常调节功能后不自主的强直性收缩的一种反应。运动中小腿腓肠肌及足底的屈趾肌最容易发生痉挛现象。造成抽筋的原因可能是因跑动过多,身体过于疲劳;或因出汗过多,盐分丧失超量;或因天冷肌肉发僵,受突然动作的强刺激等。出现肌肉抽筋时,伤者多伴有疼痛难忍、抽筋处肌肉坚硬的症状。

尽快解除这一症状的处理办法,是让伤者坐在地上,伸直大小腿,将足前掌上跷,用力牵引抽筋的肌肉,使之伸长和放松,休息几分钟即好。若抽筋比较严重可让伤者平躺在地上,注意保暖,将大小腿尽量伸直,将足背上跷,并帮助扳脚,同时配合点“殷门”穴(大腿后中部)、“承山”穴(小腿后中部),静止不动少许时间,一般可缓解。如还不见效,则可再重复伸脚、扳脚、点穴。如因出汗过多者,可加服盐片3-4片。

中暑

夏季在炎热的环境中做剧烈运动,由于散热困难,体温急剧升高,或由于出汗过多,身体缺盐缺水,发生肌肉抽筋;或烈日直射头部,使脑膜和脑髓发生充血和受到刺激也会出现中暑。

轻度中暑会有头晕、头痛、眼花、口渴、恶心等症状;较重的中暑会有体温升高、面色潮红、胸闷、皮肤灼热的症状;严重中暑会出现休克现象。

紧急处理办法是将伤者移到阴凉通风的地方,仰卧,垫高伤者头部或半坐姿势,解开衣扣,扇风,额部冷敷,用淡酒精擦身。重者可服十滴水。

骨折

骨的完整性遭到破坏(骨断或骨裂)称骨折。骨折是运动中较为严重的损伤,但其发生率较低。常见骨折分为两种,一种是皮肤不破,没有伤口,断骨不与外界相通,称为闭合性骨折;另一种是骨头的尖端穿过皮肤,有伤口与外界相通,称为开放性骨折。在体育活动中发生的骨折多为闭合性骨折,其中以前臂发生骨折为多。轻微的骨折只在骨骼上出现一条不明显的裂纹,称为骨裂,这种骨折只有 x 光仔细检查才能看出。这种骨折在急救时很难观察出来。明显骨折症状是伤处有剧烈痛感并丧失正常活动功能,一般还有畸形、肿胀、压痛和内出血。严重者用眼睛即可做出判断。

发生骨折时,当场的急救对骨折的愈合有很大关系。如急救方法不正确,不但可能加重骨折程度,还可能造成愈合后肢体变形。应采取如下措施:(1)如骨折症状不太明显且伤者主观感觉不太严重,可采用适当处理办法:找木板、塑料板等将肢体骨折部位的上下两个关节固定起来,固定肢体,减轻损伤和剧烈疼痛。如一时找不到外固定的材料,骨折在上肢者,可弯曲肘关节固定于躯干上;骨折在下肢者,可伸直腿足,固定于对侧的肢体上,尽快送医院检查处理。(2)如骨折处在脊柱、大腿、小腿,特别是脊柱部位,应迅速设法请医务人员到场处理,现场注意伤者保暖并不要无端移动伤者或伤处。因颈椎损伤如搬动不当,会发生脊髓压迫而立即导致四肢与躯干的高位瘫痪,甚至影响呼吸,造成休克或死亡。(3)如骨折后伴有休克,则先抗休克,后处理骨折。抗休克的措施一般包括伤者安静平卧,注意保暖,如伤者呼吸困难,可施行人工呼吸。人工呼吸方法很多,其中以对口吹气效果为好,而且可同时进行胸外心脏按摩。具体做法是:使伤者仰卧,头部后仰,把口打开并垫上一层纱布,急救者一手托起他的下颏,掌根轻压环状软骨,使其压迫食管,防止空气入胃;另一手捏住鼻孔,然后深吸一口气,对准他的嘴吹入,吹完后松开捏鼻孔的手,如此反复进行,每分钟做 16 – 18 次左右。胸外心脏按摩是急救者将两手掌重叠,放于伤者胸骨体下段剑突部,用力下压(将胸壁压下约 4 厘米),随后将手放松,每分钟以 60 – 80 次的频率有节律地进行。下压时用力要均匀、缓慢,松手要快,切忌用力过猛造成肋骨骨折。疼痛剧烈可给止痛剂和镇静剂。(4)如有伤口出血,则应先止血,再包扎伤口。

脱臼

由于外伤作用或用力过猛,韧带或关节拉伤或断裂,使关节面脱离了正常位置称为脱臼，医学称外伤性关节脱位。症状是关节部位感觉剧烈疼痛，关节功能丧失不能活动，外部变形，正常关节隆起处塌陷或凹陷处隆起。

急救方法可先做冷敷，嘱咐伤者保持安静，不要活动，更不可揉搓脱臼部位。用绷带、夹板固定保持脱臼关节不动。如脱臼部位在肩部，可把患者肘部弯成直角，再用三角巾把前臂和肘部托起，挂在颈上，再用一条宽带缠过胸部，在对侧胸前打结。如脱臼部位在髋部，则应立即让伤者躺在软卧上，尽快送往医院治疗。关节脱臼的整复不能随意进行，应由正规骨科医生进行，没有整复技术和经验的人会引起更严重的损伤，影响肢体功能恢复。

脑震荡

头部受到外力打击或碰到坚硬物体上时，使脑神经细胞和神经纤维受到过度震荡时，称为脑震荡。轻度脑震荡受伤后只有短时间的头晕、眼花、眼前发花发黑，没有其他不舒服。中度脑震荡，受伤后可能发生数分钟甚至一小时的昏迷，大部分伤者在清醒后有头痛、头晕现象，有些伤者症状数日不消失。重度脑震荡昏迷时间一小时以上，有的伤者数日不能清醒，清醒后头痛、头昏、恶心等现象很重，记忆力下降。

对轻度者，要立即停止体育活动，卧床安静休息，1－2天后如无其他异常症状(头痛、头晕)，可在一星期后参加活动。对中、重度者，要将伤者仰卧在平坦地方，头部冷敷，注意保暖，及时送往医院。在运送途中要避免伤者身体受剧烈震动。

第四章　幼儿园体育活动知识

第一节　基本体操的创编

普通大专生学习基本体操，是对自身发展的教育、教学目标的完成。学前教育专业学生的基本体操教学，不仅要教会他们基本动作、成套动作，还要要求学生学会创编基本体操的技能、方法。

一、创编徒手操的原则

1.要有明确的目的性

徒手操的动作很多，练习的方法也各有不同。为了更好地发挥徒手体操的作用，在创编整套动作时，首先要有明确的目的性，要根据对象和解决的任务来选择内容。例如：小班的幼儿大多3岁左右，此时幼儿学动作比较困难，往往不能控制自己的四肢活动，基本动作的能力比较差、方向感弱等，创编操时就应采用一些简单易学的动作，动作幅度不要太大。中班幼儿年龄在4岁左右，此时幼儿的特点是好动，表现欲强，可以增加一些小肌肉群活动的内容。创编的动作要活泼、欢快，易于模仿，不宜疲劳。选择的音乐的节奏要鲜明，速度不宜太慢，持续时间不宜过长。

2.全面发展原则

在创编徒手操时，在内容的选择上不仅要符合幼儿的身心特征，同时还要注意幼儿身心的全面发展。因此，在整套动作中，应包括上肢、下肢、躯干、全身、跳跃和整理运动。动作的方向要有向前、向后、向左、向右的，还应把培养正确的身体姿势与发展幼儿身体素质相结合起来，使幼儿身体各部位都能得到锻炼，促进幼儿全面发展。

3.合理安排运动量原则

创编整套基本体操时，必须遵循人体运动生理变化规律，即运作量要由小到大，逐步上升。动作要由慢到快，由易到难。一般是先用踏步或从离心脏较远、活动量较小的上、下肢开始；如原地踏步或伸展运动、上肢运动、四肢运动、踢腿运动,中间是动作幅度和运动量逐渐加大的躯干运动(先侧后转)、腹背运动,然后转入较剧烈的、活动量最大的全身运动、跳跃运动,最后以放松整理运动或放松运动结束。运动量由小到大;参与活动的肌肉由小到大,由少到多,由单一到复合。

4.要有一定的趣味性和创造性

徒手操的内容极为丰富,创编整套动作时,不仅可以根据实际情况选择各种不同的动作,而且还应针对不同的对象和要求,创造性地创编一些主题鲜明、形式多样和具有时代感的新的动作、新的编排,避免形式单一,千篇一律,枯燥乏味。通过轻快、活泼的各种动作和小范围的队形变化及欢乐的音乐,表现出幼儿的天真活泼可爱。通过徒手操的教学,也是对幼儿进行思想品德教育的重要手段,所以在编操时也要注重对幼儿的教育性。

创编徒手操一般是通过改变开始姿势、动作方向、幅度、速度、路线等方法,创造一些动作优美、活泼可爱并富有时代感又具有锻炼实效的动作,以提高幼儿的兴趣和锻炼效果。

二、轻器械体操编排练习时注意事项

持轻器械体操是在徒手操动作的基础上,手持轻器械,如棍棒操、花操、红旗操、哑铃操等进行练习。它既有身体各部位的运动,又有变化器械的动作,还可以利用轻器械的特点来练习(突出器械的特点),如棍棒操,要充分利用棍棒的特点,进行握棍、滑棍、举棍、转棍、绕棍等等练习。因此轻器械体操内容丰富,形式多样,具有独特性。

轻器械体操编排练习时一定要注意:

1.练习前应将器械集中有序地放在一起,练习前后都要有组织地取还器械。

2.注意调整好体操队形(前后、左右间隔距离),不要碰撞。

3.加强组织纪律教育,在统一指挥下进行练习。

4.注意动作难度和运动量要适度。

5.动作要突出器械的特点。

三、创编操的方法

编操的顺序:一般是先用踏步或从经常活动着的上、下肢开始;如原地踏步或伸展运动、上肢运动、四肢运动,接着是做踢腿运动、躯干运动(先侧后转)、全身运动或腹背运动、跳跃运动、放松整理运动或踏步。

(一)写徒手操的要求和顺序

1.全套操的名称:如“拍手操”、“模仿操——世界真奇妙”、“哑铃操”、“花操”、“红旗操”、“棍棒操”等。

2.节数:如“第一节”、“第二节”、“第三节”等等。

3.动作名称：每一节动作的名称一般是以对身体的作用命名，如“伸展运动”；或是指动作的部位，如“上肢运动”；还可以用动作表示儿歌的内容，如“清早起，阳光照，小朋友起得早”，用动作表现歌词内容。

4.预备姿势：如“直立”、“立正”。

5.做操的拍数：如每节做两个八拍(2×8)拍。

6.开始姿势：如立正、直立、两脚开立等。

7.动作部位：如上肢、下肢、肩、躯干等。

8.动作方向：如向前、向后、向左、向右、向内、向外等。

9.动作方法：如举、踢、绕、绕环、体前(后、侧)屈等。

10.结束姿势：还原成立正姿势。

11.每节的动作要点。

12.每节操基本结构有“ABAB”、“AABB”等，各拍要分行记写。最好要附上简图或照片。例如：以ABAB结构为例。

第一节：伸展运动(4×8)

图(略)

预备姿势：直立

第一个八拍

1.左脚侧出，左臂侧举，右臂经侧至上举

2.左臂上举，右臂侧举

3.左臂侧举，右臂上举

4.还原成直立

5－8同1－4，动作方向左右相反

第二个八拍

1.左脚侧出，左臂侧举，右臂经侧至上举

2.左臂上举，右臂侧举

3.左臂侧举，右臂上举

4.还原成直立

5－8同1－4，动作方向左右相反

第三个八拍同第一个八拍

第四个八拍同第二个八拍

(二)音乐的选配

1.要根据徒手操的主题、风格来创作或选择音乐。音乐要有强烈的时代感，基调要有生机。

2.音乐要符合操的拍节和动作速度的要求，要使音乐与动作结构和队形变换达到完美统一。

3.音乐的旋律、节奏要清晰,要易于掌握记住。

4.音乐在徒手操中能起到代替口令和指挥的作用。好的音乐伴奏能准确地指挥学生的队形、动作变化和动作整齐。

5.徒手操的音乐:可以进行“创编”也可以进行“选曲”。不管是“创编”或是“选曲”,音乐的节奏必须清晰、明确;要有强有弱,有张有弛。创编或选曲一般有三种形式:(1)先编操后配音乐;(2)先有成品音乐,再编操;(3)编选音乐和编操同时进行。

6.音乐训练:为了达到做操和音乐的统一,就必须进行音乐训练,通常采用下列步骤:先多听→随听学会唱(或先学会做操)→边听边做操,或边唱边做,或在简单的伴奏下(加上口令)练习→用伴奏录音训练(加上口令)。随着音乐节奏可以加上拍手、击鼓、碰铃、唱儿歌等形式练习徒手操。

第二节 幼儿体育游戏的创编

一、幼儿体育游戏创编的意义

在幼儿园,教师每天都要组织指导幼儿开展各种各样的体育游戏。由于每个年龄段、每个班级、每个幼儿的身体和心理发展水平不同,每个地区、每个民族地域的环境条件不同,在开展幼儿园体育活动中,因地制宜,因人而异创编(包括改编)和指导幼儿体育游戏就成为教师的重要任务。而幼儿教师只有具备了体育游戏创编和指导的专业技能,才能更好地发挥体育游戏的功能,促进幼儿身心和谐发展。

二、幼儿体育游戏创编的原则与方法

(一)幼儿体育游戏创编的原则

1. 锻炼性原则

体育游戏不同于一般游戏(如角色游戏、娱乐游戏等),它应该是以增强幼儿体质为主要目的。创编时应考虑以下几点:

(1)必须要有某些基本动作。将1-2个基本动作渗透到游戏的情节中,如:“小蚂蚁运粮”,则让“小蚂蚁”(幼儿)背驮沙袋从场地的一端爬到另一端。

(2)要有一定的运动负荷量。游戏活动中,要保证幼儿身体承受适宜的运动负荷量,充分利用面积宽大的场地、数量充足的运动器械,尽可能采用共同活动的方式,鱼贯活动方式练习,保证幼儿实际活动的时间。

(3)充分利用运动器械以及草地、树林等自然环境。体育游戏一般可选用1-

2件运动器械,使幼儿活动更有兴趣,也可提高幼儿使用器械的能力。体育游戏还可以与自然环境中的草地、树林及大型运动器械等有机结合,使幼儿的活动充满生机,并将大自然与体育游戏融为一体。

2. 趣味性原则

体育游戏的趣味性,是体育游戏具有生命力的重要因素。因此,应选择幼儿熟悉和喜爱的角色,安排简单有趣的情节,使孩子对体育游戏感到十分有趣。托班、小班在动作设计时,根据幼儿的爱模仿的特点,做一些模仿操等,做一些基础的动作练习。中班、大班在游戏中可以利用游戏情节、体育器械的运用,提高幼儿参与运动的兴趣。

3. 智慧性原则

体育游戏过程要能够让幼儿有机会闪现出智慧的亮点。体育游戏除了担负"育体"的任务,同时还应包含"育智"的成分。通常在较大型的体育游戏中,都存在一个怎样完成游戏才能做到多、快、好、省以及提高游戏的成功率和取胜率的问题。故意给幼儿留下解决这些问题的思考空间,有利于促使幼儿积极开动脑筋,以最佳的方式完成游戏。体育游戏也只有体现出较多的智慧性,才有可能显示出较多的趣味性。

为了更好地体现智慧性原则,教师在设计体育游戏的过程中,在规则允许的范围内尽可能多地留有完成游戏的多种方法的选择余地,这样就能不断地拓展幼儿的想象空间和创造空间,提高他们的智力水平。如果一种体育游戏只有一种完成方法,就很难说它是一则好的体育游戏,同样是"穿山洞"、"过障碍"、"走下坡",就应该有不同的"穿"法、"过法"和"走法"。这正是优秀体育游戏的价值所在。

4. 教育性原则

体育游戏具有较多的竞技性、趣味性,除了能发展、完善幼儿精细动作和局部机能之外,更能在心理上使幼儿体验各种感受:或成功,或失败,或欢乐,或痛苦,或希冀的实现,或期望的落空。这其中就有一个如何促进幼儿心理成熟与适时进行思想教育的问题。

体育游戏的教育性原则主要体现在培养幼儿自信、自强品质和团结友爱的集体主义精神等优良道德风貌的塑造上。一个好的体育游戏或者说一个能较好地体现教育性原则的体育游戏应该既能表现个人价值,又能体现集体力量。为此,在设计体育游戏时,教师应有意识地把个人项目与集体项目有机地结合在一起,既不搞单一的个人项目的游戏,也不搞纯粹的集体项目游戏。

5. 安全性原则

在体育游戏的设计、组织过程中更应强化安全第一的观念。体育游戏具有竞争、竞技和趣味性强的特点,有一定的激烈程度和完成难度,幼儿参与的欲望一般都比较强烈。这就使得幼儿在参与游戏的过程中比较"忘乎所以",会不同程度地产生一些激动的情绪，再加上有允许自由发挥来完成游戏的余地，因此每个幼儿完成游戏的过程可能相同，也可能不同，老师也就无法完全事先预料游戏过程会发生什么事情。因此在设计上注意，整个游戏的空间、场所、环境没有任何尖锐的棱角和坚硬的器具，不会产生撞击情况，不会因摔跤而造成伤害等等。这就要求游戏尽量在有草坪、有木地板或地毯覆盖的平面上进行；应采用质地轻柔、棱角圆滑的木材或塑料、橡胶、泡沫、海绵等制作的器材做游戏的道具；游戏材料的立体高度不能太高，坡度不能太陡，诸如“独木桥”、“跷跷板”、“平衡木”之类的安装设计高度离开地面 20 – 30 厘米即可；游戏的固体材料或液体材料均应无毒、无臭、无刺激性、无腐蚀性。

6. 发展性原则

幼儿体育游戏活动能力是与幼儿年龄、身体、动作、素质、智力发展水平密切相关的，不同年龄阶段的幼儿在体育游戏活动中表现出来的行为也不同，因此在创编体育游戏时需要了解幼儿各阶段游戏活动能力的发展特征。下面简单介绍幼儿园小、中、大班幼儿体育游戏活动能力特征。

小班幼儿：

(1) 掌握的基本动作还不够正确和熟练，学习新动作比较困难，基本活动能力和身体素质水平低。

(2) 难于理解和遵守规则，在活动中常常忘记遵守规则。

(3) 他们对游戏的动作、角色、情节、儿歌等游戏过程本身都感兴趣，而对游戏结果不太注意，喜欢戴头饰等角色标志，有玩具的活动很容易吸引他们。

(4) 他们的比赛意识还没有形成，对比赛活动不像大班儿童那样感兴趣，但后期对简单的追捉活动开始感兴趣。

(5) 游戏任务简单、具体时，他们能记住并认真完成，但活动的持久性差。幼儿游戏中的行动受情境影响较大，容易受外界无关事物的影响而分散注意力，甚至忘记游戏任务。分散活动时，常被别人兴高采烈的活动或新的活动内容所吸引而放弃了原来的活动。在完成具体任务需要他们独立选择时，就带有较大的盲目性和偶然性。

(6) 活动调节的灵活性比较差。如小班后期做追捉游戏时，追捉往往注意到谁就去追、盯住不放，即使别的幼儿离他很近或从他身边跑过去也不去追，被追的人则不顾追者的动向而盲目地乱跑。

(7) 分散活动时，可以独立玩耍，或者几个人做同样的活动，但幼儿组织不起来集体的活动。

总之，这个时期的幼儿游戏活动的目的性、独立性、灵活性较差，活动中自我和人际间的调节能力也都比较差。

中班幼儿：

(1) 掌握的动作增多了,协调性有明显的提高。基本活动能力和身体素质有了较快的发展。

(2) 游戏的目的性明显增强,对游戏的结果比较关心,已有竞争意识,喜欢竞赛,关心胜负。

(3) 他们已积累了一定的活动经验,在游戏中能逐渐主动地想办法克服困难,完成规定的任务。如中班后期在做捕鱼的游戏时,小鱼不仅能注意渔翁的活动,有目的地奔跑,躲闪,有的幼儿甚至能根据渔网竿长、不好捕捉贴得近的小鱼的弱点,有意识地贴近渔翁,这反映了幼儿智力和活动能力的发展,并有了一定的创造性。

(4) 他们学习新游戏的能力明显提高了。

(5) 只要教师注意教育,这个年龄的幼儿能认真遵守规则和其他游戏常规。这期间已初步具有集体概念,开始注意同伴之间协同动作,能够独立选择和做2-3个需相互配合的小组游戏。

大班幼儿:

(1) 体能、智力的发展是很明显的,学习新游戏的速度大大加快,并能对原有的游戏情节或玩法做一些创造性的变化。

(2) 对个人和集体竞赛都感兴趣。同伴之间相互协同、一致的能力得到加强。

(3) 兴趣的稳定性得到提高,游戏的规则意识提高,持续游戏的时间也逐步延长。

综上所述,将不同年龄幼儿体育游戏的特点总结如下表:

项目	内容动作	情节	角色	规则和要求	结果	活动方式
小班	内容简单,动作少	简单	单一角色(由教师担任另一角色)	简单,不带限制性	幼儿不太注意	集体做同一动作,共同完成一项任务
中班	内容开始复杂,喜欢有情节的游戏和追逐性的游戏	复杂性增加	增多(社会生活的角色增多)	较复杂,带有一定的限制性	幼儿有所注意	出现两三个人合作的游戏
大班	喜欢竞赛性的游戏和内容丰富、将体力与智力相配合的游戏,动作增多,难度加大	较复杂	较多,与情节的关系更复杂	较复杂,限制性较强	喜欢有胜负结果	合作性游戏增多,增加了组与组的合作

(二)幼儿体育游戏创编的方法

幼儿体育游戏创编是按幼儿体育游戏的结构进行创新性编写。幼儿体育游戏结构是由游戏的目标、内容、活动方式、活动条件、情节、规则、结果等成分构成的。经常用到的幼儿体育游戏创编的方法有:模拟法(即由熟悉事物的运动方式引起联想)、变化法(将熟悉的动作与具体的事物或故事情节联系起来)、竞赛法、儿歌法(伴随儿歌或歌曲)、组合法(将各种动作、器械、情节、角色等因素组合在一起),具体创编步骤有:

1. 制定目标

制定游戏目标,它在游戏中具有定向的作用,是确定内容、活动方式、规则等的主要依据,是幼儿体育游戏创编最重要的一环。长期以来,在幼儿园体育游戏创编和指导中,存在着只重视内容、形式而忽略目标或先选内容再定目标的现象,从而使幼儿体育游戏活动产生了极大的盲目性。

制定目标,首先必须从幼儿已有的水平出发,最终促进幼儿达到新的发展水平。

其次,目标内容应从以下四个方面来选择确定,避免单纯以身体发展为唯一目标以及太抽象、太笼统、不具体、不切实际的要求。

◆ 幼儿的活动参与(态度)

◆ 身体发展(技能)

◆ 心理健康(情感)

◆ 社会适应

再次,应尽量运用幼儿体育活动时的行为来表述目标。如中班“拍球比多”游戏的目标是:体验和感受球性,尝试单手连续拍球的方法,感受“拍球比多”的快乐,培养玩球的兴趣。

2.选择内容,确定设计方法

(1)幼儿体育游戏,主要是以身体活动为主要内容,它包括:

A 走、跑、跳、投、钻、爬、攀登、各种滚动等基本动作。

B 利用各种球、绳、圈、棍、沙包、钻架等大、中、小型运动器械的体育游戏。

C 利用水、土、沙子、石头、冰雪、山坡、田野等大自然环境的各种体育游戏活动。

D 各种舞龙、斗鸡、跳竹竿、荡秋千等民族、民间地域性体育游戏活动。

(2)幼儿体育游戏设计可以从角色、情节入手,结合开始信号、动作过程、结束姿势、游戏规则等。

情节也可成为体育游戏的方法。情节具有激发兴趣的动力作用和教育作用,它可根据需要做多种多样的变化,有的反映自然现象、社会生活场景,有的利用儿童生活,也有的是利用成人生活或动物生活为题材。如“妈妈找宝宝”、“给小动物喂食”、“郊游”等；也可以用电视、电影、画报、报刊中的童话故事为题材，如“猫头鹰抓田鼠”、“小鲤鱼跳龙门”、“沙漠中的骆驼”等。

角色是幼儿在体育游戏中不可缺少的重要部分。在比较简单的幼儿体育游戏中，可以只设计一个角色；在较复杂的体育游戏中，也可选择多个角色。角色选择可以让幼儿自己承担，即小朋友为游戏角色；也可以冠以各种小动物的名称，如小白兔、大象、大灰狼等；各种人物名称，如爸爸、妈妈、运动员、解放军、机器人等；各种物体名称，如树叶、雪花、小汽艇、卡车等。

角色安排方面，可以设计同一角色或不同角色共同完成一个任务。如“小小送货员”——全体幼儿都扮送货员，拖着车把“货”(水果、蔬菜)送到各个商店、学校、医院等；也可以选择不同角色相互对抗，如“坦克兵与投弹手”、“小猫抓鱼”等等。

规则是游戏的重要成分，它具有组织教育及保证游戏合理、公正开展的作用。它从属于游戏的内容、情节和角色等。幼儿体育游戏规则，随着年龄及动作要求的变化而变化，具有很大的可变性和灵活性。小班幼儿不注意、不重视规则，常常以游戏方法及活动内容代替游戏，如拖、推着各种玩具走各种弯弯曲曲的路，拖着玩具走路，既是方法又是规则。

而中、大班可以逐渐增加规则数量和难度要求。如走过平衡木时必须两臂侧平举，头顶沙袋，如沙袋掉地，必须原地捡起，放回头顶，才能继续走平衡木，否则暂停走平衡木一次。

活动条件是重要的教育资源，应通过环境的创设和利用，有效地促进幼儿身心发展。幼儿园内的户外草地、塑胶地、土坡、沙池、水池、投掷墙、攀岩墙、室内大教室等各种场地的空间和设施，各种购置和自制的大、中、小型运动器材等，都是幼儿体育游戏环境创设的资源。在环境创设中，应充分利用场地和运动器材，使幼儿体能得到发展，使锻炼身体的积极性、主动性得到激发；环境创设应有利于贴近幼儿的生活，为幼儿所理解和接受。

第三节　幼儿体育教学活动特点与原则

一、幼儿园体育教学的特点

幼儿园体育教学，是幼儿在教师有目的、有计划的指导下，发展动作、增强体质、增长知识、培养品德、发展能力和形成个性的过程。它与其他领域教学有共同点，也有不同之处。其共同点是：都是教师和幼儿的双边活动，都是幼儿在教师的指导下，掌握知识、技能、发展智力、培养品德、发展个性的过程。其不同点主要有以下方面：

（一）幼儿体育教学与其他各领域教学的区别

1.体育教学的目的，主要是锻炼身体、增强体质。而其他领域的目的，主要是掌握相关的知识技能和发展一般的态度与能力。

2.体育教学主要通过身体练习来实现其教学目的。幼儿处在不断的运动状态中，身体和情绪比较活跃。而其他领域则主要通过思维活动来实现其教学任务，身体和情绪相对处于较平静的状态。

3.体育教学必须合理安排运动负荷。在其他领域教学中，儿童一般是不从事或很少从事身体活动，因此不存在考虑运动负荷的问题。

4.体育教学中的品德教育是紧密结合体育活动和与同伴交往中进行的，它侧重于道德行为和道德习惯的培养，有利于幼儿的认识与实践相结合。其他领域教学的品德教育侧重于道德认识、道德情感的培养。

5.体育教学组织更加复杂。体育教学一般在户外进行，教学环境比较复杂，干扰因素多，幼儿注意力易分散，情绪易受影响，安全问题也比较突出。这样，就使教学组织工作需要额外考虑处理与其他领域教学很不相同的一些特殊问题和困难。

（二）幼儿园体育教学与学校体育教学的区别

1.幼儿园教给幼儿锻炼身体的技能，是人的基本活动技能和促进身体均衡发展的简单和体操动作。即使开展专项的技术教学，也主要侧重兴趣和最基本的运动能力培养。

2.体育游戏，是幼儿园体育的一种主要活动方式。而在学校体育中，游戏不再作为最主要的锻炼方式。

3.幼儿园体育课运动负荷的特点是强度较小、密度较大、时间较短（急缓结合、动静融合）。与小学低年级相近，与高年级有很大差异。

4.阶段性强。小、中、大班的体育教学在教材、教法、运动负荷、上课时间等方面有明显不同。而学校体育中阶段性不是那么明显。

5.幼儿园不搞体育知识考试，也没有技能达标测验。

对幼儿体育教学特点有了明确的认识，是理解幼儿体育教学原则不可缺少的重要环节。只有对幼儿体育教学特点认识得全面、深刻，教师才能更好地把握幼儿体育教学规律。

二、幼儿园体育教学的基本原则

（一）身体全面发展原则

在体育教学中，要使幼儿身体的各个部位、各个器官系统的机能、各项身体素质和基本活动能力全能得到锻炼和发展。

贯彻此原则,注意以下三点:

1.制定体育年度或学期计划、进度时,应注意各类教材的合理搭配,尽力做到全面锻炼。

2.在选择和安排一次课和活动的教材、游戏内容时,应注意全面锻炼身体。

3.要激发幼儿对各种游戏和不同运动的兴趣。

(二)合理安排运动负荷原则

合理安排运动负荷是指在教学中,要根据教学任务、教材特点、幼儿实际与教学条件,合理地安排一次课和课中每项教材的运动负荷,使负荷与休息合理交替。

影响体育活动中生理、心理负荷的主要因素有五点:

1.强度:单位时间的生理负荷量,常用心率来表示。

2.量:包括时间、距离、次数等方面的数量指标,数量指标一般与运动负荷成正比关系。

3.运动密度:指运动时间与活动总时间的比值。如一节课各项练习总时间是12分钟,上课时间总计30分钟,则运动密度为:12÷30=40%。

4.质量:练习的正确规格与要求。

5.活动项目的特点:不同的活动项目对身体的影响不同。如幼儿做直体滚动时前庭器官所受的刺激大,而整个身体负荷不大;相反,跑步时全身负荷较大,但前庭器官所受刺激较小。参加感到有趣的体育活动时,情绪负荷大;学习新操时,认识负荷比复习旧操时要大。

影响心理负荷的因素还有练习难度与重复次数、教师的教态与教法、环境、气候、教具等,但是"量"与"强度"是决定负荷的主要因素。在教学中,当强度大时,量就要适当减小,而强度一般时,量则可以大些。此外,动作的熟练程度和完成动作的质量对运动负荷也有一定作用。必须强调在保证动作质量的前提下,使幼儿的身体能承受一定的运动负荷。

幼儿承受一定的练习量后,会引起身体各器官机能的变化。练习量与反应程度一般成正比。我们可以用观察或仪器测定有关身体机能指标,用以了解幼儿身体承受的生理负荷量。目前用遥测心率仪进行测定及时准确,所用仪器简单,操作比较方便。但是幼儿园限于资金还难以普及,目前主要采用观察法来获取幼儿生理负荷反馈信息。如下表:

生理负荷评价参考表(老师观察)

项目＼等级	轻度疲劳	中度疲劳	非常疲劳
面色	稍红	相当红	十分红或苍白
汗量	不多	较多	大量出汗
呼吸	中速	较快、加深	急促、节律紊乱
精神	愉快	略有倦意	疲乏
食欲	良好、较大	一般	降低
睡眠	入睡好,睡眠良好	较慢,睡眠一般	很难入睡,睡眠不安

生理负荷参考数据表

项目	指标		
	小班	中班	大班
上课时间	15—20 分钟	18—25 分钟	20—30 分钟
平均心率	130—160 次/分钟		
运动密度	30%—60%		

目前心理负荷的评价还处于靠观察、靠经验调整负荷的阶段。观察内容主要是认识活动、情感活动和意志活动等方面。评价参考表如下表:

心理负荷评价参考表

项目＼等级	一	二	三	四	五
注意力	很集中	集中	一般	不太集中	分散
情绪	很高涨	高涨	一般	不太高涨	低落
意志力	很努力	努力	一般	不太努力	疲塌

(三)体验运动乐趣原则

体验运动乐趣原则指在体育教学中让幼儿在掌握基本活动能力和进行身体锻炼的同时,体验运动的乐趣,培养对运动的兴趣,使幼儿主动进行锻炼,形成参加运动的习惯。

《纲要》指出:“培养幼儿对体育活动的兴趣是幼儿园体育的重要目标。”培养幼儿对体育活动的兴趣首先要让幼儿体验到运动的乐趣,只有不断地体验到运动和学习的乐趣,才能充分调动和维持成对体育活动的兴趣。兴趣是幼儿积极参加体育活动的动力,是开展体育活动的前提。幼儿有兴趣就会积极投入活动,就会主动进行锻炼,养成爱运动的习惯。

(四)直观性原则

指在教学中尽量利用各种器官和已有的经验,通过各种形式的感知,丰富幼儿的感性认识和直接经验,使幼儿获得丰富的表象,顺利、正确地掌握学习内容,发展幼儿的观察能力和思维能力。

(五)从实际出发原则

指体育教学任务、内容、组织教法和运动负荷的安排,要符合幼儿的年龄、性别、身体发展水平、运动能力以及本地、本园的场地、器材、气候等的实际情况,从而使幼儿能够接受,便于教学工作的组织进行。

(六)循序渐进原则

指教学内容、方法、负荷等的安排顺序要由简到繁、由易到难,根据幼儿身心发展水平,逐步深化、提高。

例如,在不同年龄阶段幼儿各项动作的发展水平也不一样,根据幼儿各阶段动作发展规律,有针对性地选择教学内容,循序渐进地进行教学。下面简单介绍各阶段幼儿动作发展水平:

小班水平

1.能运用以下各项基本动作做游戏:

(1)按指定方向走和跑。

(2)在指定范围四散走和跑。

(3)听信号一个跟一个走和跑。

(4)在直线、曲线上走和跑。

(5)双脚向上跳。

(6)并脚向上跳。

(7)投掷飞镖。

(8)在拱门下钻爬。(门高65-70厘米)

2.基本体操

(1)听信号(儿歌或音乐)跟着老师做模仿操。

(2)会一个跟一个排队。

(3)会一个跟一个走圆圈。

3.体育器械的运用与操作

(1)会玩滑梯、荡椅(船)、转盘、攀登架等大型体育器械。

(2)会拉小车、推小车。

(3)会滚球、传球。

(4)学习使用竹圈、木棒等小型器械玩简单的游戏。

(5)学习骑三轮车。
4.愿意参加空气浴、日光浴。
5.喜欢玩水,如在水中捞物、泼水、玩水球、水枪、水中行走等游戏。

中班水平

1.能运用以下各项基本动作做游戏:
(1)听信号有节奏地走和跑。
(2)15米快跑。
(3)接力跑。
(4)原地纵跳触物。
(5)从30厘米高处往下跳。
(6)助跑跨跳。
(7)立定跳远。
(8)跳绳。
(9)布球投远。
(10)在拱门下钻爬(门高60－65厘米)。
2.基本体操
(1)在音乐伴奏下做徒手操。
(2)会排成一路纵队或四路纵队。
(3)会走圆圈。
3.体育器械的运用与操作
(1)会玩摇椅(船)、爬网、滚桶、多面攀登架、秋千等大型体操器械。
(2)会抛接球、拍球、踢球。
(3)会使用环、棍棒等小型器械玩游戏。
(4)学习使用轮胎玩游戏。
4.坚持空气浴、日光浴和冷水盥洗。
5.能够学习在水中打腿、打手,扶着浮板前行等游泳动作。

大班水平

1.能运用以下各项基本动作做游戏:
(1)绕过障碍走或跑。
(2)迎面接力赛跑。
(3)两个两个地走或跑。
(4)助跑纵跳触物。
(5)助跑跳远。
(6)单足跳。
(7)跳绳和跳橡皮筋。

(8)布球投准。

(9)连续在几个拱门上钻爬。

2.基本体操

(1)在音乐伴奏下做轻器械操。

(2)会迅速地排队和走简单的队形。

3.体育器械的运用与操作

(1)会玩秋千、跷跷板、云梯(或弧型梯)、低单杠等大型体育器械。

(2)会运球走、投篮。

(3)学习玩乒乓球、板羽球、毽子。

(4)使用环、棍棒、轮胎等小型器械玩游戏。

(5)学习踩高跷。

4.定期开展三浴锻炼。

5.学习潜水、浮体前进,有条件的幼儿园可教游泳(四式任选,以仰、蛙为好)。

(七)因材施教原则

因材施教原则是指在体育教学中要贯彻"面向全体幼儿"的精神,根据每一个幼儿的具体情况,实施各不相同的、有针对性的教育,使每一个幼儿的基本活动能力和身心健康都能在各自的基础上得到充分发展。

幼儿的身心发展虽然具有一定的普遍性和稳定性,但由于每个幼儿的发展受遗传、生长环境等变因的影响,同一年龄段的幼儿的身心发展又表现出较大的差异性,而运动方面的差异就更为明显,因此,体育教学必须充分考虑这些个体的差异,坚持因材施教原则,争取使每个幼儿都得到平等的教育和充分的发展。

(八)安全运动和安全教育原则

安全运动和安全教育原则是指在幼儿体育教学中保证幼儿安全地参与运动的同时,对幼儿进行安全运动的教育。

众所周知,体育活动中幼儿要进行跑、跳、投等身体活动,它不同于室内教学活动,因此体育是个不安全因素较多的活动。幼儿在动作不熟练、不稳定的情况下,不安全因素就更多一层,因此幼儿体育教学具有确保安全的难点。如果一次体育活动在安全上具有重大隐患,那么其他方面设计再周到也是失败的。这就要求老师在上课前必须逐一地进行思考和检查,如场地、器械及特殊天气变化等,以消除一切可以消除的潜在危险。

上述教学原则是相互联系、相互制约的,只有全面贯彻各项原则,才能获得良好的教学效果。

第四节　幼儿体育教学活动设计

一、根据幼儿生理、心理特点来设计教学活动

(一)幼儿的生理特点

幼儿期,人处于初步的发育阶段,骨骼细小,硬度差,容易变形,肌肉体积小,收缩力弱,心脏心腔小,心肌薄,心肌收缩力小,心跳快,肺组织的弹力纤维少,肺活量小,呼吸弱,神经系统易兴奋,注意力不集中。因此,首先要选择适合幼儿年龄特点的教学活动,可以让幼儿进行一些基本动作、身体姿势及体操和体育游戏等内容的体育活动,不宜进行过大力量的负重练习,如“拔河”、“四角拉力”等过于激烈的运动。再次是要掌握好运动量,不能进行长时间过大强度的训练,同时在组织活动中要注意观察幼儿的表情,以免使幼儿过度疲劳,而影响健康。

(二)心理特点

依据人心理发展规律及心理年龄特征,幼儿期是以具体的形象思维为特征,但思维能力较差,感知、记忆、想象、思维能力都相对较弱,兴趣爱好、特长表现不明显,意志不坚定,幼儿的兴奋情绪只能保持一段时间。那么,如何能让这一积极的情绪在体育运动中得以继续保持呢?一是要合理地利用幼儿园环境,创设良好的环境能够培养孩子主动地去尝试,并使幼儿对环境的感受能力和适应能力也得到发展。例如,在幼儿园操场中间画个圆圈,幼儿可以在圆圈里面进行躲闪训练的游戏,“抓小鱼”、“警察捉小偷”等等,还可以用跑道线练习双脚协调跳、单脚跳及跨跳等动作。二是在体育活动中要以游戏为主:即采用游戏的形式进行教育,在幼儿期,游戏是孩子特别喜欢的体育活动,游戏有娱乐性、趣味性的特点,能提高孩子参与的积极性。

二、合理设计体育活动,引导幼儿主动探索

教师引导幼儿由被动模仿变为主动探索。要让幼儿主动探索,关键是要改变传统教学模式,除了必要的示范外,教师要注重引导幼儿自主地进行探索和思考。如果学习活动只是机械模仿,那么,幼儿仅仅是被动地去做教师要求他们做的事,即使他们学到了些什么,也不懂得为什么要这样做,更不了解如何去做,长此以往,幼儿就会养成依赖性,影响主动性和自信心的发展。

(一)一物多玩,发挥幼儿的创造性

在活动中注重启发鼓励幼儿自己去发现和创造各种玩法。在器材的选择上应尽可能就地取材,用一些日常用品,像椅子、小桌子、长凳子等均可以作为活动

器材。而且,利用这些器材开展形式多样的活动,更能引起孩子的兴趣。此外,利用生活中废旧物品如旧报纸、饮料纸、空饼干盒、牛奶罐等,鼓励幼儿一物多玩,以调动幼儿发现兴趣。

以报纸为例,给幼儿每人一小张旧报纸,请他们大胆地去玩,等孩子在草地上尽情地玩了一阵子,让幼儿说说对这张"旧报纸"有什么"新发现",请孩子们一边说一边做给大家看,有的捏成纸团做投掷练习,有的把纸铺在地上跳,可以单脚跳、双脚跳、跨跳,老师将孩子们的活动进行了整合,并根据活动目标增加动作难度,使这次活动的运动量达标。

(二)发挥幼儿的主动性

幼儿在"主动探索"的过程中,必须调动自己头脑中已有的认知结构,积极地与当前的新知识联系起来,使自己原有的认知模式与之匹配,并在同化和顺应的过程中使原有的认知结构得以改造与重组,这一过程,正是促进幼儿智慧发展的过程。

如:中班体育教学活动"小马运粮",教学目标是练习跨过"小河"。活动中教师不是传统地带领幼儿反复练习跨跳,而是以"马妈妈"的身份带领"小马"想一想自己能怎样过河,并试一试过河的动作。思路开阔了,活动内容也就变得丰富起来了。"小马"情绪高涨,有的单脚跳,有的双脚跳,还有的助跑跨跳等等,想出了各种"过河"的办法。"马妈妈"及时肯定,并引导"小马"都去练习"过河"的本领,然后,再加"马妈妈"一起跨过一条条"小河"运粮食。通过这样不断的练习,活动密度较高,幼儿的主动性、积极性被充分调动起来,教学目标在轻松愉快的游戏中完成了。"主动探索"为幼儿提供了更多的创新机会和条件,使幼儿的体力活动与智力活动有机结合,更好地促进幼儿智力和创新能力的发展。

布鲁纳说:"人们只有通过练习解决问题和努力于发现,才能学会发现的探索方法。"主动探索就是让幼儿练习解决问题并努力于发现学习的方法,久而久之,必然会形成一种发现和探索的方法。在体育活动中让幼儿大胆地去创造、尝试,这样既培养了幼儿的动作技能,又增强了幼儿的体质,并使幼儿在生活中不断有新的发现、新的创新、新的提高,其创造性培养就能走上良性循环的轨道。

三、体育活动设计要注重培养幼儿兴趣

培养幼儿对体育活动的兴趣是幼儿园体育的重要目标,根据幼儿的特点组织生动有趣、形式多样的体育活动,吸引幼儿主动参与,是促进幼儿身体、心理健康的重要前提。

(一)教师适时的参与有利于幼儿兴趣的培养

幼儿刚入园时,小朋友之间彼此不熟悉,交往显得被动。体育活动时可以选择一些老师参与的游戏,如"老狼老狼几点钟"、"小孩小孩真爱玩"等。游戏中老

师扮演主要角色,以积极愉快的情绪感染幼儿,带他们尽情地玩、尽情地笑、尽情地跳。随着时间的推移,孩子们熟悉了,交往也渐频繁,活动时给孩子提供的自由活动机会也随之增加。同时教师也可以引导活泼爱动的孩子带文静的孩子一起玩,使全体幼儿都对户外体育活动有了浓厚的兴趣。

(二)趣味的游戏规则有利于促进幼儿参与活动的兴趣

幼儿在户外活动时比较活跃,加上孩子自我保护意识差,如不注意,就会发生事故。为了保证活动的秩序及安全性,教师会在活动中提出一定的规则及要求,但老师常常会遇到这样的困惑,孩子兴奋后,就不遵守规则,如果给幼儿太多的限制,幼儿也没有参与的兴趣。因此在活动过程中,教师可以根据游戏情节将规则趣味性化。如"开飞机"时,用"飞机和飞机相撞会爆炸"加以约束,孩子们就懂得了不能只顾自己玩得开心,应防止相撞。游戏"我是小小驾驶员",以"比比谁是最能干的驾驶员"提醒幼儿:汽车不能相撞,出事故的驾驶员要被淘汰。孩子们都非常乐意接受这些有趣易行的规则。有了这些能够被孩子们接受的规则,体育游戏才能够安全顺利进行。

(三)形象的情景设计有利于激发幼儿的兴趣

在体育教学活动中进行动作的训练,如果单一的机械性练习,孩子会觉得很枯燥,教师应将体育教学贯穿于富有童趣的情景活动中。例如:在大班体育活动《小小游击队》中,教师将活动贯穿于幼儿喜欢的故事之中,幼儿扮演游击队员,重点练习匍匐前进;教师又创设情境,队员们钻过山洞(钻圈)、走过小桥(平衡木)、匍匐前进过电网(地垫)、跨过山沟(跨栏)、绕过树林(牛奶罐)将手榴弹投向敌人,幼儿被故事情节所感染,很自然地进入活动,并投入地去充当角色并在其中主动锻炼。这个活动中,教师加入了情景的设计,激发了幼儿的兴趣,让幼儿走、跑、跨、钻、绕、匍匐这些动作都得以练习。

实践部分

第五章 体 操

体操是指通过徒手、持轻器械或在器械上按规定完成的具有一定艺术性的身体操练。它是实现学校体育目的任务的重要手段之一，也是我国体育运动的主要项目和学校体育的重要内容之一。特别是在学前教育专业体育教学中，体操教学则具有更为重要的地位。通过体操教学，不仅能全面地锻炼学生身体，促进身体更好地生长发育，提高速度、力量、柔韧、灵敏等身体素质，有效地增强学生体质，并培养勇敢、顽强等意志，而且对培养学前教育专业学生体育职前技能具有重要的意义。

第一节 体操基本知识

体操运动是一项古老的运动项目，它是随着社会的发展、科学的进步和人类认识的不断深化，借助于生产劳动、军事活动、日常生活中的动作和教育手段等逐步发展起来的。“体操”一词来源于希腊语 Gymnastike，即赤膊的意思，相传古希腊人在锻炼身体时多赤膊锻炼和参加运动比赛。公元前 5 世纪，希腊人把锻炼身体的一切活动，诸如走、跑、跳、投掷、攀登、摔跤、舞蹈、骑马和军事游戏等，统称为体操。这个概念一直沿用了许多世纪。到了 19 世纪末 20 世纪初，由于各项体育运动的发展，“体育”则成为以身体活动为手段的教育，它与“体操”并存，混用了一段较长的时间。直到 20 世纪 50 年代，体操运动作为一个完整独立的体系出现了。

一、体操的内容

现代体操的内容丰富多彩，练习形式多种多样。由于完成动作的形式、方法和对人体的主要作用不同，一般可包括下列内容：

(一)队列队形练习

队列队形练习包括队列练习和队形练习。其主要功能是使人体体态端正、动作准确、反应迅速、姿势优美，并能培养练习者高度的组织纪律性和集体主义精神。

（二）徒手体操

徒手体操是指以徒手形式进行的身体操练，包括身体各个环节、各种类型的单个和成套动作。其主要功能是培养人体的正确姿势，促进身体的正常发育，提高人体的机能水平和身体素质，如广播体操、拍手操等。

（三）轻器械体操

轻器械体操是指手持某种轻器械进行的身体操练，一般包括体操棍、实心球、跳绳、木哑铃和沙袋等。各种器械都有自身的特点，其功能也各不相同。例如，利用跳绳做各种跳跃练习，可增强腿部力量，提高协调、灵敏、速度和力量等身体素质。

（四）专门器械体操

专门器械体操是指在某些专门器械上进行的身体操练，一般包括平衡木、爬绳、爬竿和体操凳等。各项专门器械都有自身的特点，其功能也各不相同。例如，经常练习爬绳，可有效地提高力量、协调等身体素质。

（五）器械体操

器械体操是指在特定器械上进行的身体操练，包括在鞍马、吊环、双杠、单杠、高低杠和平衡木等器械上进行的各种不同难度的练习。其主要功能是提高人体的各项素质和中枢神经系统的灵活性，培养人的勇敢、顽强、果断等良好品质。它们属于竞技体操项目。

（六）自由体操

自由体操是竞技体操项目之一，包括徒手体操、技巧运动中的翻腾动作、舞蹈、各种转体、跳跃、平衡和用力等动作。其主要功能是发展各种身体素质，培养正确的身体姿势和动作节奏感，提高艺术修养。

（七）跳跃

跳跃是指以下肢（和上肢）用力使身体腾空的各种练习，包括一般跳跃和支撑跳跃。其主要功能是增强弹跳力，发展协调性，提高心血管系统和呼吸系统的机能，培养勇敢、果断等良好品质。支撑跳跃是竞技体操项目之一。

（八）技巧运动

技巧运动通常称为“翻跟头”，包括滚动、滚翻、手翻、空翻和各种抛接、平衡等动作。其主要功能是提高前庭分析器的机能和灵敏、协调、力量、速度等身体素质。

（九）艺术体操

艺术体操是指在音乐伴奏下进行的有节奏的身体练习和持绳、圈、球、棒、带等轻器械练习。其主要功能是发展柔韧、协调、灵敏和速度等身体素质，锻炼健美体态，培养节奏感和韵律感，提高艺术修养。目前是女子特有的项目。

(十)运动辅助体操

运动辅助体操是指根据某运动项目的特点和练习者个人的具体情况,以及所要达到的要求而选编的一种专门性的身体操练,内容包括徒手体操、各种器具和器械体操。其主要功能是改善人体机能,增强身体素质,改进运动技术,提高运动成绩。

(十一)实用性体操

实用性体操是指根据生产建设或军事的实用技能而选用的身体操练,内容包括攀登、爬越和搬运等。其主要功能是增强体质,锻炼意志,学习和掌握一定的实用技能。

(十二)生产体操

生产体操是指根据劳动者的生产条件和劳动特点编排的徒手或持一定器械的身体操练,内容包括工前操、工间操和工后操等。其主要功能是促使身体机能适应劳动的需要,提高劳动效率,消除或减轻因局部劳动而引起的疲劳,预防职业病。

(十三)医疗体操

医疗体操是指根据伤病和保健的需要,配合各种医疗措施,选用徒手和各种特殊器械进行的身体操练。其主要功能是使身体局部或整体的机能得到改善,治疗创伤、疾病,并起保健作用。

(十四)健美体操

健美体操是指为了健身与健美,在现代音乐伴奏下,针对发展身体各部位的要求而进行的有韵律的身体操练,内容包括各种舞蹈、艺术体操和基本体操中节奏感强、有力度的动作。其主要功能是增进身体健康,塑造美的形体,陶冶美的情操。

(十五)团体操

团体操是指有一定主题思想的综合性集体表演形式的身体操练,内容包括徒手体操、轻器械体操、技巧运动、队列队形练习和艺术装饰(组字、图案、造型、音乐、服装、道具、背景)等。其主要功能是进行思想政治教育,培养组织纪律性和集体主义精神,还能给人以美的享受,陶冶人的情操。

二、体操的分类

对上述体操内容,可以根据不同的原则进行不同的分类。按身体练习的形式分类,体操可分为徒手体操、持轻器械体操和器械体操等三类。按身体操练所要完成的主要任务分类,体操可分为四类,即增强体质、促进身体全面发展的基本体操;挖掘人体潜能、提高竞技能力的竞技性体操;根据某种需要帮助完成特定任务的辅助性体操;以一定的主题思想进行宣传教育的团体操。具体来说,体操运动的内容和分类如下图 5－1：

- 体操运动
  - 基本操
    - 队列队形练习
    - 徒手体操
    - 轻器械体操
    - 专门器械体操
  - 竞技性体操
    - 竞技体操
      - 器械体操
      - 自由体操
      - 跳跃
    - 技巧运动
    - 艺术体操
  - 团体操
    - 徒手体操
    - 轻器械体操
    - 技巧运动
    - 队列队形
    - 艺术装饰
  - 辅助性体操
    - 运动辅助体操
    - 实用性体操
    - 生产体操
    - 医疗体操
    - 健美体操

图 5－1　体操运动分类

体操运动的任何一种分类，虽然有其各自的规律性，但又不是绝对的，根据学前教育专业体育教学的目的任务和学生特点（多为女学生），选择体操运动中的队列和体操队形、基本体操（徒手体操、持轻器械体操）作为基本教材，并适当增加了部分幼儿园基本体操的教学内容。通过教学，使学生在掌握体操运动基础知识和提高运动技能的同时，逐步培养其组织、指导幼儿体育活动的能力，以适应未来的职业需要。

第二节　队列和体操队形

队列和体操队形是指全体学生按照统一的口令、一定的队形，从事协同一致的动作。队列动作是中国人民解放军队列条令的统一规定动作；体操队形是在队列练习的基础上，所做的各种队形和图形的变化。队列和体操队形（简称“队列队形”）是学前教育专业体育教学的重要内容，一方面有助于培养学生的组织纪律性和集体观念，有助于学生养成良好的站立、行走的正确姿势和习惯，使其在集体行动中,动作迅速、整齐,服从组织,遵守纪律。队列队形是组织体育教学活动的基本手段,能有效合理地组织学生,调动队伍,有利于完成课堂教学任务,提高教学质量。另一方面,作为未来的幼儿教师,应能组织好幼儿园体育教学和各项体育活动,并能正确运用队列和体操队形的变化来组织好幼儿的各项集体活动。学前教育专业学生的队列队形教学具有其自身体育学习和职业训练的双重意义,因此学前教育专业队列队形教材是在复习中学队列和体操队形基本动作的基础上,适当增加了部分幼儿园基本体操的教学内容,结合军训和教学需要,提高动作质量,重点掌握队列练习的正确姿势与体操队形变化的基本方法,有目的、有计划地培养学生初步具有喊口令、指挥调队的能力。

队列队形的基本术语

队列队形术语是队列队形的专门用语。正确地运用队列队形术语,不仅有助于理解和掌握队列队形的要领,提高教学与训练效果,而且对普及队列队形知识、进行队列队形指挥、发展和丰富队列队形理论都具有重要的意义。

1.列:学生左右并列成一线,叫列。

2.路:学生前后重叠成一行,叫路。

3.翼:队形的左右端叫翼,左端为左翼,右端为右翼。

4.正面:队列中学生所面向的一面,叫正面。

5.后面:与正面相反的一面,叫后面。

6.间隔:个人与成队彼此之间左右相隔的间隙,叫间隔。

7.距离:个人与成队彼此之间前后相距的间隙,叫距离。

8.队形:学生共同动作时,所排成的队伍的形式,叫队形。

9.队形宽度:两翼之间的横宽,叫队形宽度。

10.队形纵深:从第一列(站在最前面的学生)到最后一列(站在最后面的学生)的纵长,叫队形纵深。

11.横队:个人或成队左右并列组成的队形,叫横队。在横队中,队形的宽度大于或相等队形的纵深,如图 5-2。

12.纵队:个人或成队前后重叠组成的队形,叫纵队。在纵队中,队形的纵深大于或相等队形的宽度,如图 5-3。

13.方队:横宽和纵深大体相等的队形,叫方队。

14.基准学生:教师根据需要指定某一学生作为全体学生动作时的目标,该学生即为基准学生。在通常情况下,右翼排头的第一名为基准学生,如需指定其他学生为基准时,则应明确"以 XX 为基准",或"以左(右)翼为基准"。

15.排头:位于纵队之首或横队右翼的学生(一个或几个学生),叫排头。

16.排尾:位于纵队之尾或横队左翼的学生(一个或几个学生),叫排尾。当纵队向后转时，排头变为排尾，排尾变为排头。

图 5－2　横队

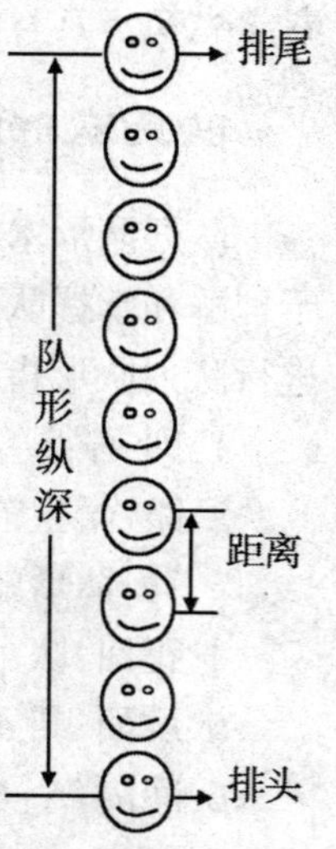

图 5－3　纵队

17.伍：二列或二列以上的横队中前后重叠的学生，叫一伍。如果最后一列人数不足时，叫缺伍。向后转时，后面的学生应进到前列补足缺位。前列学生离开队列时，该缺位的位置应由其同伍的同学补进。

18.二列队形：一列学生排列在另一列学生的后面，相隔一步或一臂距离，叫二列队形。前列叫第一列，后列叫第二列。队形变换时，各列的名称不变。不足四人的站队，应排成一列。一列和二列队形，各列学生彼此间的间隔约为一拳（两肘之间）。如需扩大间隔时，可按教师规定的间隔离开（如一臂或两臂间隔等）。

19.步幅：一步的长度（前脚跟至后脚脚尖的距离），叫步幅。齐步走步幅 75 厘米，正步走步幅 75 厘米，跑步走步幅 85 厘米。

20.步频：每分钟所走的步数，叫步频。齐步走步频 120，正步走步频 116，跑步走步频 180。

队列队形指挥基本知识

队列队形指挥是学前教育专业学生必须掌握的一项基本的专业体育技能。队列队形指挥主要通过指挥者发号口令指挥队伍。队列队形口令一般由预令（指示词）和动令（动词）组成。预令是口令的前部分，使学生准备做动作。预令的长短看队伍大小而定，如果人多队伍长时一般拉长预令。动令是口令的后部分，使学生立即行动。动令要短促而有力。有一些口令与众不同，只有动令，如立正、稍息、报数、解散等。行进间口令，除“向左转——走”和“一列横队变二列横队”时动令落在左脚外，其余动令均落在右脚。

1.原地动作

(1)立正

口令：“立正！”

动作要领:两脚跟靠拢并齐,两脚尖向外分开约一脚之长;两腿挺直;小腹微收,自然挺胸;上体正直,微向前倾;两肩要平,稍向后张;两臂自然下垂,手指并拢自然微屈(拇指捏于食指的第二节),中指贴于裤缝或大腿外侧;头要正,颈要直,口要闭,下颌微收,两眼向前平视。

幼儿立正的动作要求应与正式队列有所不同,主要应做到:两脚跟靠拢,脚尖分开,上体正直,两臂自然下垂,头要正,眼看前方。小班幼儿立正动作则不要求脚跟靠拢。

教学要求:立正应做到“三直、一挺,三要、有神”。“三直”——两腿挺直,上体正直,颈要直;“一挺”——自然挺胸;“三要”——头要正,肩要平,口要闭;“有神”——眼睛向前平视。

教学方法:

①教师示范,并有的放矢地讲解动作要领和教学要求。

②在统一指挥下,学生体会动作要领。教师检查学生动作,发现错误及时纠正。

③分组练习,互相纠正。

易犯错误和纠正方法:

①上体后仰,仰头挺腹。应强调要求挺胸同时小腹微收,下颌也要微收,两眼平视前方。

②扣肩含胸。应强调指出挺胸,两肩后张。

③身体左右倾斜。应要求学生两脚跟并拢,两腿挺直,体重平均落在两脚上。

④撅臀。应强调要求挺胸收腹自然,不要过分用力或太紧张,小腹微收时,髋关节不能弯曲。

(2)稍息

口令:“稍息!”

动作要领:左脚顺脚尖方向伸出大半脚,两腿自然伸直,上体保持立正姿势。稍息过久,可自行换脚,但应恢复立正姿势,再换脚。

上体育课,特别是上体操课时,为了让学生两脚平均休息,可按体操稍息的方式稍息,其动作要领:左脚向左侧出一步,与肩同宽,体重平均落在两脚上。左手在体后握右手腕,右手半握拳,挺胸,眼看前方。

幼儿稍息的动作要求:同体操课上学生做练习时的稍息动作。中班幼儿的稍息动作没有出脚方向的限制。小班幼儿的稍息动作只要求两脚侧开立,两臂自然下垂。

教学要求:稍息时,上体应保持立正姿势,精神要集中。

教学方法:

①示范讲解后,学生体会动作要领。

②与立正动作练习相结合进行分组练习,互相纠正。

③教师必须随时注意学生稍息时的动作是否正确,发现错误及时纠正,以养成习惯,形成正确的身体姿势。

(3)看齐

向右看齐

口令:“向右(左)看——齐!”

动作要领:听到口令后,基准学生不动,其余学生向右(左)转头,眼睛看右(左)邻同学的腮部,并通视全线。后列学生先对正,后看齐。间隔一拳(10 厘米),距离一臂(75 厘米),身体姿势保持正直,用碎步迅速移动看齐。

向中看齐:

口令:“以 × × 为基准,向中看——齐!”

动作要领:基准学生听到“以 × × 为基准时”右手握拳高举。听到“向中看——齐”后,基准生将手放下,其他学生按照向右(左)看齐的动作要领向中看齐。

向前看:

口令:“向前——看!”

动作要领:听到口令后,基准学生不动,其余学生将头转正,恢复立正姿势。

向前看齐(纵队):

口令:“向前看——齐!”

动作要领:听到口令后,排头不动,其余学生依次看前面学生头后部,对正看齐。

幼儿园向前看齐动作要求:

口令:“向前看——齐!”“两臂放——下!”

动作要领:听到口令后,排头不动或两臂侧平举(掌心相对),后面幼儿两臂前平举(掌心相对),同时看前面幼儿头的后部,对正看齐。听到“两臂放——下”的口令后,幼儿将两臂放下。

(4)报数

口令:“报数!”

动作要领:从右至左依次以短促洪亮的声音转头报数(最后一名不转头),后列最后一名报“满伍”或“缺 X 伍”。纵队报数时,从前向后报数,按上述报数要领进行。

在体育课中,为了教学的需要,往往用指定数字报数,或几列同时报数。方法同上,但教师应事先说明:如“一至三——报数”、“各列——报数”等。

教学要求:声音短促洪亮,传递迅速准确。

(5)原地转法:

向右(左)转

口令:“向右(左)——转!”

动作要领:以右(左)脚跟为轴,右(左)脚跟和左(右)脚前脚掌同时用力向右(左)转体90度,体重落在右(左)脚上,左(右)脚靠拢右(左)脚;转体时,两腿挺直,上体保持立正姿势。

向后转

口令:“向后——转!”

动作要领:按向右转的要领向后转体180度。

半面向右(左)——转

口令:“半面向右(左)——转!”

动作要领:按向右(左)转的要领转体45度。

教学要求:转动时要做到“三快、一正、一精神”:“三快”即两脚转动快,两脚掌着地快,后脚靠拢快;“一正”即转体方向正;“一精神”即转体时上体正直,两腿挺直,节奏分明,靠脚有力,两眼平视前方。

教学方法:

①示范、讲解动作要领。

②进行分解教学:听到“分解动作,向后转——1”的口令后,按照向后转的动作要领转向后方,不靠脚;听到“2”的口令后,后脚迅速靠拢前脚成立正姿势。

③集体练习;分组练习或进行教学比赛。

易犯错误和纠正方法:

①后转方向不正。强调指出转动时两脚用力要适当,可在后方选定标记,要求学生转后看目标,进行反复练习。

②转动时上体晃动、两臂外张。强调指出转动时两腿要伸直、并拢,上体保持立正姿势。可在分解练习的基础上进行反复纠正。

(6)集合

横队集合:

口令:“成一(二、三……)列横队——集合!”

动作要领:教师站在预定队形中央前方,面向站队方向成立正姿势,下达口令。学生听到口令后,跑步面向教师集合。基准生首先跑到教师左前方适当位置成立正姿势,其余学生随其基准生依次向左排列,站成指定队形,自行对正、看齐,成立正姿势。

纵队集合:

口令:“成一(二、三……)列纵队——集合!”

动作要领:教师动作同横队集合。学生听到口令后,基准生迅速跑到教师正左前方适当位置成立正姿势,其余学生以基准生为准,依次向后重叠站成指定队形。

教学要求:集合动作迅速、整齐、安静、不碰撞。

教学方法:

①教师随机改变方向进行反复练习。

②通过"排队游戏"进行练习。

(7)解散

口令:"解散!"

动作要领:听到口令后,迅速离开原位(稍息时,先立正然后迅速离开原位)。

2.行进和停止:

(1)齐步和立定

口令:"齐步——走!""立——定!"

动作要领:听到口令后,左脚迈至约75厘米,体重随即移到左脚,右脚依此法行进;上体正直,手指自然并拢微屈;两臂前后自然摆动,前摆时,前臂微向里合,手约与第五衣扣同高并不超过衣扣线。行进速度每分钟约120步。

齐步走的立定,动令落于右脚,左脚向前大半步,右脚靠拢左脚,成立正姿势。

幼儿齐步走的动作要求:左脚开始向前走,步伐均匀,上体正直,两臂前后自然摆动,有精神地走。中班幼儿齐步走只强调上下肢协调地走。小班幼儿齐步走只要求做到上体正直,自然向前走。幼儿行进中老师不用"一二一"带队,而使用一些提醒幼儿良好走姿的儿歌,如"小手甩起来,小脚踏起来。走走走,一个跟着一个走"等等。

教学要求:上体正直,精神饱满,摆臂自然,步幅与步频均匀;集体齐步走时,队伍整齐,步调一致。

教学方法:

①示范讲解动作要领。

②练习原地摆臂。

③原地臂、腿配合练习。

④齐步走与立定结合起来进行反复练习,教师注意及时纠正错误动作。

易犯错误和纠正方法:

①摆臂过高或左右摆臂。强调用上臂带动前臂,原地反复练习摆臂动作。

②身体左右摇摆。强调上体要挺直,两脚着地力量要均匀,前后摆臂。

③速度过快。强调要求上体正直,不能前倾过大,教师可用口令"一二一"控制行进速度。

④八字脚,不走直线。强调要求两眼注视前方,可在地上画上直线,要求沿直线前进。

(2)正步和立定

口令:"正步——走!""立——定!"

动作要领:听到口令后,左脚踢出(脚掌离地面约 20 厘米并与地面平行,腿要绷直)约至 75 厘米处适当用力着地,体重随即移至左脚,右脚依此法行进;上体正直,微向前倾;手指轻轻握拢,向前摆臂时,肘部弯曲,前臂略平,手腕摆到第三、四衣扣之间,离身体约 15 厘米,手心向内稍向下;向后摆到不能自然摆动为止。行进速度每分钟 116 步。

正步走的"立定"口令及动作与齐步走相同。

教学要求:腿要踢直,着地用力;上体正直,眼向前看;臂腿协调,雄壮有力。

教学方法:

①原地分解摆臂练习;口令练习:"正步原地摆臂一、二。"听到"一"的口令后,右臂按动作要领向前摆,同时左臂按要领向后摆到定位不动;听到"二"的口令后,按照上述要领换臂,依照此法反复练习。

②踢腿分解练习:预备姿势:上体正直,两手交叉于背后,左手握于右手腕上。练习口令:"踢腿分解练习一、二。"听到"一"的口令后,左脚踢出并控制在空中定位;听到"二"的口令后,身体重心前移,左脚全脚掌用力着地,右脚自然跟上,脚尖在左脚跟附近点地。再听到"一"的口令后,右腿踢出,依此法反复练习。

③正步完整练习。

易犯错误和纠正方法:

①步幅过小。应指出其错误在于体重没有及时前移,用以上教法纠正。

②臂前摆时夹肘,后摆外张过大。应指出其错误在于前摆时没用上臂带动前臂,肘未前送,另一臂没沿身体向后摆。用分解摆臂练习法逐步纠正。

③"弹腿"。应指出其错误在于踢腿时没有用小腿带动大腿。用踢腿分解练习法纠正。

④臂腿配合不协调。应指出换臂不宜过早。完整动作反复练习。

(3)跑步和立定

口令:"跑步——走!""立——定!"

动作要领:听到预令后,两手迅速半握拳提到腰际,拳心向内,肘部稍向里合,两拳不超过衣扣线,后摆不露手。行进速度每分钟约 180 步。

跑步走的立定,动令落在右脚,继续跑两步,然后左脚向前大半步,右脚靠拢左脚,同时将手放下,成立正姿势。

幼儿跑步的动作要求:大班幼儿可以用前脚掌着地跑,同时上体稍前倾,两臂前后自然摆动。中班幼儿则要求上下肢协调,轻松地跑。小班幼儿仅要求自然跑即可。幼儿一般不做跑步直接立定动作,可换齐步后立定。

教学要求:第一步要跃出;跑步时要以前脚掌先着地;臂要前后自然摆动,前不露肘,后不露手。立定时,靠脚同时将手放下。

教学方法:

①反复练习，掌握预令后两手迅速提到腰际的动作。

②两脚前后站立，按摆臂动作要领与要求原地摆臂动作，也可按教师击掌或呼号（一、二）节奏进行练习。

③全体或分组反复进行跑步和立定相结合的练习。

易犯错误和纠正方法：

①两臂左右摆动，或摆臂如同"打鼓"。强调指出以肩为轴前后摆臂，上臂和前臂一起摆动，前臂稍向里合。反复进行原地摆臂动作练习。

②第一步跃不出去。指出原因在于上体没有及时前倾或右腿蹬地不够积极。可在原地反复练习这一动作。

③立定时站不稳，或靠拢、放手不一致。原因在于没注意动作节奏。可在发出"立定"口令后，要求学生配合动作共同呼喊"一、二、三、四"的口号，并同时按节拍做立定动作，反复进行跑步和立定相结合的练习。

(4)便步走（一般用于长距离步行或在体育教学中有意识地让学生放松，调整呼吸）

口令："便步——走！"

动作要领：听到口令后，采取适当的步幅、速度，做放松自然的走步，上体保持良好的姿态。

幼儿便步走的动作要求：大班幼儿可做便步走，要求自然步走，不要求统一节奏。

(5)踏步、前进和立定

①踏步（一般用于调整步法和整齐队伍）

口令："踏步（原地踏步或原地跑步）——走！"

动作要领：听到口令后，两脚在原地上下起落，抬起脚尖自然下垂，离地面约15厘米，上体保持立正姿势，两臂动作与"齐步"、"跑步"的要求相同。

②前进

口令："前进！"或"照直前进！"

动作要领：听到"前进"的口令后，先在原地继续踏两步，再按原步法行进。

③立定

口令："立——定！"

动作要领：听到口令后，原地立定（原地跑步立定，仍按四拍完成动作；原地踏步按二拍完成）。

幼儿踏步动作要求：大班幼儿踏步，要求由左脚开始，两脚在原地上下起落，上体正直，两臂前后自然摆动，眼睛向前看。中班幼儿踏步，则要求上体正直，上下肢协调。小班幼儿踏步，只要求上体正直，动作自然。

(6)步法变换

齐步与正步互换：

口令："正(齐)步——走!"

动作要领：动令一般落于右脚，听到口令后，从左脚开始按口令规定的步法换为正步(或齐步)行进。

齐步与跑步互换：

口令："跑(齐)步——走!"

动作要领：齐步换跑步，听到预令后，两手迅速握拳提至腰际，两臂自然摆动；听到动令后，从左脚开始换跑步行进。跑步换齐步，听到动令后，继续向前跑两步，再从左脚开始换齐步行进。

幼儿教材中没有步法变换。一般跑步后可换成便步走，然后再做齐步动作。

教学要求：步法变换时，应做到迅速准确，节奏分明。

教学方法：

①示范讲解动作要领。

②按动作要领反复练习。

易犯错误和纠正方法：

①齐步换正步时，第一步踢不必出或变换后步幅变小、步频快。可采用"一、一、一二一"的口令控制步频加以纠正。

②跑步换齐步时垫步。可通过强调改进最后两步跑的动作来加以纠正。

(7)前、后、左、右移动

①前、后移动：

口令："向前 X(单数)步——走!""向后退 X 步——走!"

动作要领：听到口令后，出左脚按齐步行进，到所指示数停止。

听到"向后退 X 步——走"的口令后，从左脚开始，退到所指示数停止。

②左、右移动：

口令："向左(右)横跨 X 步——走!"

动作要领：听到口令后，向左(右)跨步，每跨一步并脚一次，步幅约与肩同宽，跨到所指示数停止。

3.行进间转法：

(1)左(右)转弯走(纵队)

口令："左(右)转弯——走!"原地则为"左(右)转弯齐步——走!"

动作要领：听到口令后，基准学生立即向左(右)转走，其余学生逐次行进至基准学生内向的位置时，亦向左(右)转向新方向跟进。

横队左(右)转弯走时，左(右)翼第一名原地踏步，并逐步向左(右)转动，与右(左)翼的动作相协调；右(左)翼第一名以大步行进，注意不要挤走左(右)翼学生；其余学生向右(左)翼取齐，不转头，并始终保持规定的间隔，越接近左(右)翼的学生，步幅越小。全体转向新方向，原地踏步再下达“前进”或“立定”的口令。

幼儿左（右）转弯走的动作要求：同纵队左（右）转弯走动作要领（小、中班幼儿没有该项练习）。

教学要求：

①纵队转弯时，基准学生转向新方向后，向正前方行进；其余学生一定要走到基准生转弯的位置后，再转向新方向跟进。

②横队转弯时，排面要整齐，始终保持规定的间隔、距离。

教学方法：

①在地上画出转弯标注进行纵队转弯练习。

②学生手挽手（挂肘）进行横队转弯练习。

③先由短横队练习，逐步过渡到较长横队的转弯练习。

易犯错误和纠正方法：

①基准学生转弯方向不正，或其余学生转弯过早。用放标志物或画标注线的方法纠正。

②横队转弯时排面不齐。要求学生用眼睛的余光看齐。

③横队转弯时不能保持规定的间隔、距离。可用教法②进行纠正。

(2)向右（左）转走

口令：“向右（左）转——走！”

动作要领：齐步向右（左）转走时，动令落于右（左）脚，左（右）脚向前半步，脚尖稍向右（左），以左（右）脚的前脚掌为轴，向右（左）转体90度，同时出右（左）脚向新方向行进。跑步向右（左）转走时，听到动令后，先继续向前跑两步，然后左（右）脚再向前跑半步，脚尖稍向右（左），以左（右）脚的前脚掌为轴，向右（左）转体90度，同时出右（左）脚向新方向行进。

(3)向后转走

口令：“向后转——走！”

动作要领：行进间向后转走，动令落于右脚，左脚向前半步（跑步时，先继续向前跑两步，然后左脚再向前跑半步），脚尖稍向右，以两脚的前脚掌为轴，从右向后转180度，出左脚向新方向行进；转体时两臂自然摆动，不得外展。

教学要求：

①转体方向正。

②齐步向右（左）、后转后的第一步必须踢出。

③转体时，两臂要自然摆动。

教学方法：

①分解动作练习向右（左）转走：口令：“向右（左）转——走，一、二、三。”听到“一”的口令，左（右）脚向前半步，脚尖稍向右（左）不动；听到“三”的口令，右（左）

脚着地继续前进。

②分解练习向后转走:口令:“向后转——走,一、二、三。”听到“一”的口令,左脚向前半步,脚尖稍向右;听到“二”的口令,以两脚掌为轴,从右向后转体 180 度,两臂自然摆动定位不动;听到“三”的口令出左脚继续行进。

③完整动作练习。

易犯错误和纠正方法:

① 行进间转体后,第一步踢不出。可用分解动作练习法进行纠正。

②行进间向后转走时,上体晃动,两臂外展。要求转体时两腿伸直、夹紧,两臂自然摆动,可做分解动作练习。

(4)左(右)后转弯走

口令:“左(右)后转弯——走!”

动作要领:听到口令后,基准学生向左(右)后转体 180 度,向新方向行进;其余学生依次行进至基准学生变向的位置时,亦同样做法转向新方向,跟随行进。

4.原地和行进间的队列队形变换:

(1)原地队列队形变换:

①原地一列队横队变二列横队

口令:“成二列横队——走!”

动作要领:先报数,然后再下达口令。听到口令后,单数学生不动,双数学生左脚向后退一步,右脚不靠拢左脚向右跨一步,站在单数学生后面,左脚向右脚靠拢。对正、看齐。

②原地二列横队变一列横队

口令:“成一列横队——走!”

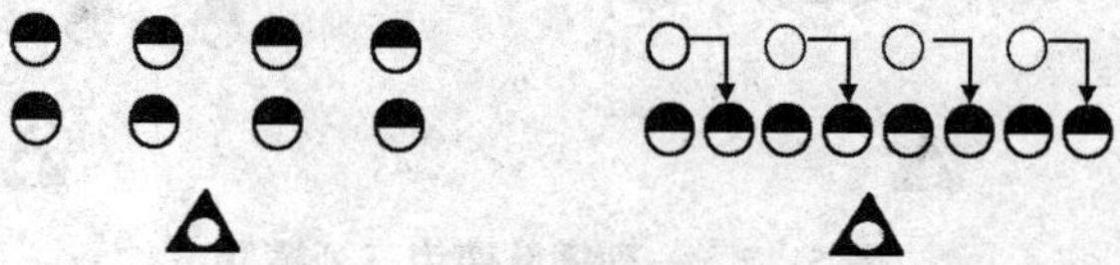

图 5-4 二列横队变一列横队

动作要领:如图 5-4,下达口令前,各列学生要先离开一步间隔,然后再下达口令。听到口令后,单数学生不动,双数学生左脚先向左跨一步,右脚不靠拢左脚向前跨一步,站在单数学生的左方,左脚向右脚靠拢,自动看齐。

③原地一路纵队变二路纵队

口令:“成二路纵队——走!”

动作要领:如图 5-5,先报数,听到口令后,单数学生不动,双数学生出右脚向右前方跨一步,左脚跟进到单数学生右侧,对正单数学生并看齐。

④原地二路纵队变一路纵队

口令:“成一路纵队——走!”

动作要领:听到口令后,双数学生左脚向左后方退到单数学生后面,右脚跟随后撤自动对正。

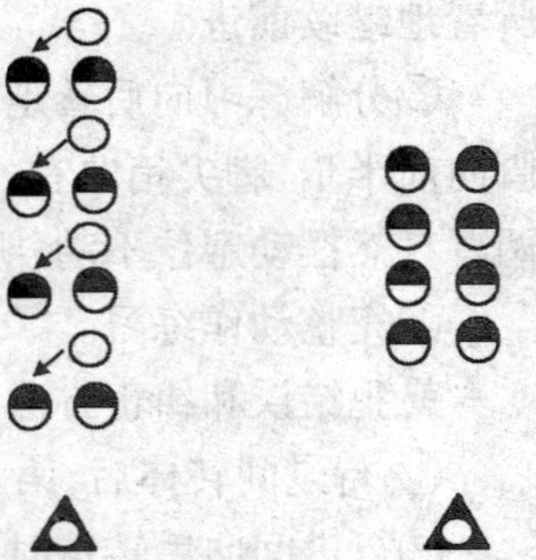

图 5-5　一路纵队变二路纵队

⑤原地由一列横队变二路纵队

口令:“成二路纵队向右——转!”

动作要领:先报数。听到口令,全体学生向右转,然后按一路纵队变二路纵队的动作要领进行。

⑥原地由二路纵队变一列横队

口令:“成一列横队向左——转!”

动作要领:如图 5-6,先使各路学生前后保持一步距离,听到口令后,全体向左转,第一列学生不动,第二列学生按二列横队变一列横队的动作要领进行,自动看齐。

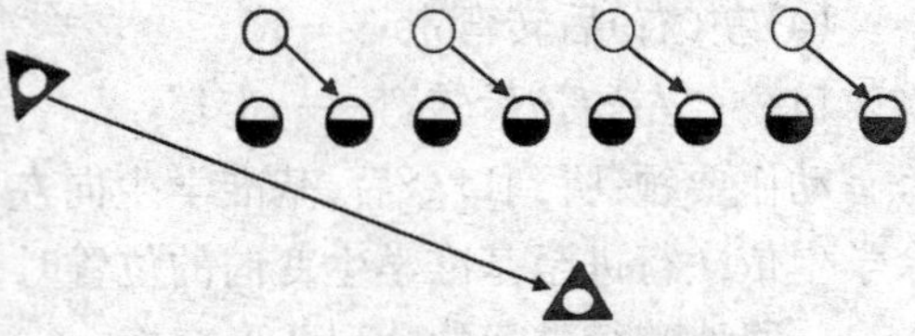

图 5-6　二路纵队变一列横队

⑦原地由一列横队变为三列横队

口令:“成三列横队——走!”

动作要领:如图 5-7,先一至三报数。听到口令后,二数学生不动;一数学生左脚向左前方跨一步,右脚靠拢左脚,位于二数学生前面;三数学生右脚向右后方撤一步,左脚靠拢右脚,取捷径退到二数学生后面,对正、看齐。

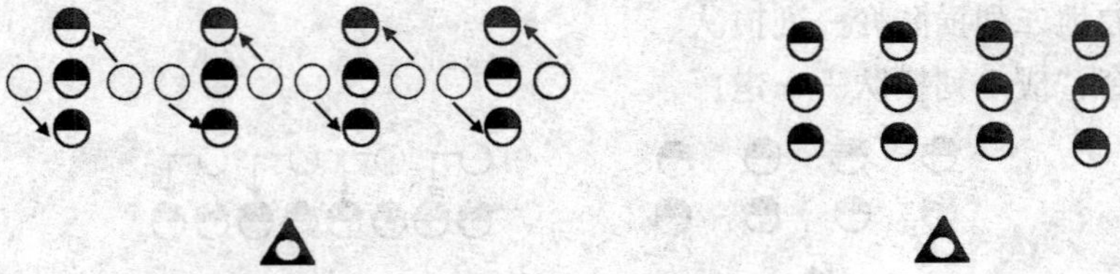

图 5-7　一列横队变为三列横队

⑧原地由三列横队变为一列横队

口令:“成一列横队——走!”

动作要领:听到口令后,二数学生不动,一、三数学生取捷径回到原来的位置,自动看齐。

⑨原地由一路纵队变为三路散开队形

口令:“成三路纵队——走!”

动作要领:如图 5-8,先一至三报数。听到口令后,一数学生向右侧后方斜退三步;二数学生原地踏步;三数学生向左侧前方上跨三步,在统一口令下“立定”,自动看齐。

图 5-8 一路纵队变为三路散开队形

⑩原地一列横队变为二列相向横队

口令:"成二列相向横队——走!"

动作要领:先报数。听到口令后,单数学生向前五步后立定,然后向后转。双数学生原地踏步(踏步数等于单数学生向前步数加 2)再立定看齐。

⑪原地一列横队变为四列菱形队形

口令:"成菱形队形——走!"

动作要领:如图 5-9,先一至四报数。听到口令后,一数学生原地不动;二数学生向前一步;三数学生向前两步;四数学生向前三步成菱形队形。或听到口令后,全体学生报数后先向右转,然后再走成菱形队形。

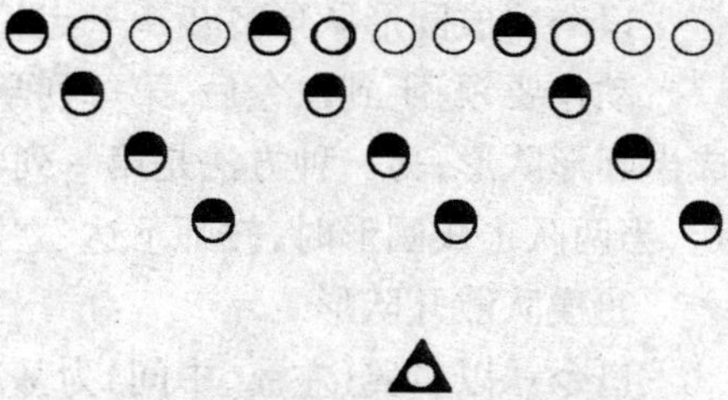

图 5-9 一列横队变为四列菱形队形

⑫四列横队变为菱形队形

口令:"向右(左)成菱形队形——走!"

动作要领:听到口令后,第一列学生不动,第二列学生向右(左)转并向前走一至二步(前后距离一步者向前一步,距离两步者向前两步),第三列学生向右(左)转并向前走三至四步,第四列学生向右(左)转并向前走五至六步,然后第二至四列学生向左(右)转,自动看齐。

⑬原地一列横队变为半圆队形

口令:"成半圆队形——走!"

动作要领:听到口令后,中间的学生原地踏步,排头与排尾的学生用多少不等的步数走成半圆形,然后立定,并自动向内半面向左、右转成半圆队形。或排头与排尾不动,其余学生前进或后退走成半圆队形(也可让学生手拉手进行变换)。

⑭原地由四路纵队变为四个半圆队形

口令:"成四个半圆左(右)转变齐步——走!"

动作要领:听到口令后,一、三路由排尾带领左(右)转弯走,成四个半圆队形后,立定,向左转。

⑮原地四列横队变为圆形队形

口令:"成圆形队形左(右)转弯齐步——走!"

动作要领:听到口令后,一、三列向右转,二、四列向左转,各列分别左转弯走成圆形队形。

⑯原地单圆队形变成双圆交错队形

口令:"成双圆交错队形——走!"

动作要领:先报数。听到口令后,单数学生不动,双数学生取捷径退到单数学生后面呈双圆队形;或双数学生不动,单数学生取捷径进到双数学生前面成双圆队形。

⑰原地单圆形变为双圆队形

口令:"成双圆队形——走!"

动作要领:听到口令后,第一列学生向后转,然后两列学生分别手拉手向后退成半圆形;或双数学生不动,单数学生取捷径进到双数学生前面成双圆队形。

⑱原地二列横队变为圆形队形

口令:"成圆形队形齐步——走!"

动作要领:听到口令后,第一列学生向后转,然后两列学生分别手拉手向后退成半圆形队形;另一种方法是第一列学生向右转,第二列学生向左转,各队左转弯走,当两队走成圆形时,教师下达"立定"和"向左转"的口令。

⑲横队散开队形

口令:"以右翼(左翼、中间)为基准,左右两臂间隔(或两臂侧平举),前后两步距离(向右或向左、向中看)——散开(齐)!"

动作要领:向左(右)散开时,听到口令后,基准学生不动或左(右)臂侧平举(各列排头分别保持两步距离),其他学生向左(右)用跑步或快步(头向右转注意散开的间隔,即两臂侧平举时,相邻两学生指尖相隔约5厘米)走到预定的位置后立定,自动看齐后两臂放下(听到"向前——看"的口令时两臂放下)。

向两侧散开时,基准学生听到以自己为基准的口令后,立即握拳上举,当听到动令后,全体学生两臂侧平举,基准学生不动,其他学生按向左(右)散开的动作要领进行。

⑳向左(右)错开队形

口令:"二、四列向左(右)横跨一步——走!"

动作要领:按横队散开队形要领散开后,单数列学生不动,二、四列学生向左(右)横跨一步(或向左转并上前一步再向右转),对正、看齐。

㉑多路纵队散开队形

口令:"以X路为基准,间隔、距离各X步——散开!"

动作要领:听到口令后,各路排头两臂侧平举,其他学生按向左(右)散开或两侧散开的要领用跑步或快步向左、右、后方散开至规定的间隔、距离。各路向前对正(可两臂前平举,对正后两臂放下),向右(左)、中看齐。

㉒正步散开队形

口令："成散开队形，正步——走！"

动作要领(以四列横队为列)：先报数。听到口令后，第一列学生用正步向前走七步，其余各列在前一列迈出第三步时起步，前进的步数第二列为五步、第三列三步、第四列一步，全体同时立定，向左转。然后同列学生再以正步走完各自的步数并同时立定(每人走的步数等于自己报的数 X2－1)，再向右转，对正、看齐。

㉓向右(左)、中靠拢的密集队形

口令："以右(左)翼排头为基准，向右(左)看——齐！""以某人(路)为基准，向中看——齐！"或"以 XX 为基准，跑步——靠拢！"

动作要领：听到口令后，用跑步靠拢，然后对正、看齐。队形整齐后，教师下达"向前看"的口令。

(2)行进间队列队形变换

①行进间一列横队变二列横队

口令："成二列横队——走！"(动令落于左脚)

动作要领：先报数。听到口令后，单数学生继续行进，双数学生原地踏两步，第三步则进到单数学生后面，对正、看齐，继续前进。

②行进间二列横队变一列横队

口令："成一列横队——走！"(动令落于右脚)

动作要领：先使学生间隔一步。听到口令后，单数学生原地踏两步，双数学生向左跨一步，右脚部靠拢左脚向前跨一步，进到单数学生的左边，并随之继续前进。

③行进间一路纵队变二路纵队

口令："成二路纵队——走！"

动作要领：先报数。听到口令后，单数学生以小步行进；双数学生取捷径到单数学生右侧，取规定距离后，继续前进。

④行进间二路纵队变一路纵队

口令："成一路纵队——走！"

动作要领：听到口令后，左路学生(单数)继续行进，右路学生(双数)以小步行进。待左路加大到适当的距离后，双数学生依次向左插到单数的后面，并保持规定距离，恢复原步伐继续前进。

⑤行进间一(二)列横队变一(二)路纵队

口令："成一(二)路纵队——走！"

动作要领：听到口令后，右翼基准学生继续行进，如是二列横队，当第二列的基准学生上到第一列基准学生的位置后，其余学生向右转，逐次进到基准学生原来位置并转向新方向，跟随前进。

行进间一列横队变二路纵队时，听到"成二路纵队——走"的口令后，右翼两名学生继续行进，其余学生向右转，逐次进到前两名学生原来位置后，两人同时转向新方向，跟随前进。

⑥行进间一路纵队变一列横队

口令："成一列横队——走！"

动作要领：听到口令后，基准学生原地踏步，其他学生半面向左转，取捷径走到基准学生左侧成一列横队继续前进。

⑦行进间二路纵队变一列横队

口令："成一列横队——走！"

动作要领：方向、队形变换时，听到口令后，全队向左转，然后按二列横队变一列横队的动作要领进行。

方向不变队形变换时，听到口令后，第二名学生半面向左转，取捷径走到第一、二名学生左侧，成一列横队，继续前进。

⑧行进间一路纵队变四路纵队

口令："成四路纵队左转弯——走！"

动作要领：听到口令后，前四名学生按向左转走动作要领转向新方向，以小步行进，其余学生每四名逐次走到前四名转弯处向左转走跟随行进。

⑨行进间四路纵队变一路纵队

口令："向右(左)成一路纵队——走！"

动作要领：听到口令后，前四名学生向右(左)转走，其余学生每四名逐次进到前四名学生转弯处向右(左)转走，跟随前进。

⑩行进间切段分队(幼儿园中班教材)

口令："切段分队——走！"(或用铃、鼓、哨等信号代替)

动作要领：先将幼儿分成前后人数相等的若干组，听到口令后，每组第一名幼儿按教师指定的方向走，后面的幼儿跟随行进，如图 5 - 10。

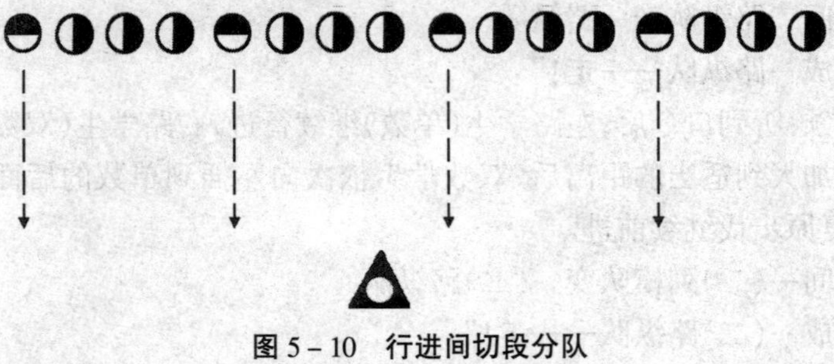

图 5 - 10　行进间切段分队

⑪分队走(幼儿园大班教材)

口令："分队——走！"

动作要领：听到口令后，单数学生左转弯、双数学生右转弯绕场地行进。排头自动标齐，如图 5－11。

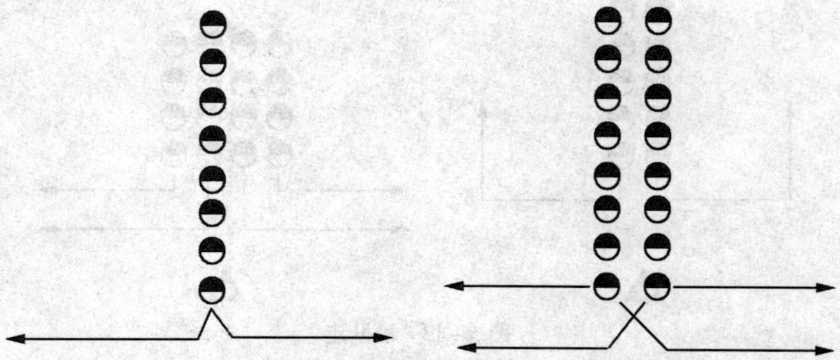

图 5－11 分队走

⑫并队走（幼儿园大班教材）

口令："并队——走！"

动作要领：相对两路相遇时发口令。听到口令后，左路左转弯走，右路右转弯走，成二或四路纵队行进，如图 5－12。

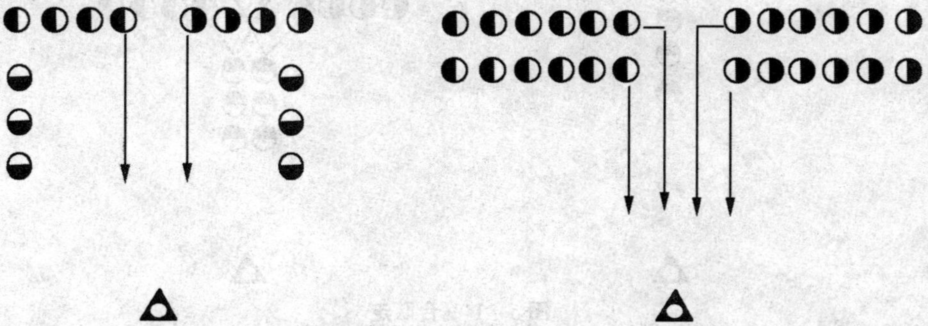

图 5－12 并队走

⑬裂队走（幼儿园大班教材）

口令："裂队——走！"

动作要领：两路纵队行进时，听到口令后，左路左转弯行进，右路右转弯行进，排头注意标齐，如图 5－13。

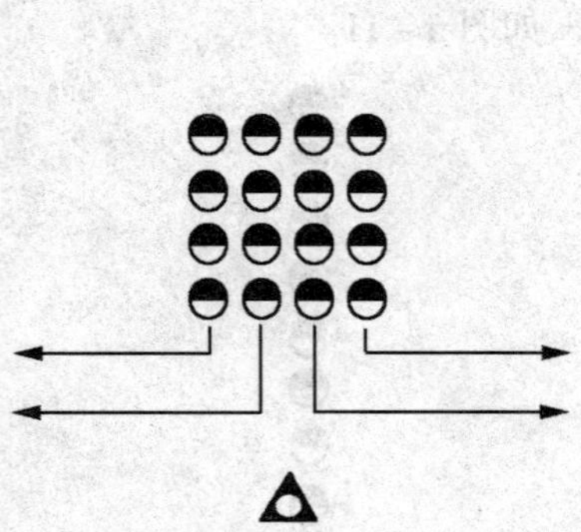

图 5－13　裂队走

⑭合队走(幼儿园大班教材)

口令:“合队——走!”

动作要领:相对两路纵队相遇时发口令。听到口令后,左路学生左转弯走,右路学生右转弯走,并依次插在左路学生后面,成一路纵队前进,如图 5－14。

图 5－14　合队走

教学要求:

A.进行原地和行进间队列队形变换练习时,首先要求教师要选好适当位置,应以能照顾到全体学生为准则,并要根据队列队形的变换而迅速、适当地变换指挥位置。

B.进行原地和行进间队形队列变换练习时,要求学生做到变换的方向、位置准确,动作迅速、协调整齐。

教学方法:

A.安排教学内容时应注意循序渐进,即由原地到行进,由简单到复杂。

B.讲解各种队列队形变换练习的动作要领时,可事先画好图示,以帮助学生正确理解。

C.根据需要,可事先画好场地或放好标志,再进行练习。

5.行进间各种图形的变换

(1)绕场地行进

口令:“左(右)转弯——走!”或“左(右)转弯!”

动作要领:用齐步、跑步、正步或便步绕场地行进时,当排头行进到接近场地任何一角时,教师下达“左(右)转弯”的口令,排头学生按向左(右)转走的要领向新方向继续行进,其余学生走到排头转弯处同样用向左(右)转走跟随前进。

二路以上纵队转弯时,内路用小步,外路用大步转弯,注意排面标齐。

(2)沿对角线行进

口令:“沿对角线——走!”

动作要领:排头走近场地一角时,教师下达口令。排头学生向左(右)转45度,向相对的一角行进,其余学生行进至排头转弯处转弯跟随前进,如图5-15。

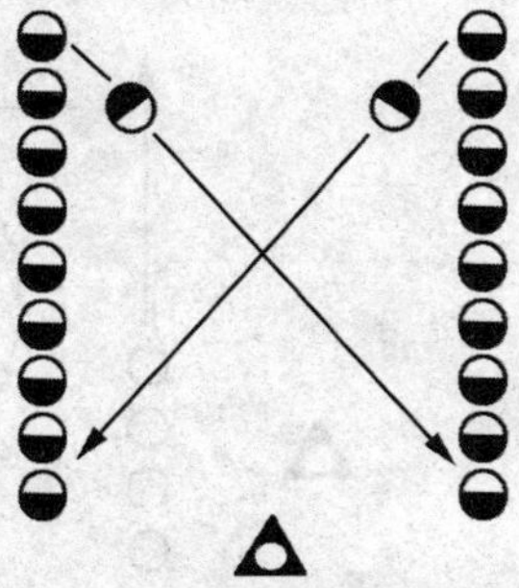

图5-15 沿对角线行进

(3)交叉行进

口令:“左、右转弯交叉行进——走!”

动作要领:两路纵队行进时,听到口令后,各队沿对角线行进的要领行进;两队相遇按事先规定的前后顺序在同一地点依次交叉向不同方向行进。

(4)错肩行进(指相遇的各路纵队的对走)

口令:“从左(右)边——走!”“一队隔一队从左(右)边——走!”“从里(外)边——走!”

动作要领:两个一路(或两路)纵队对面走相遇时,按教师口令彼此靠左边或右边、一队隔一队靠左边或右边、里边(中间)或外边(两边)错肩走过。各队间隔为一步。从里边或外边走时,一般指左路队的位置,如图5-16。

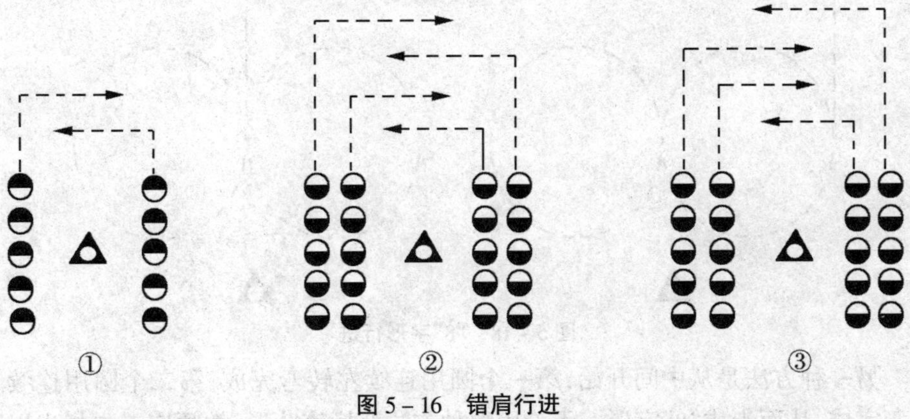

图5-16 错肩行进

(5)蛇形行进

口令:“成蛇形——走!”

动作要领:本队形是纵队左(右)转弯走反复两次以上的行进队形。听到口令后,排头带队左(右)后转弯走至一定距离后,再右(左)转弯走,循环往复,其余学生必须经过排头所走的路线。

(6)绳圈行进

口令:"成开口(或闭口)绳圈形——走!"

动作要领:听到口令后,排头带队按规定的图形行进。成闭口绳圈行走时,排头带队按规定的图形行进,两队相遇时交叉而过,如图 5－17。

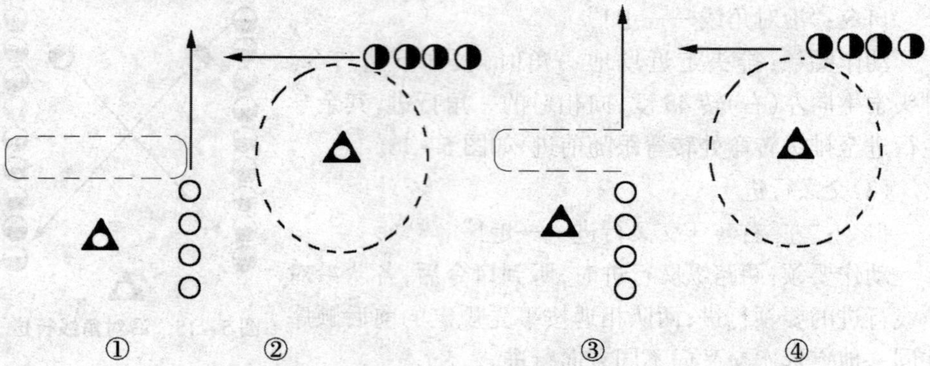

图 5－17 绳圈行进

(7)"8"字形行进

口令:"成'8'字形——走!"

动作要领:听到口令后,排头带队向左自然连续转弯绕圆通过中点,再向右绕圆连续转弯与排尾相接成封闭的'8'字形队形,如图 5－18。

图 5－18 "8"字形行进

另一种方法是从中间开始,第一个圆用连续左转弯完成,第二个圆用连续右转弯完成,从而走成"8"字形。无论用哪种方法变换该队形,教师应首先指出以哪一点为"8"字形的中点。

(8)螺旋形行进

口令:“成闭口(或开口)螺旋形——走!”

动作要领:听到口令后,排头带队沿圆周内做螺旋形行进,到达圆心后,教师下达“向后转走”的口令(或教师下达“立定”、“向后转”、“齐步走”的口令),全体学生按口令沿原路线走出。走开口螺旋还原时,仍由排头带队,右后转弯从相反方向走出来,如图 5-19。

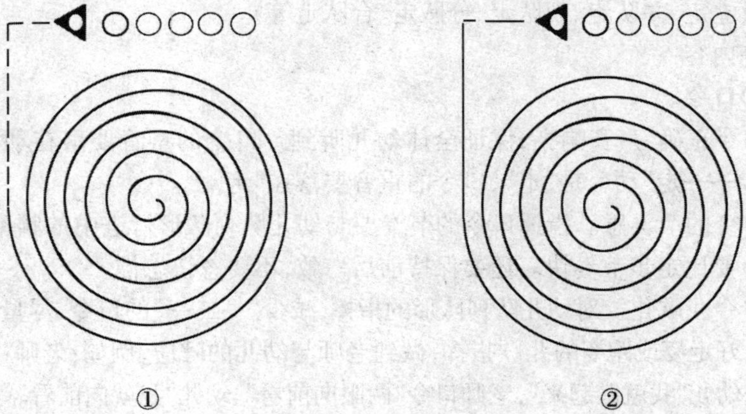

图 5-19 螺旋形行进

教学要求:

(1)行进间各种图形的变换练习,首先要求教师要选好适当的位置,应以能照顾到全体学生为准则;并根据图形变换而迅速、适当地改变指挥的位置。

(2)在行进间各种图形的变换练习时,要求排头学生认真领会教师的意图,按要求带领本队学生按规定的路线行进;要求其他学生按排头带领的路线跟随前进,不得走捷径。

教学方法:

(1)安排教学内容注意循序渐进,先易后难。如在学习沿对角线行进的基础上,再学习交叉行进。

(2)讲解各种图形变换练习的动作要领,可事先画好图示,以帮助学生理解。

(3)有些图形变换练习,可先由教师带队,边讲边进行练习。在此基础上让学生带队练习。

队列队形指挥能力培养

幼儿园队列队形练习是指幼儿按照要求,大家做协同一致的动作,如立正,向前看,一起站成一路纵队,或者再变换成其他队形等。队列队形练习能使幼儿从小习惯于集体,让他们懂得在集体中必须遵守一定的纪律,有统一的行动,大家才能顺利地进行各项活动。队列队形练习还能培养幼儿有正确的身体姿势,促进身体正常生长发育。

运用口令指挥调队是幼儿园体育活动的常用形式，也是学前教育专业学生必须掌握的基本功之一。教师不仅要教会学生熟练地喊口令，还应结合幼儿园常用队列队形，指导学生进行操练。这个任务一般应安排在学前教育专业一年级上学期进行，主要方法是：教师先讲解各种常用基本口令的种类、喊法、幼儿园常用队列队形变换方法等（如立正、稍息、看齐、原地三面转法、踏步——走及立定、齐步——走及立定、并队走、裂队走、分队走、合队走等）。

训练内容：

（一）口令

1.口令正确，声音响亮，保证全体幼儿听到。口令的重音要落在动令上。例如："齐步——走"动令是"走"，口令的重音要落在"走"上。

2.口令的节奏感。指挥口令的节奏要与幼儿队列队形行进中的频率相一致，一般跑步要比走步节奏快。还要保持前后一致，不要忽快忽慢。

3.口令儿歌化。对幼儿队列队形的指挥，减少"一二一"的口令，尽量用提示幼儿保持良好走姿或跑姿的儿歌指挥，做到老师与幼儿的呼应，例如：老师口令"小脚踏起来"、幼儿"我就踏起来"，老师口令"两眼向前看"、幼儿"我就向前看"等等。

（二）指挥取位

指挥者站位要适当。一般原地横队时指挥者站正前中央等腰三角形的顶点。纵队原地指挥者站队列前三分之一处，行进间纵队时老师要面向幼儿，倒行，保证全部幼儿在自己视线范围内。复杂队形变换（如：分、并、裂、合队形变换）时指挥者要站在排头前方或队伍将会合处。总之，队伍方向改变，教师要主动变换到适当位置。

学习队列队形指挥自我评价表

标准	优秀	良好	及格	不及格
内容	口令正确、清楚，声音洪亮。体态端正，调队准确、灵活，位置适当。指挥调队能力强。	口令基本正确，准确清楚。声音洪亮。指挥队伍能力较强，调动队伍较准确。	口令基本正确，声音不洪亮。指挥调队能力一般。	口令不正确或不会喊，口令、声音太小，听不清。指挥调队能力差或不会调队。

第三节　基本体操

基本体操是体操运动的基本内容之一，它包括徒手体操、轻器械体操等练习。基本体操内容丰富，形式多样，易于普及，受到大众的喜爱。

通过基本体操练习，可以增强体质，培养学生正确的身体姿势，促进身体正常生长发育；可以发展学生柔韧、速度、力量、灵敏、协调、耐力等身体素质；使学生掌握基本体操动作技能;培养学生组织纪律性和集体主义观念。

在学前教育专业体育课程中,基本体操教学任务不仅要增强学生体质,培养良好的身体姿势,掌握基本体操动作技能,还必须培养学生具有幼儿基本体操的组织和教学技能,会编简单的幼儿徒手体操、轻器械操的能力。因此,基本体操是学前教育专业体育教学的重要内容之一。

拍手操

拍手操是在徒手操动作的基础上,适当加些不同方向、不同位置的击掌动作,从而使徒手操更加活泼轻快、节奏鲜明,而且规律性强,易做整齐,并能引起学生做操兴趣。

1.伸展运动

预备姿势:成立正姿势。

动作要领:①两脚开立,两臂侧平举;②两臂向上交叉绕环一周;③两手头上击掌;④成立正姿势。⑤-⑧同①-④。(图5-20)

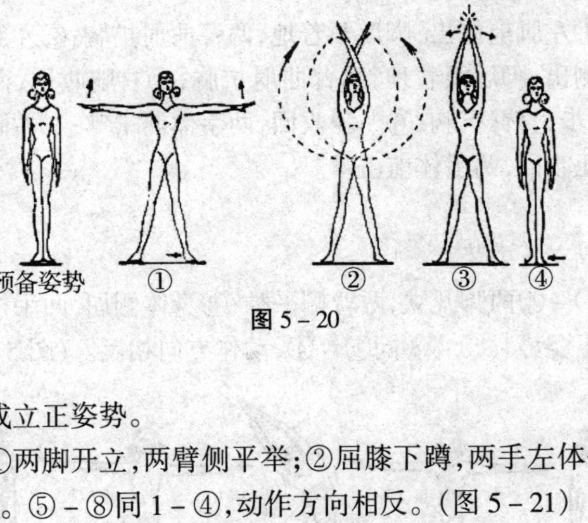

图5-20

2.下蹲运动

预备姿势:成立正姿势。

动作要领:①两脚开立,两臂侧平举;②屈膝下蹲,两手左体侧击掌;③同①;④还原立正姿势。⑤-⑧同1-④,动作方向相反。(图5-21)

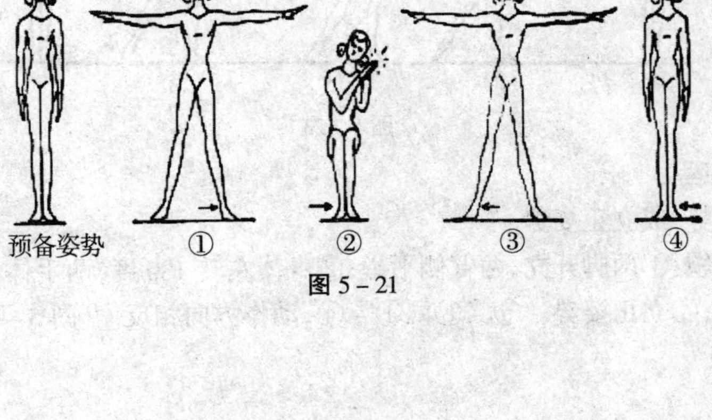

图5-21

3.踢腿运动

预备姿势:成立正姿势。

动作要领:①出左脚,两臂侧平举;②踢右腿,两手腿下击掌;③右腿收回,动作同①;④成立正姿势;⑤-⑧同①-④,动作方向相反。(图5-22)

预备姿势　①　②　③　④

图5-22

4.扩胸运动

预备姿势:成立正姿势。

动作要领:①左脚前侧出,脚后跟着地,两臂曲肘扩胸;②左腿收回,两手体前击掌;③右脚前侧出,脚后跟着地,两臂曲肘扩胸;④右腿收回,两手体前击掌;⑤左脚侧出成侧弓步,直臂扩胸;⑥左腿收回,两手体前击掌;⑦右脚侧出成侧弓步,直臂扩胸;⑧右腿收回,两手体前击掌。

5.体侧运动

预备姿势:成立正姿势。

动作要领:①-④两脚开立,两臂侧平举;②身体侧屈,两手体侧击掌;③恢复①的动作;④立正姿势。⑤-⑧同①-④,动作方向相反。(图5-23)

预备姿势　①　②　③　④

图5-23

6.体转运动

预备姿势:成立正姿势。

动作要领:①两脚开立,两臂侧平举;②身体左转180度,两手体后击掌;③恢复①的动作;④立正姿势。⑤-⑧同①-④,动作方向相反。(图5-24)

图 5 – 24

7.全身运动

预备姿势:成立正姿势。

动作要领:① – ④左脚前出成弓步,两臂侧上举;②下肢不动,两手腿下击掌;③恢复①的动作;④立正姿势。⑤ – ⑧同① – ④,动作方向相反。

8.跳跃运动

预备姿势:成立正姿势。

动作要领:两脚开合跳。①左手叉腰;②右手叉腰;③左手搭肩;④右手搭肩;⑤左臂上举;⑥右臂上举;⑦ – ⑧两手头上击掌两次。

双人操

双人操是两个人相互配合,运用扶持、帮助或对抗等动作进行协调一致的练习。由于双人操需要两人协同练习或互借对方的力量来完成动作,因此对提高协调性、发展力量与柔韧等素质,培养学生相互协作、团结友爱的精神都有积极的作用。

双人操可以徒手做,也可以持轻器械做,其练习形式有面对面、背对背、并列或重叠等。按照动作的性质或用力的作用,双人操可分为三种类型:

1.助力性练习:即一人帮助另一人完成动作。如帮助同伴拉肩、压肩、搬腿、甩腰、扶持平衡等。

2.对抗性练习:即两人互相对抗用力完成动作。如互拉、互推或挂臂互背。

3.协同性练习:即两人密切配合、协同一致地完成动作。如拉手蹲起、踢腿、转体、蹲跳等。

双人操的种类及动作变化较多,这里仅选择一些不同类型的双人徒手体操动作,供教学时选用。

双人徒手体操

1.伸展运动

预备姿势:两人面向站立,拉手。

① – ②左脚向前一步,右脚在后,脚尖点地,同时两臂上举。

③－④还原成预备姿势。

⑤－⑥提踵，同时两臂经侧至上举。

⑦－⑧还原成预备姿势。

2.下蹲运动

预备姿势：两人面向站立，拉手。

①－②一人做蹲起。

③－④另一人做蹲起。

⑤－⑥两人同时做蹲起。

⑦－⑧两人同时起踵立，还原。

3.踢腿运动

预备姿势：两人面对站立，手拉手。

①左脚向左前方迈出一步，同时左臂胸前平屈，右臂侧平举。

②向左前斜前方踢右腿。

③同①。

④还原成预备姿势。

⑤－⑧同①－④，但方向相反。

4.体侧屈运动

预备姿势：两人并肩站立，外侧手在头上，内侧手在体侧互握。

①外侧腿向侧一大步成侧弓箭步。

②还原成预备姿势。

③同①。

④同②。

⑤－⑧同①－④，但向后转，做另一侧。

5.体转运动

预备姿势：两人面向站立，手拉手。

①两臂侧平举，同时同侧腿侧出一步。

②－③另一侧腿体前交叉，同时顺势转体180度，两手互拉侧平举。

④还原成预备姿势。

⑤－⑧同①－④，但方向相反。

6.腹背运动

预备姿势：两人背靠背，互挽臂站立。

①－②一人体前屈，将对方背起成体后屈。

③－④还原成预备姿势。

⑤－⑥同①－②，但两人动作相反。

⑦－⑧还原成预备姿势。

持轻器械体操

哑铃操

哑铃操是学生手持木哑铃在徒手操基础上所能做的各种体操练习。哑铃操课充分利用清脆的击铃声,使动作节奏鲜明,协调一致,精神振奋,并能提高学生做操的兴趣,提高锻炼效果。

哑铃操的击铃位置和方法多变,一般可在体前、体后、头上、胸前、腿下(或腿间)等部位做正击铃、反击铃、双击铃、上下击铃等动作。除单人动作外,还可做两人动作,这里仅选编部分典型动作练习,供教学时选用。

教学时,教师首先应提醒学生持器械后不许随便敲击,并按统一要求取放;做操时可先练习每四拍单击 1—2 次,在逐步过渡到每拍击 3—4 次或一拍连击两次(也可二拍连击三次)。

1.持哑铃方法

两手拇指与四指分开,抓握于铃柄处。

2.哑铃的基本动作

(1)伸展运动

练习一(图 5-25)

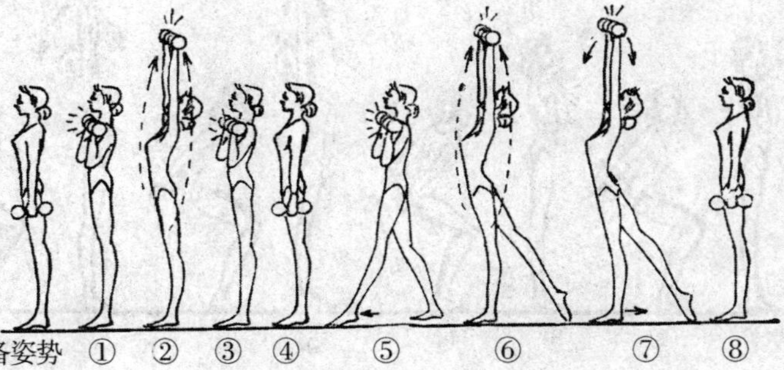

图 5-25

预备姿势:直立,两手各持哑铃于体侧下垂。

①屈臂在胸前反击铃一次。

②两臂经下向侧摆至头上正击铃一次。

③还原成①。

④还原成预备姿势。

⑤左脚前出一步,两臂屈肘在胸前反击铃一次。

⑥-⑦重心向前移至左腿,右脚尖点地,同时经下向侧摆至头上正击铃两次。

⑧还原成预备姿势。

练习二:

预备姿势:直立,两手各持哑铃于体侧下垂。
①两臂前举正击铃一次。
②两臂后摆在体后正击铃一次。
③两臂经侧上摆至头上正击铃一次,抬头看铃。
④两臂经侧下摆至腹前正击铃一次。
⑤-⑥两臂经侧上摆至头上正击铃两次,抬头看铃。
⑦-⑧两臂经侧下摆至腹前正击铃两次。
练习三
预备姿势:直立,两手各持哑铃与体侧下垂。
①左脚侧出一步成开立,同时两臂侧上举。
②两臂前举正(或双)击铃一次。
③两臂向下经侧绕环至上举正击铃一次。
④还原成预备姿势。
⑤-⑧同①-④,动作方向相反。
(2)下蹲运动
练习一(图5-26)

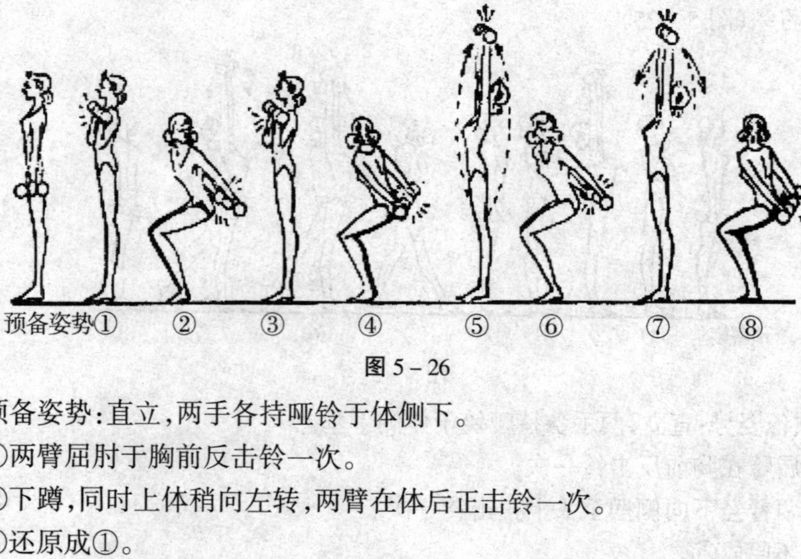

图5-26

预备姿势:直立,两手各持哑铃于体侧下。
①两臂屈肘于胸前反击铃一次。
②下蹲,同时上体稍向左转,两臂在体后正击铃一次。
③还原成①。
④下蹲,同时上体稍向右转,两臂在体后正击铃一次。
⑤直立,同时两臂经侧摆至头上正击铃一次。
⑥同②。
⑦同⑤。
⑧同④。

练习二

预备姿势:直立,两手各持哑铃于体侧下垂。

①左脚前出半步,脚尖点地,同时两臂前举双击铃一次。

②重心前移至左腿,右脚尖在后点地,同时两臂向侧后振。

③重心向后移至右腿,左脚尖点地,同时直臂头上双击铃一次。

④左脚收回,同时屈臂于胸前反击铃一次。

⑤-⑧同①-④,动作方向相反。

练习三

预备姿势:直立,两手各持哑铃垂于体侧。

①左脚侧出一步成开立,同时两臂屈肘于胸前,右手在上,左手在下,击铃一次。

②换左手在上,右手在下,击铃一次。

③两臂胸前平屈后振扩胸。

④两臂伸直后振扩胸。

⑤-⑧同①-④,最后一拍还原成预备姿势。

(3)踢腿运动

练习一(图5-27)

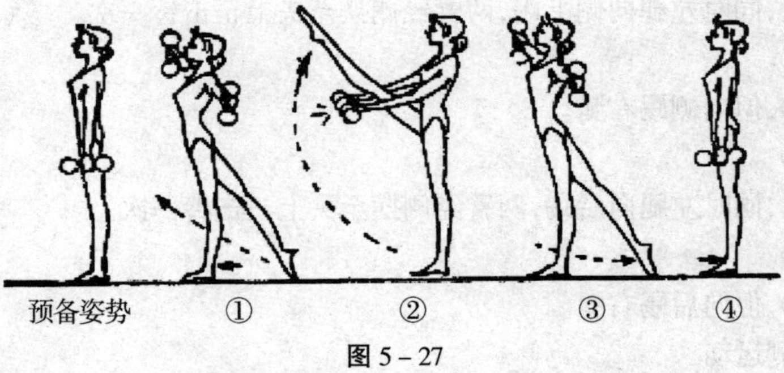

图5-27

预备姿势:直立,两手各持哑铃于体侧下垂。

①左腿前出一步,重心移至左腿,右脚尖后点地,同时两臂侧平举。

②右腿向前上方踢,同时两臂在右腿下击铃一次。

③还原成①。

④还原成预备姿势。

⑤-⑧同①-④,动作方向相反。

练习二

预备姿势:直立,两手各持哑铃于体侧下垂。

①左腿前出一步,重心移至左腿,右脚尖点地,同时两臂经侧至头上击铃一次。

②右腿向上前方踢,同时两臂经侧摆至后正击铃一次。
③还原成①。
④还原成预备姿势。
⑤-⑧同①-④,动作方向相反。
练习三(图5-28)

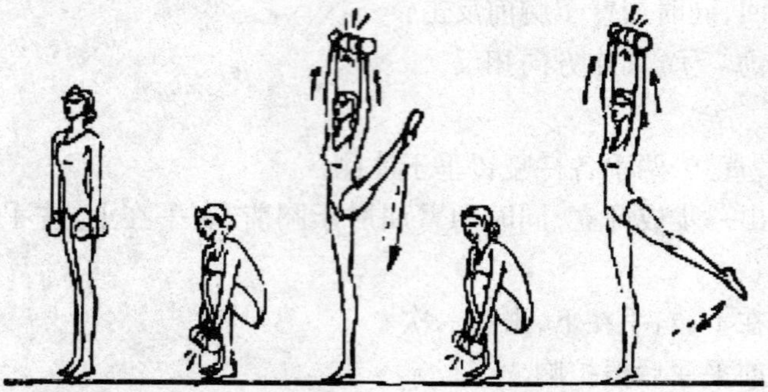

图5-28

预备姿势:直立,两手各持哑铃于体侧下垂。
①全蹲,同时两臂在小腿前正击铃一次。
②直立,同时左腿向侧上踢,两臂经侧摆至头上正击铃一次。
③同①。
④同②,但向侧踢右腿。
⑤同①。
⑥直立,同时左腿向后踢,两臂经侧摆至头上正击铃一次。
⑦同①。
⑧同⑥,但向后踢右腿。
(4)体侧运动
练习一(图5-29)
预备姿势:直立,两手各持哑铃于体侧下垂。
①左脚侧出一步,脚尖点地,同时两臂侧平举。
②上体左侧屈,同时两臂于头上正击铃一次。
③还原成①(或同②)。
④还原成预备姿势。
⑤-⑧同①-④,动作方向相反。
练习二
预备姿势:直立,两手各持哑铃于体侧下垂。
①左脚侧出一步,脚尖点地,同时上体左侧屈,两臂经侧摆至头上正击铃一

图 5-29

次。

②左脚收回,同时两臂经体侧至胸前屈肘反击铃一次。

③同①,动作方向相反。

④同②。

⑤-⑧同①-④,最后一拍还原成预备姿势。

练习三

预备姿势:直立,两手各持哑铃于体侧下垂。

①左脚侧出一步成开立,同时两臂侧举。

②上体向左侧屈,左臂不动,右臂经上向左击左手铃一次。

③-④右臂经下向右绕环一周再击左手铃一次。

⑤右臂向上还原成①。

⑥-⑧同②-④,动作方向相反。

(5)体转运动

练习一(图 5-30)

图 5-30

预备姿势:直立,两手各持哑铃于体侧下垂。

①左脚侧出一步成开立,同时两臂侧举。

②上体向左转 90 度,同时右臂向左摆至与左手铃相击一次。

③还原成①。

④还原成预备姿势。

⑤－⑧同①－④,动作方向相反。

练习二

预备姿势:直立,两手各持哑铃于体侧下垂。

①左脚侧出一步,同时上体向左转90度,两臂上举正击铃一次。

②上体向右转90度,同时两臂经侧摆至体前正击铃一次。

③同①的姿势。

④还原成预备姿势。

⑤－⑧同①－④,动作方向相反。

练习三

预备姿势:直立,两手各持哑铃于体侧下垂。

①左脚侧出一步成开立,同时两臂屈肘于胸前反击铃一次。

②上体向左转135度,同时两臂伸直在头上正击铃一次。

③还原成①。

④还原成预备姿势。

⑤－⑧同①－④,动作方向相反。

(6)腹背运动

练习一(图5－31)

图5－31

预备姿势:直立,两手各持哑铃于体侧下垂。

①两臂前举正击铃一次。

②上体前屈,同时两臂经侧向后摆至小腿后正击铃一次。

③上体直立,两臂经侧摆至头上正击铃一次。

④两臂经侧摆至体前下垂正击铃一次(或还原)。

⑤－⑧同①－④,最后一拍还原成预备姿势。

练习二

预备姿势:直立,两手各持哑铃于体侧下垂。
①两臂向内交叉绕至侧上举。
②头上正击铃一次。
③上体前屈,同时两臂经侧向下摆至小腿后击铃一次。
④还原成预备姿势。
⑤-⑧同①-④。

练习三

预备姿势:直立,两手各持哑铃于体侧下垂。
①左脚侧出一步成开立,同时两臂经侧至头上击铃一次。
②上体左前屈,同时两臂经侧摆至左腿后正击铃一次。
③上体再向右前屈,同时两臂至右腿后正击铃一次。
④还原成预备姿势。
⑤-⑧同①-④,动作方向相反。

(7)全身运动

练习一(图 5-32)

图 5-32

预备姿势:直立,两手各持哑铃于体侧下垂。
①左脚前出一步成弓步,同时两臂经侧摆至头上正击铃一次。
②上体前屈,同时两臂经侧摆成左腿下正击铃一次。
③还原成①。
④还原成预备姿势。
⑤-⑧同①-④,动作方向相反。

练习二

预备姿势:直立,两手各持哑铃于体侧下垂。
①上体稍后屈,同时两臂经侧摆至头上正击铃一次。
②上体前屈,同时两臂经侧摆至小腿前反击铃一次。
③左脚前出一步成弓箭步,同时两臂在体后正击铃一次。

④还原成预备姿势。

⑤－⑧同①－④，动作方向相反。

练习三（图 5－33）

图 5－33

预备姿势：直立，两手各持哑铃于体侧下垂。

①左脚侧出一步成开立，同时两臂经侧摆至头上击铃一次。

②上体左前屈，同时两臂经侧摆至腿前反击铃一次。

③左脚收回与右脚并拢，下蹲，同时两臂经体侧摆至前举正击铃一次。

④还原成预备姿势。

⑤－⑧同①－④，动作方向相反。

（8）跳跃运动

练习一

预备姿势：直立，两手各持哑铃于体侧下垂。

①－④原地跳四次，同时两臂于体前下垂正击铃四次。

⑤跳成左右开立，同时两臂侧举。

⑥跳成开立，同时两臂上举正击铃一次。

⑦跳还原成⑤。

⑧跳还原成预备姿势。

练习二（图 5－34）

预备姿势：直立，两手各持哑铃于体侧下垂。

①－④原地交换腿跳，同时两臂在胸前交替上下击铃四次。

⑤－⑦左脚向前方伸出。脚跟着地，右腿稍屈膝，同时两臂在左腿前反击铃三次。

⑧还原成预备姿势。

第二个八拍换出右脚做。

图 5－34

幼儿基本体操的组织与教学

一、组织合理做操队形

合理做操队形必须根据教学对象年龄特点、动作能力、做操目的、气候、场地等条件来选择。队形组织的好坏，是衡量一个幼儿教师组织能力的一个重要方面，一般要注意以下几个方面：

1.队形的组织要保证每一个幼儿可以看清老师的示范，同时也要保证老师能观察到每一个幼儿。

2.做操过程中，幼儿前后、左右不碰撞，不相互影响。

3.注意阳光、风向和周围环境的影响。一般让幼儿背向阳光、风向、嘈杂的环境，老师向光、向风站立。

4.根据场地大小确定合理队形。

二、幼儿基本体操教学

怎样教基本体操，常用的方法有：

(一)语言法。

1.口头语言：讲解、讲述、叙述和描述，口令、指示、提示、口头评定、音乐伴奏、默诵与自我暗示等等。

(1)讲解与讲述：

说明所学的动作名称、要领，揭示完成动作的关键及原理。讲解必须视对象(幼儿)已有的知识和经验；讲解要有针对性，要精讲多练。讲解时语气要肯定，表达要生动形象，比喻要恰当，并富有趣味，把幼儿的注意力集中到听讲上来。调动幼儿学习的积极性，启发学生积极思索，这样会加快幼儿建立动作形象与动作概念。

讲解要注意运用规范语言，使幼儿从小就能正确认识自己的身体部位和名称。总之，要使讲解达到生动、形象、扼要、精确和富有情感，并不是一件容易的事情，因此，每位未来的幼儿教师应加强语言的修养。

(2)口令、指示和提示:

1)口令:口令是调动队伍指挥做操的重要手段。我国的口令应以中国人民解放军的《队列条令》为准,全世界各个国家的口令和动作都不同,所以,对口令的要求:第一要正确,第二要清楚、洪亮有力,第三节奏感要强。如组织队形中,"立正!"没有预令只有动令。"齐步——走!""跑步——走!"前面只是行动的性质,后面的"走"只是行动的命令。口令在领操中应根据动作幅度和动作性质来决定口令的快慢、长短和强弱。如踢腿运动动作快,口令要喊得短促有力;跳跃运动要带有跳跃性地喊口令;动作幅度大的腹背运动(全身运动)口令喊得悠长些;最后的放松整理运动动作慢,口令要喊得轻松和缓些。另外,在练习时可采用一些带有提示性的口令,如需要重复做的动作时,可喊"五、六、七,再做";需要连接下一节操时,可喊"五、六、七,体转运动"。需要提示的,可喊"一、二、三、四,手臂伸直";需要停止练习时,可喊"五、六、七,停"等等。

2)提示和指示:有语言提示和手势提示。语言提示是指当幼儿在做动作的时候,教师用简练的语言指导和提醒幼儿注意的地方,如"抬头"、"挺身"、"手要伸直"等等。手势提示是指用手指导学生练习,如"对齐"、"向右看齐"等等。手势起到无声语言或定向的作用。

(3)口头评定:

是指教师用口头语言评定幼儿做操情况,如"好"、"差"和存在的问题等等。对幼儿一般应以表扬为主。

(4)音乐伴奏:

是基本体操教学不可缺少的教学手段。音乐是一种艺术语言,用音乐的节奏和旋律指导幼儿进行练习,对提高动作的节奏感和优美感都有很大的作用,同时还能激发幼儿学习的兴趣。一般常用钢琴、风琴、录音机、响铃手鼓、各种打击乐器等等。

(5)默诵与自我暗示:

"默诵"就是用无声的语言在心里想动作,这种心理活动与肌肉的感觉是有联系的。它不仅在头脑中表达将要进行的动作,而且还能出现表达动作的形象。一般是在做动作前让幼儿先想一想动作的顺序、要领等等。

自我暗示是指用无声语言警告自己的一种方法。在做动作前想一想教师的提示等,这样有利于树立完成动作的信心。

(二)直观法:

幼儿在学习动作时,不仅要通过听觉、视觉而且还必须通过学生自身的练习(本体感觉)来体会、理解、掌握动作,缺一不可。只有当幼儿对动作有了空间、时间和用力的感觉后,才能逐渐掌握动作。

在教操的过程中要注意培养幼儿的观察力。除了认真观察教师的示范动作外,还可以运用挂图、录像、教具模型的演示、标志物等,观察同伴之间的动作机会更多。教师应在观察之前指出幼儿要观察什么、怎样去观察等等。如"对比观察"后进行对比分析,找出错误的地方、产生的原因等等,日久天长就会提高幼儿的观察力。常用的直观方法有以下几种:

1.示范法:示范是最生动、最逼真、最真实的直观教学,示范动作应是动作的典范,正确优美的动作,不仅可以使幼儿建立正确的动作表象和概念,还可以引起幼儿学习动作的渴望心理,激发起幼儿学习的积极性。因此,教师在做示范时应注意以下几点:

①示范动作力求规整、正确、轻松和优美,给幼儿留下深刻的印象,使幼儿看完示范后就产生跃跃欲试之感。因此,教师要不断提高示范动作的质量。

②示范动作要有目的性:根据不同的目的而采用不同的示范方法。为了建立完整的动作表象,一般可先做一次完整的动作示范。对较难的动作,可进行分解示范、重点示范或慢速示范。这种示范可以加深对动作细节和较复杂动作的认识和理解。

③要选择合适的示范位置。讲解、示范的位置与方法的选择运用要正确,以有利于幼儿观察、显示动作路线和管理幼儿为原则,同时还要注意环境、阳光和风向等。示范的位置一般应站在队伍的中央前的等边三角形的顶点,使全体幼儿都能看清为原则。常用队形有正方形、长方形、三角形、圆形、半圆形、菱形、梯形等等。

④示范的方法,一般有:正面示范(也称镜面示范):即面对幼儿做反方向的动作。此法便于观察幼儿和管理幼儿。侧面示范:即领操者(或教师)侧对幼儿做动作。此法便于显示动作路线如踢腿运动等。背面示范:即背对幼儿做同方向的动作。此法便于幼儿模仿动作,初学者或动作较复杂时多采用此法。

示范还可以根据动作的难易程度采用完整或分解示范教学,如运动简单而幼儿又有一定的基础时,可以按正常速度做完整示范;如果动作较复杂可采用:先做慢动作示范,边讲边示范,必要时可采用分解示范、分解教学,然后再进行完整示范完善教学。总之要根据幼儿的实际情况来决定教学方法。

2. 教具模型、图解、照片、电影、录像等的演示:演示是指利用实验、实物、图表照片、录像、电影等把事物的发展过程显示出来,使人们有所认识、有所理解。在演示的过程中,一定要配合教师的讲解,才能达到预想的效果。

3.标志物和助力:标志物起到定向的作用,助力帮助幼儿完成较难的动作时给予一定的帮助。

以上方法的选用应根据动作的难易程度和幼儿的接受能力进行选择和综合运用,才能达到预期的教学效果。

学习基本体操组织教学技能自我评价表

标准	优秀	良好	及格	不及格
内容	示范正确,动作规范,能根据队形、动作性质而灵活运用不同方向示范。位置适当。带操口令节奏鲜明,并能恰当运用提示性的语言。	示范正确,能做不同方向的示范。位置较适当。带操口令正确、清楚,但声音欠洪亮,节奏较明显。	示范基本正确,能做反向示范。位置基本合理,带操口令基本正确,但声音不洪亮,节奏平淡。	示范不正确,部位不准确,示范方向、位置不当。带操能力差或不会带操。

第四节　技　巧

技巧运动是体操运动中的一个独立项目,因其内容丰富,形式多样,并具有灵巧、优美、活泼、趣味性强等特点,深受青年、儿童的喜爱。通过练习,可以发展学生灵巧、柔韧和协调等身体素质,对增强其力量、关节的灵活性及柔韧性,提高平衡能力有显著的作用。

一、平衡动作

平衡动作是人们生活中的必备的重要技能,通过平衡动作练习能增进平衡器官机能,提高平衡能力,发展腰背部和腿部的肌肉力量,增强肌肉控制力。

图 5－35

1.单膝跪撑平衡

动作要领:两臂在体前伸直撑地,一腿屈膝跪地,另一腿后上举,抬头挺胸成单膝跪撑平衡。(如图 5－35)

教学要求:两臂伸直,后举腿伸直。

保护与帮助:帮助者单膝跪于练习者侧面,一手扶肩,一手托大腿帮助后举。

图 5－36

2.俯平衡(燕式平衡)

动作要领:由站立姿势开始,一脚向前迈出一步,上体前倒,另一腿后举,两臂侧举成俯平衡。(如图 5－36)

教学要求:两腿伸直,背肌紧张,后举腿高于头。

保护与帮助:教师站在练习者的侧面,一手扶其臂,另一手托其后腿,帮助维持平衡。

二、滚翻

滚翻是技巧运动中的基础动作，它是经头、肩、背、腰及臀各部位依次触垫的滚动翻转的动作，也是自我保护的方法之一。通过练习，可以发展学生的协调、灵敏、柔韧等身体素质，提高平衡能力。

1.前滚翻

动作要领：蹲撑于垫前，两脚蹬地，同时提臀、屈臂、低头，腿伸直，使头后部、肩、背、腰及臀依次着垫，当背部着垫时，屈膝团身，两手抱小腿，上体迅速紧跟大腿，向前滚动成蹲立。（如图 5－37）

图 5－37

教学要求：滚动圆滑，团身紧，方向正。

保护与帮助：教师单腿跪立于练习者的侧方，一手按其颈部（帮助低头），一手扶大腿后部（帮助前滚），但学生臀部着垫时，换成一手托其背部（帮助其蹲立）。

2.后滚翻

动作要领：由蹲撑开始，身体稍前移，随即两手推地，接着积极团身后倒，同时两臂屈肘两手放在肩上，手指向后，掌心向上，经臀、腰、背、肩、颈、头依次着垫向后滚动。当滚至颈部触垫时，团身翻臀，同时两手用力推垫成蹲撑。（如图 5－38）

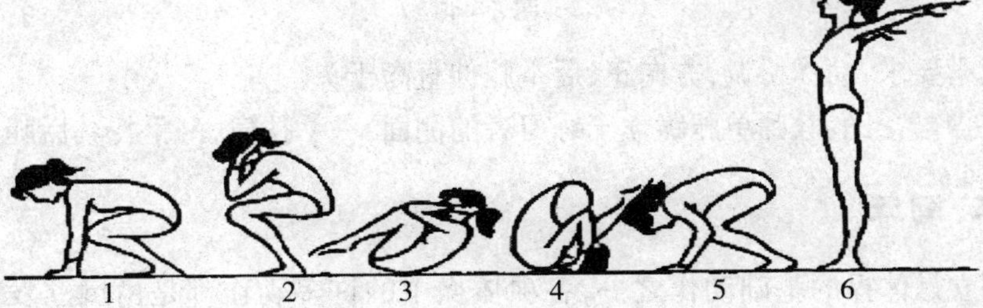

图 5－38

教学要求：滚动圆滑，团身紧，方向正。

保护与帮助：教师单腿跪立于练习者的侧后方，一手托其肩部，一手托臀部帮助后滚团身。

3.鱼跃前滚翻

动作要领:由两臂后举半蹲开始,两臂用力前摆,同时两脚蹬地向前上方跃起,身体在空中保持含胸、稍屈髋,两腿伸直,接着两臂前伸撑垫,屈臂、低头、团身前滚翻成蹲立。(如图 5－39)

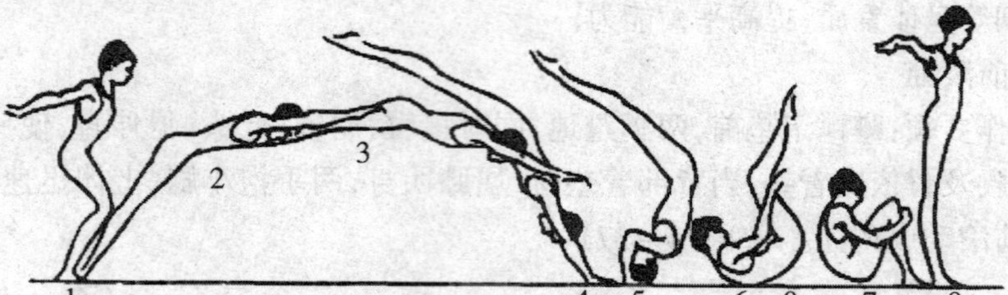

图 5－39

教学要求:跃起有腾空,滚动圆滑。

保护与帮助:教师单腿跪立于练习者的前侧,一手托其腹部,一手托大腿。

4.经单肩后滚翻成单膝跪撑平衡

动作要领:由并腿坐开始,上体前屈接后倒,同时收腹举腿,右(左)侧伸,左(右)臂屈肘放于肩侧,掌心向上,准备撑垫。头向左(右)侧屈,右(左)腿落下屈膝跪地,左腿向后上方举,两臂推直,抬头挺胸成单膝跪撑平衡。(如图 5－40)

图 5－40

教学要求:动作协调,方向正,后举腿伸直高于头。

保护与帮助:教师单腿跪立于练习者的侧面,一手扶肩,一手托其后腿。

三、倒立

倒立是体操的基础动作之一,各项体操中的许多动作都是由倒立发展而来的。倒立是人体头朝下、脚朝上的直立动作,通过倒立练习有利于发展肩带、手臂、腹背等身体各部位的肌肉力量,提高前庭器官机能和身体在空中的控制能力。

1.肩肘倒立

动作要领:两腿伸直并腿坐,上体滚动后倒,收腹举腿翻臀,两臂于体后用力压垫,同时两腿迅速向上伸展,两手撑于腰背两侧,两肘内夹,伸髋,挺腹,两膝及

两脚面绷直向上伸,成头、肩颈和上臂支撑的肩肘倒立姿势。(如图 5-41)

图 5-41

教学要求:身体挺直与地面垂直。

保护与帮助:教师站在练习者的侧面,当学生两腿向上伸时,用两手握其踝关节向上提拉,并可用膝轻顶其腰背部,帮助学生伸髋、挺腹。

2.手倒立

动作要领:由前后分腿站立开始,两臂前上举,上体前屈,两手与肩同宽,五指分开在体前撑地,同时前脚蹬地,后腿向后上方摆起,当摆动腿至垂直面时制动,蹬地腿迅速向摆动腿并拢上伸,顶肩,夹臀紧腰,成上体和两腿在一个垂直面上的倒立姿势。

教学要求:直臂顶肩,身体垂直于地面。

保护与帮助:教师站在练习者的侧前面,一腿屈膝顶其肩部,两手扶其腿部向上提拉。(如图 5-42)教师也可站在练习者侧面,两手扶腿。学生完成动作失去平衡时,也可用屈臂低头团身前滚翻自我保护。

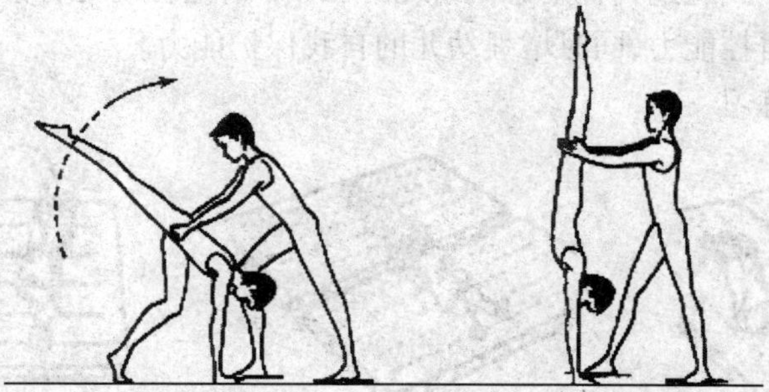

图 5-42

四、联合动作

预备姿势:两脚丁字步站立,两臂侧平举。

动作过程:左变换步—右变换步—左(右)脚向前一步成燕式平衡(稍停)—右(左)脚向左(右)脚并拢,前滚翻成直腿坐—后倒成肩肘倒立—经单肩后滚翻成跪撑平衡—后坐成半劈腿,右臂前举,左臂上举—后腿前摆,成跪立,两臂前平举—

跳起，抬头挺胸，两臂侧平举，还原成预备姿势。（如图 5－43）

图 5－43

教学要求：动作连贯，轻松自如，节奏鲜明，姿势正确、优美。

五、幼儿园技巧内容介绍

幼儿园技巧内容针对幼儿的特点，主要包括滚动、滚翻、劈叉、旋转、身体平衡练习等各种动作。通过各种姿态的练习，可以不断完善幼儿神经调节系统，提高幼儿对身体的自控能力，同时增强幼儿的自我保护能力。

（一）滚动练习

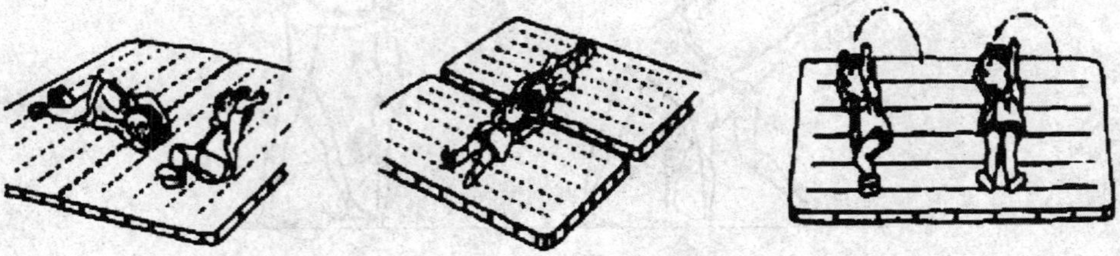

图 5－44

(二)滚翻练习

图 5－45

图 5－46

(三)平衡练习(图 5－47)

图 5－47

第五节　幼儿基本体操范例

第二套全国幼儿广播体操《世界真美好》

第二套全国幼儿广播体操《世界真美好》是教育部于 2002 年组织创编的系列广播体操,并于 2002 年 9 月 1 日开始在全国幼儿园实施。

第二套全国幼儿广播体操,在继承和发扬第一套系列广播体操成功经验的同时,更加注重教育性和时代性,在体操的整体结构设计、动作词汇的选择、音乐的创作等方面进行了新的探索,以体现改革创新的时代精神,使体操更加朝气蓬勃、新颖独特,动作具有韵律感,富有趣味性和模仿性,配乐节奏鲜明,符合儿童生理、心理发展规律。

全操动作要领:

预备节(六个八拍)预备姿势:直立

第一个八拍(歌谣:大公鸡,喔喔叫)(图 5-48)

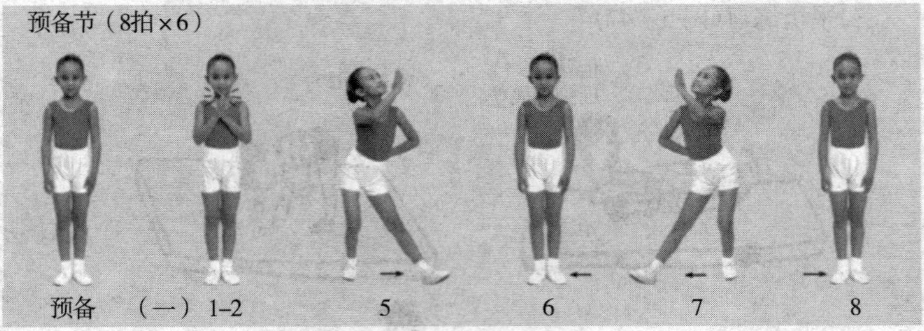

图 5-48

1-2 两手胸前击掌两次。

3-4 还原。

5 左腿向侧伸(脚跟着地),同时右腿微屈,左手背于体后,右手胸前上屈(虎口张开,仿鸡叫),上体稍后仰。

6 还原成直立。

7-8 同 5-6,但方向相反。

第二个八拍(歌谣:外面的世界多美好)(图 5-49)

1 左脚向侧一步,同时两脚起落踵弹动一次,两臂体前交叉向外转动一次(五指分开,掌心向后),稍含胸,低头。

2 起落踵弹动一次,同时两臂上举向外转动一次,头还原。

图 5－49

3 起落踵弹动一次，同时两臂侧举向外转动一次。

4 还原成直立。

5 两腿微屈膝，同时两臂胸前屈，两手左肩前击掌，头向左屈。

6 还原成直立。

7－8 同 5－6，但方向相反。

第三个八拍（歌谣：小朋友们排好队）（图 5－50）

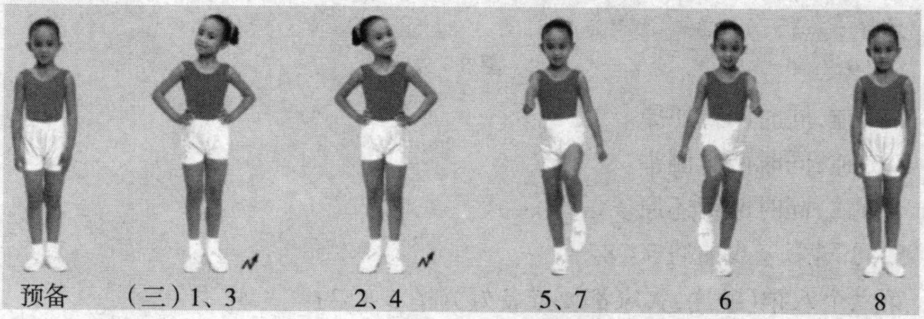

图 5－50

1 起落踵弹动一次，同时两手叉腰，头向左屈。

2 起落踵弹动一次，同时头向右屈。

3－4 同 1－2。

5－7 左腿开始踏三步，同时两臂伸直前后摆动（手握拳）。

8 还原成直立。

第四个八拍（歌谣：大家快快来做操）（图 5－51）

1－2 起落提踵两次，同时两臂上举（五指并拢，腕屈伸两次，仿招手），身体稍向左倾。

3－4 同 1－2，但方向相反。

5－8 同第三八拍的 5－8。

第五个八拍（歌谣：间隔距离要保持）（图 5－52）

1 提踵，同时两臂前举（掌心向下）。

图 5 – 51

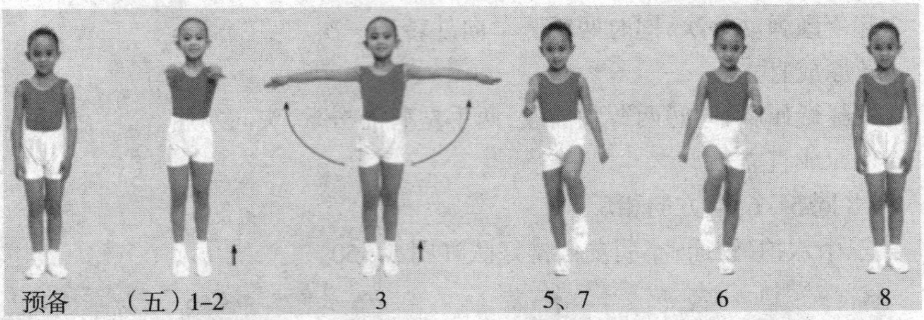

图 5 – 52

2 落踵，同时两臂还原。

3 提踵，同时两臂侧举。

4 落踵，同时两臂还原。

5 – 8 同第三八拍的 5 – 8。

第六个八拍（歌谣：大家都要准备好）（图 5 – 53）

图 5 – 53

1 – 4 左脚开始踏四步，同时两臂交叉胸前屈手拍大臂四次。

5 左脚踏步一次，同时两手左肩前击掌一次。

6 同 5，但方向相反。

7 同 5。

8 还原成直立。

第一节 伸展运动(四个八拍)

预备姿势:直立

第一个八拍(歌谣:小海鸥,真勇敢)(图5－54)

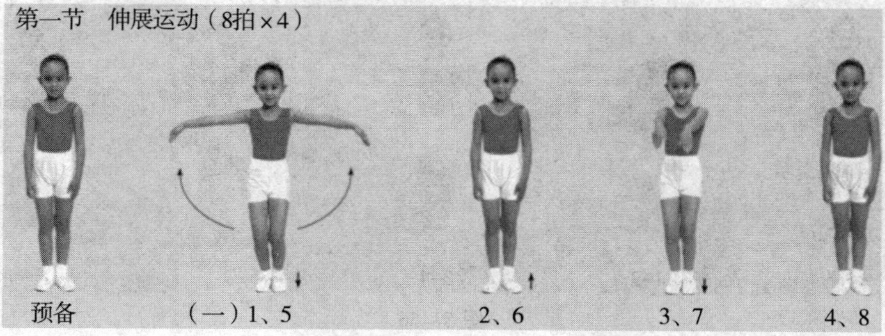

图5－54

1两腿微屈,同时两臂侧举(五指并拢,屈腕)。

2还原成直立。

3两腿微屈,同时两臂前举(五指并拢,屈腕)。

4还原成直立。5－8同1－4。

第二个八拍(歌谣:飞得高来飞得远)(图5－55)

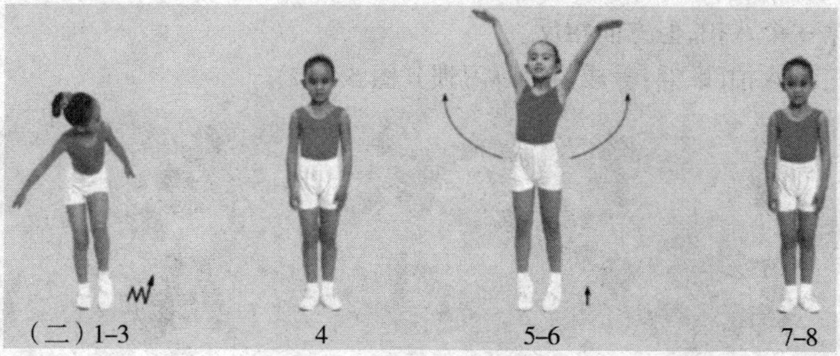

图5－55

1－3两腿微屈,同时两脚原地碎步踏动,两臂侧后举。

4还原成直立。

5－6提踵,同时两臂侧上举(五指并拢,屈腕)。

7－8还原成直立。

第三个八拍(歌谣:我们学习小海鸥)

同第一个八拍

第四个八拍(歌谣:不怕辛苦不怕难)

同第二个八拍,但方向相反。

第二节 胸部运动(四个八拍)

预备姿势:直立

第一个八拍(歌谣:小花猫,喵喵叫)(图 5-56)

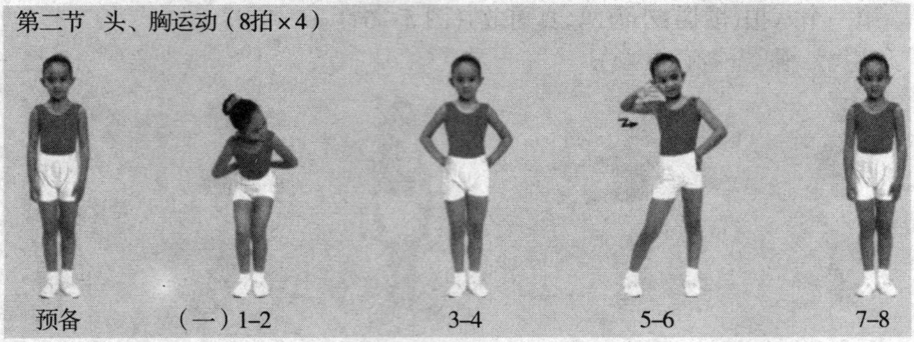

图 5-56

1-2 两腿微屈,同时两臂体后屈,手背贴腰,上体稍前倾,头向左转。

3-4 两腿伸直,同时上体和头还原。

5-6 左脚向侧一步,同时右腿屈膝弹动两次,右臂胸前平屈侧振两次(五指分开,掌心向前)。

7-8 还原成直立。

第二个八拍(歌谣:摇摇脑袋舔舔毛)

同第一个八拍,但方向相反。

第三个八拍(歌谣:养成卫生好习惯)(图 5-57)

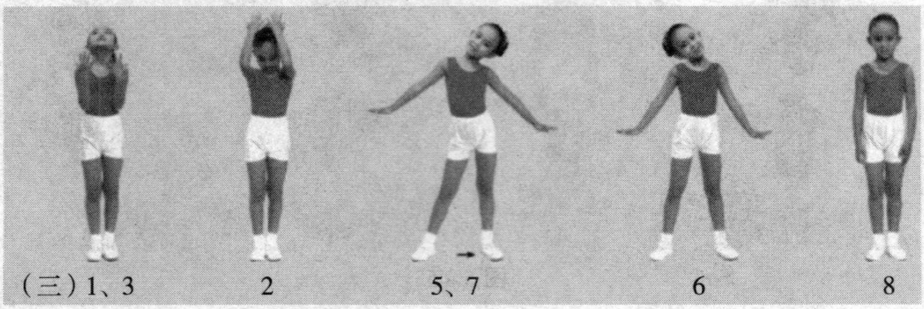

图 5-57

1 两臂胸前屈下摆(五指分开,掌心向后),同时头后屈。

2 两臂胸前肘上摆,同时低头。

3-4 同 1-2,但 4 头正。

5 左脚向侧一步,同时两臂侧下举(五指并拢,伸腕),头向左屈。

6 头向右屈。

7 同 5。

8 还原成直立。

第四个八拍(歌谣:做个健康的小宝宝)

同第三个八拍,但第8拍只是头还原。

第三节 体侧运动(四个八拍)

预备姿势:上节第四个八拍的结束动作

第一个八拍(歌谣:企鹅弟弟站一排)(图5-58)

图5-58

1左腿向侧摆起后勾脚落地,同时右脚摆起(约20度)。

2同1,但方向相反。

3同1。

4右脚落地,同时两臂胸前屈小臂重叠(五指并拢,掌心向下)。

5-6上体左侧屈。

7-8还原成直立。

第二个八拍(歌谣:走起路来摇又摆)

同第一个八拍,但方向相反。

第三个八拍(歌谣:互帮互助最团结)(图5-59)

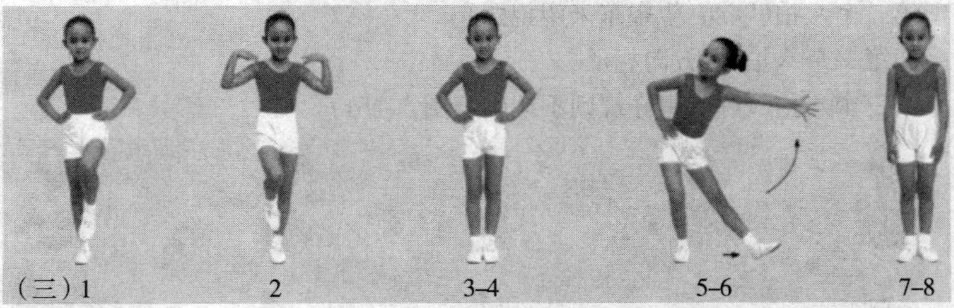

图5-59

1左脚踏一步,同时两手叉腰。

2右脚踏一步,同时两臂肩侧屈(手指触肩)。

3-4两腿并立,同时两手叉腰。

5-6左腿侧伸(脚跟着地),同时右腿微屈,左臂侧举(五指分开,掌心向前),上体向左屈。

7－8 还原成直立。

第四个八拍(歌谣:聪明伶俐人人爱)

同第三个八拍,但方向相反。

第四节 体转运动(四个八拍)

预备姿势:直立

第一个八拍(歌谣:小猴子真顽皮)(图 5－60)

图 5－60

1－2 左腿向侧一步,同时两臂肩侧屈(手指触肩)。

3－4 两腿微屈,同时左臂肩侧上屈,右臂胸前平屈,上体向左转。

5 两腿伸直起落踵弹动一次,同时左手叉腰,右臂前伸(五指分开,向外转动一次)。

6 起落踵弹动一次,同时右臂向外转动一次,上体还原。

7 起落踵弹动一次,同时右臂摆至侧举向外转动一次,头向右转。

8 还原成直立。

第二个八拍(歌谣:望望东来望望西)

同第一个八拍,但方向相反。

第三个八拍(歌谣:遵守规则不胡闹)(图 5－61)

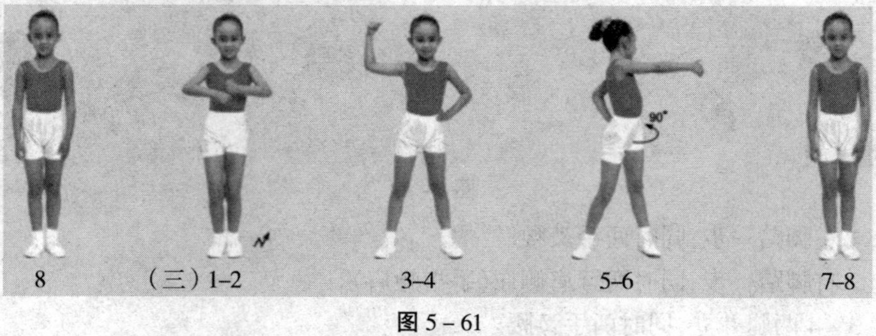

图 5－61

1－2 两腿屈膝弹动两次,同时两臂胸前平举(左臂在上),两手握拳相击两次(拳心向内)。

3－4 左脚向侧一步，同时左手叉腰，右臂肩侧上屈。

5－6 上体左转，同时右臂伸至前举(拳心向内拇指跷起)。

7－8 还原成直立。

第四个八拍(歌谣：快快乐乐做游戏)

同第三个八拍，但方向相反。

第五节 全身运动(四个八拍)

预备姿势：直立

第一个八拍(歌谣：大象伯伯慢慢走)(图 5－62)

图 5－62

1－6 向左转体，同时左脚开始向前走三步，两臂伸直前后摆动，上体稍前倾，头向右转。

7－8 右脚并左脚，同时向右转体，两臂前平屈(击掌)。

第二个八拍(歌谣：伸伸鼻子仰仰头)(图 5－63)

图 5－63

1－2 左脚向侧一步，同时体前屈两臂伸直向左摆，头向左转。

3－4 两臂向左摆动，同时头向右转。

5－6 两腿微屈，两臂上举屈肘，上体抬起，头稍后仰。

7－8 还原成直立。

第三个八拍(歌谣：见到老人问个好)

同第一个八拍，但方向相反。

第四个八拍(歌谣:大家夸我有礼貌)

同第三个八拍,但方向相反。

第六节 跳跃运动(四个八拍)

预备姿势:直立

第一个八拍(歌谣:小青蛙呱呱叫)(图 5-64)

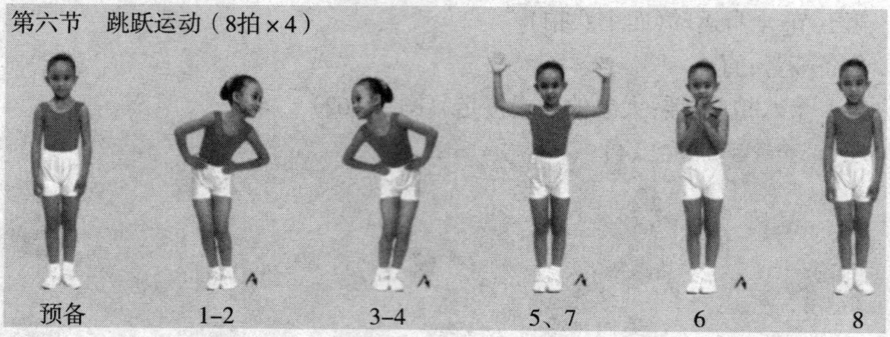

图 5-64

1-2 两腿屈膝向左小跳一次,同时两手叉腰,上体稍前倾,头向左转。

3-4 同 1-2,但方向相反。

5 原地并腿小跳一次,同时两臂肩上侧屈(五指分开,掌心向前)。

6 再跳一次,同时两臂胸前屈(击掌一次)。

7 同 5。

8 跳成直立。

第二个八拍(歌谣:妈妈妈妈不见了)

同第一个八拍,但方向相反。

第三个八拍(歌谣:我们一起帮助它)(图 5-65)

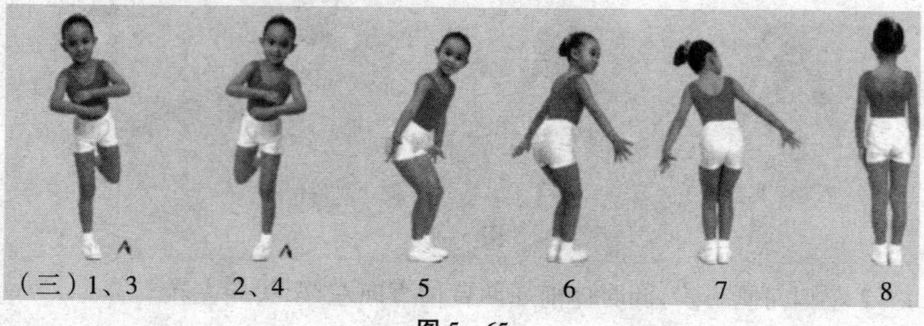

图 5-65

1-4 左腿开始向后踢腿跑四步,同时两臂重叠胸前平屈向前依次绕环(两手握拳)。

5-7 两腿屈膝小跳三次转体 180 度,同时两臂侧后举转动三次(五指分开),头向右转。

8跳成直立。

第四个八拍(歌谣:找到妈妈哈哈笑)

同第三个八拍,但方向相反。

第七节 整理运动(四个八拍)

预备姿势:直立第一个八拍(歌谣:小黄莺高声叫)(图5-66)

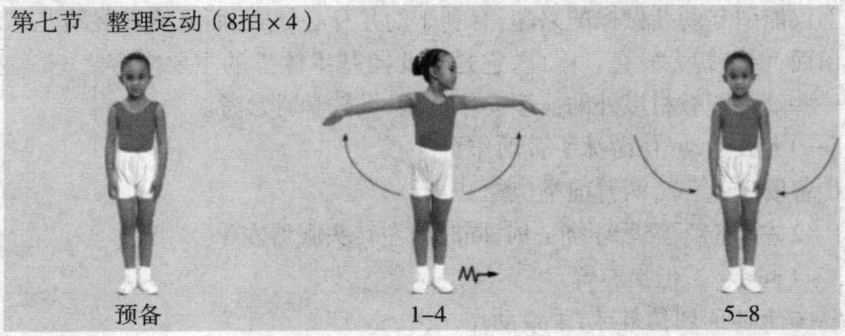

图5-66

1-4提踵小碎步向左四步,同时两臂侧举,头向左转。

5-8落踵还原成直立。

第二个八拍(歌谣:小朋友们齐欢笑)

同第一个八拍,但方向相反。

第三个八拍(歌谣:天天锻炼身体棒)(图5-67)

图5-67

1-2两臂体前交叉,含胸,低头。

3-4两臂摆至头上交叉,稍抬头。

5-6两臂向外摆至侧举(掌心向上)。

7-8两臂还原至体侧。

第四个八拍(歌谣:我们的世界真美好)

同第三个八拍,但方向相反。

幼儿模仿操

模仿操是形象地模仿人的生活、劳动、运动和军事训练以及动物的各种姿态、动作等组成劳动模仿操、体育运动模仿操、军事训练模仿操、运动模仿操。

内容丰富、活泼形象的模仿动作练习，符合幼儿心理和生理发展的特点。模仿操不仅能引起幼儿做操的兴趣，有利于幼儿身心健康，而且能发展幼儿思维，扩大知识面，促进智力发育。因此，它是幼儿园基本体操的主要内容之一。这里仅选择一些幼儿园教材以外的典型动作范例，供教学时参考。

(一)上肢运动(仿游泳手臂动作)

预备姿势：直立，两臂前举(掌心向下)。

1－2 左臂向下经后环绕一周，同时向左转头眼看左手。

3－4 同 1－2，但换右臂。

5－6 上体前屈仿蛙泳，手臂动作一次。

7－8 仿蛙泳手臂动作一次。

(二)下肢运动

练习一 下蹲运动(仿打气)

预备姿势：左脚前出半步，两腿稍屈，上体稍前倾，两臂体前伸直。

1 两臂用力向上屈臂拉起，重心稍后移。

2 两臂伸直用力向下推压，同时屈膝半蹲。

3 同 1。

4 同 2。

5－8 同 1－4，但换右腿在前。

练习二 踢腿运动(仿踢毽)

预备姿势：直立。

1－2 两手背叉腰，稍含胸低头，同时左腿提推屈内踢。

3－4 同 1－2，但换右腿提推屈内踢。

5－6 两臂向右斜下伸，同时左腿提屈外侧踢，眼看左脚。

7－8 同 5－6，但方向相反。

(三)四肢运动

练习一(仿拉锯)

预备姿势：直立。

1－2 左脚向前一步成弓箭步，同时上体前倾，两臂屈肘于腰间(两手握拳，拳心向下)向前推伸(仿推据)。

3－4 两臂屈肘仿后拉锯，同时中心移至后脚。

5－6 同 1－2。

7－8还原成预备姿势。

注意事项:身体重心的前后移动要与拉锯动作配合协调。第二个八拍换出右脚。

练习二(仿拉纤)

预备姿势:直立。

1左脚向前一步,同时两臂上举(两手半握拳)。

2中心前移成弓箭步下压,同时上体向右转,左臂屈肘于肩上,右臂侧举,眼看右手。

3同2,左腿蹬直下压。

4还原成预备姿势。

5－8同1－4,但出右脚。

(四)体转运动

练习一(仿打锤)

预备姿势:立正。

1左脚后出一步,屈左膝,同时上体左转,两臂后举(仿举锤动作)。

2上体右转,同时两臂用力下摆(仿打锤动作)。

3同1。

4同2。

5－8同1－4,但出右脚。

注意事项:由举锤到打锤的过程,动作幅度要大,腹背肌肉配合用力。

练习二(仿投弹)

预备姿势:立正。

1右脚后出一步,重心移至右脚,同时上体向右转,右臂侧举(仿引弹动作)。

2右腿蹬直,重心移至左腿,同时向左转体,右肘领先并高于肩。

3右臂用力向前挥摆,同时中线完全移至左脚,右腿后举维持平衡。

4还原成预备姿势。

5－8同1－4,但换左手。

注意事项:投弹时,要做出挥摆甩腕的动作。

练习三(仿吹号)

预备姿势:立正。

1－2左脚侧出一步,重心移至左脚并向左转体90度,右脚尖点地,同时左手叉腰,右手半握拳经侧举向下摆至胸前屈(拳眼对着嘴)。

3－4还原成预备姿势。

5－8同1－4,但方向相反。

(五)腹背运动(仿跳水)

预备姿势:立正。

1－2 左脚后撤一步,脚尖点地,同时两臂经前摆至侧上举(掌心相对),上体后屈,眼看手。

3－4 左脚向前并步,两腿屈膝半蹲,同时上体前屈两臂下摆至后举。

5－6 上体抬起,两腿伸直,左脚后撤一步足尖点地,同时两臂前摆至侧上举(掌心相对),上体后屈,眼看手。

7－8 还原成预备姿势。

(六)全身运动(仿举重)

预备姿势:立正。

1 上体前屈,同时两臂下垂(仿握杠铃)。

2 上体直立,同时两手翻腕,两臂肩前屈(拳心向前)。

3 跳成左脚在前的弓箭步,同时两臂伸至上举(拳心向上)。

4 跳还原成预备姿势。

5－8 同 1－4,但出右脚。

(七)跳跃运动(仿跳绳)

预备姿势:立正。

1－4 原地并腿跳,同时两臂侧下举,两手半握拳小臂向前环绕(仿摇绳)。

5－8 两臂同 1－4,两腿交替向后踢腿跳。

小班操《小太阳》

音乐前奏(2＊8)

1－8 直立双手背后,头向下点,两拍一次。

2－8 出右腿,两脚开立,双手背后,身体向左右两边摆。

1－2 向右摆,右脚全脚掌着地,左脚脚尖点地。

3－4 向左摆,同 1－2 方向相反。

5－6 同 1－2; 7－8 同 3－4。

第一段 亲一个,好宝贝(1＊8)

1－4 双脚并拢下蹲,头向左歪,由下经体侧摆至脸颊,右手五指捏紧碰触右脸一下,左手背后。

5－8 双臂胸前平屈,小臂重叠,向左右摇,先向右再向左,一拍一次,左右交替各两次。

树儿大大要营养(2＊8)

1－8: 1 迈出右脚,两臂侧平举;2－4 拍在右脚后交叉,两臂向内交叉摆至肩侧屈,掌心相对。

5－8 两臂左右摆动,先向左再向右,一拍一次。左右交替各两次。

亲一个,好宝贝(3＊8 同前 1＊8)

头脑好好要培养(4＊8)

1－2 身体向右转 90 度,右脚向右踏一步,左脚原地踏,双臂上举,双手手心向下,双手手指相对;3－4 身体连续左转 90 度,动作同 4－2。

5－8 动作同 4－4,转一圈回原位。

小太阳,小太阳(5＊8)

1－8 双脚并拢,双膝一拍一颤,身体左侧屈,屈肘于身体右侧,双手成掌,掌心向前,双膝一拍一颤,双臂右侧转到头上再至左侧。

活泼可爱的模样(6＊8)

1－4 跑跳步,一拍一次,先抬右脚,抬右脚向左拍,抬左脚双手向右拍,一拍一次,左右交替各两次。

5－8 拍双脚并拢下蹲,身体向右侧转,双手张开放在脸的两边,虎口相对。

小太阳,小太阳(7＊8 同 5＊8)

爸妈心中的好 BABY(8＊8)

1 右脚向右踏,身体右转 90 度,双臂胸前平举,小臂重叠;2 左脚原地踏,上肢动作;3－4 身体转向后,动作同 1－2。

5－8 身体继续右转,动作同 1－4,第 8 拍转向正前方。

第二段同第一段

间奏:四个八拍。1－2 右脚向右迈,移重心于右脚,左脚脚尖点地。3－4 同 1－2,方向相反。5－8 同 1－4,双手背后。

第三段同第一段

啦——重复间奏 4＊8 拍

重复(5＊8－8＊8)

小太阳,小太阳,重复间奏。2＊8 拍 ——结束

中班操　十二生肖

预备:两脚并立,双手背后。两声猫“喵”开始:

准备拍 一(一个 8 拍):1－2 两脚并立,双手背后,头右侧屈;3－4 头左侧屈;5－8 同 1－4。

二 (两个 8 拍):1 双腿屈膝半蹲,双手胸前击掌;2 两腿直立,上体前倾,双臂肩侧屈,大小臂 90 度,手掌心向前;3－4 同 1－2;5－8 同 1－4。

小老鼠吱吱叫,看到猫儿就跑掉(6 个 8 拍)

1＊8:1－2 弯腰屈膝,两手放嘴边成钩状(来回捏),右脚原地踏一次;3－4 同 1－2,方向相反;5－8 同 1－4,下肢动作两拍一动。

2＊8 动作同 1＊8,弯腰屈膝,原地踏步向右后方转 360 度回原位,一拍一动,

手臂同 1 * 8。

3 * 8 同 1 * 8;4 * 8 同 2 * 8。

牛伯伯,好强壮,看到红布向前闯

1 * 8:1 – 2 屈膝弯腰,右脚原地一踏,食指中指举到头上;3 – 4 右腿屈膝后外侧摆,手臂动作同 1 – 2;5 – 8 同 1 – 4,换左侧。

2 * 8:1 – 2 右脚前出一大步,成弓步,体前屈,两臂上举,食指中指举到头上,低头;3 – 4 收回动作同 1 * 8;5 – 8 同 1 – 4,换左侧。3 * 8 同 1 * 8;4 * 8 同 2 * 8。

虎大王,最神气,森林之中没得比

1 * 8:1 – 2 身体右转 45 度,右脚向右前方出一步,成弓步,上体前倾,两臂肩侧屈,屈掌成虎状(嘴张开);3 – 4 右腿收回,身体转正;5 – 8 同 1 – 4,动作方向相反。

2 * 8:1 – 4 右脚侧出一步,与肩同宽,屈膝一次,两臂由侧经体前交叉至肩侧屈,小臂直立,双手握拳,拳心相对;5 – 8 两脚开立,左右顶髋关节,手臂同 1 – 4,左右摆动(左右左右)。

3 * 8 同 1 * 8;4 * 8 同 2 * 8。

兔宝宝,爱睡觉,走起路来蹦蹦跳

1 * 8:1 – 2 两脚并立,屈膝一次,身体右侧屈,双手上举,两手握拳伸出食指中指,做小兔状,屈腕一次;3 – 4 同 1 – 2,动作方向相反;5 – 6 并立屈膝,身体右侧屈;双手合十在脸右侧(做睡觉状);7 – 8 同 5 – 6,动作方向相反。

2 * 8:1 – 2 向右并脚小跳,身体左侧屈,双手上举,两手握拳伸出食指中指,做小兔状,屈腕一次;3 – 4 同 1 – 2,动作方向相反;5 – 8 原地并脚跳三次,上肢动作同 1 – 2。

3 * 8 同 1 * 8;4 * 8 同 2 * 8。

龙爷爷,最神秘,躲在云里猛吐气

1 * 8:1 – 2 右脚前出一步,脚跟着地,体前屈,抬头,左臂胸前平屈,手握拳,右臂后摆 45 度;3 – 4 同 1 – 2,动作方向相反;5 – 8 同 1 – 4。

2 * 8:1 – 2 两脚并立,右臂经侧胸前平屈,并掌,掌心向下;3 – 4 左臂经侧胸前平屈,并掌,掌心向下;5 – 6 屈膝一次,手臂动作同 3 – 4,头右前方伸,做吐气状;7 – 8 同 5 – 6,换左侧。

3 * 8 同 1 * 8;4 * 8 同 2 * 8。

小白蛇,小青蛇,摇摇摆摆最有趣

1 * 8:1 – 4 两脚并立,屈膝一次伸直,右手由腋下伸出成波浪状;5 – 8 两脚并立,屈膝一次伸直,左手由腋下伸出成波浪状。

2 * 8:1 – 4 并立,屈膝,双手合十由下往上成波浪状上升,至膝关节伸直;5 – 8 同 1 – 4。

3 * 8 同 1 * 8;4 * 8 同 2 * 8。

小马哥,跑得快,跑呀跑呀快快快

1 * 8:1 - 2 身体右转 45 度,右脚侧出一步,轻跳起,右脚脚尖点地,做骑马状,双手握拳抬至胸前,鞍马位,伸出收回一次;3 - 4 同 1 - 2;5 - 8 同 1 - 4,动作方向相反。

2 * 8:1 - 4 动作同 1 * 8:1 - 4,身体向正前方。5 - 8 同 1 - 4,节奏加快,做三次。

3 * 8 同 1 * 8;4 * 8 同 2 * 8。

间奏:两个 8 拍,动作同二。

羊咩咩,最贪玩,野狼来了快快跑

1 * 8:1 - 2 两脚并立,屈膝,上体右侧屈,双手成数字六形,至于头两侧,掌心向前;3 - 4 同 1 - 2,动作方向相反;5 - 6 两脚并立,屈膝,上体右侧屈,双手胸前交叉,手拍肩两次;7 - 8 同 5 - 6,动作方向相反。

2 * 8:1 - 2 身体右转 45 度,右脚跟着地,两臂屈肘,小臂重叠向前绕环一圈;3 - 4 同 1 - 2,动作方向相反;5 - 8 身体面向正前方,原地快跑三下(右左右)。

3 * 8 同 1 * 8;4 * 8 同 2 * 8。

小猴子,吱吱叫,红红屁股摇摇摇

1 * 8:1 - 4 右脚侧出一步,两脚开立半蹲,下蹲三次,两手至于腹前,左手在下,右手在上,击掌三次;5 - 8 左右顶髋三次(右左右),两臂向上打开肩侧屈,小臂竖直,左右体侧屈三次(左右左)。

2 * 8:1 - 2 经右侧跳转 180 度,两脚开立,屈膝,两手叉腰;3 - 4 体前屈,伸出屁股;5 - 6 左右左转摆动屁股;7 - 8 经右侧跳转 180 度,面向前,两手上举在头上,掌心向下。

3 * 8 同 1 * 8;4 * 8 同 2 * 8。

大公鸡,小公鸡,早晨起来喔喔啼

1 * 8:1 - 4 两脚开立,重心移至右侧,两臂胸前平屈,手握拳,掌心相对,上下振肘三次;5 - 8 同 1 - 4,动作相同,方向相反。

2 * 8:1 - 2 两脚开立,左右顶髋,两臂上举,两手掌根靠拢,双手前后转动成花状。

3 * 8 同 1 * 8;4 * 8 同 2 * 8。

小狗狗,尾巴摇,坏人来了汪汪叫

1 * 8:1 - 2 两脚并立,抬右膝,头右侧屈,右臂侧举,左臂胸前屈,掌心向下;3 - 4 同 1 - 2,动作方向相反;5 - 8 同 1 - 4。

2 * 8:1 - 2 向前并脚小跳,体前屈,两臂上举,低头压手;3 - 4 跳回;5 - 8 同 1 - 4。

3＊8 同 1＊8;4＊8 同 2＊8。

小猪猪,胖嘟嘟,打个滚来踏踏脚

1＊8:1－4 两脚并立,微颤膝,身体右转 45 度,左手背后,右手至于嘴前转动二圈,噘嘴;5－8 同 1－4,动作方向相反。

2＊8:1－2 原地踏脚经右侧旋转一圈,两臂架在体侧,挺肚子,两臂前后摆动。

3＊8 同 1＊8;4＊8 同 2＊8。

大班操:胜利摇滚

准备拍(1＊8):1－7 面向后,两脚开立与肩同宽,两臂侧上举。8 转身下蹲,两臂侧下举。

2＊8 原地静止,保持造型。

3＊8:1－4 两脚开立,右腿伸直,重心在右腿,左腿屈膝脚尖点地,右手放于腰间,左臂侧上举;5－8 左腿点颤,一拍一动,左臂屈肘上下挥动(先向下)。

4＊8:1－4 身体转向右侧,两脚开立,左腿伸直,重心在左腿,右腿屈膝脚尖点地,左手放于腰间,右臂侧平举;5－8 右腿点颤,一拍一动,右臂屈肘上下挥动(先向下)。

一、1＊8:1－2 两脚开立后踢腿,左腿先,同时两臂由体侧屈肘摆至肩前屈;3－4 动作同 1－2,方向相反;5－8 同 1－4。

2＊8:1－2 两脚开立,同右摆髋,两臂由下向上划至腰间屈肘,反面一次;3－4 两脚开立同时右跳,双臂经右向上、左绕环一周至右侧屈;5－8 与 1－4 动作相同,方向相反。

3＊8 同 1＊8;4＊8 同 2＊8。

二、1＊8 以左脚为轴,右脚点地,逆时针方向转动一周,一拍一动,右手叉腰,右臂屈肘抬起,右手持棍转动。

2＊8:1 两脚开立,左右顶髋,同时左臂屈肘抬起,右臂至于体侧;2 下肢动作同 1,右臂体侧屈肘,左臂下摆至体侧;3－4 同 1－2;5－8 同 1－4。

3＊8 同 1＊8;4＊8 同 2＊8。

三、1＊8:1－4 下肢动作 v 字步:1 右臂侧上举,左臂屈肘至于腰间;2 左臂侧上举;3 右臂下摆至腹前;4 左臂下摆,两臂交叉于腹部。5－8 屈膝蹲,两臂侧平举,左右摆动上身,一拍一动。

2＊8、3＊8、4＊8 同 1＊8。

接:重复一、二、三动作。

四、1＊8 右脚先起,跑步转身变换队形,围成圆圈,两手放于腰间,上下振动棍。

2＊8 两脚并立:1－4 两臂上举,左手平握棍,右手持棍点击,一拍一击;5－8

两臂于腹部点击棍。

3 * 8 原地跑步，动作同 1 * 8，4 * 8 同 2 * 8。

五、1 * 8:1 - 4 踏步向中间靠拢，两手放于腰间，上下振动棍；5 - 8 两臂上举，两手竖举棍，与同伴击棍，一拍一击。

2 * 8:1 - 4 踏步，向外散开；5 - 8 屈膝半蹲，两臂体侧屈，摆动上身。

3 * 8 同 1 * 8；4 * 8 同 2 * 8。

六、跑步转身成原队形，动作同四。

七、1 * 8:1 - 4 向右跨一步，左手叉腰，右手伸直由侧上向下点四次；5 - 8 两脚并立，屈膝半蹲，两臂体侧屈，摆动上身。

2 * 8 动作同 1 * 8，方向相反。

3 * 8 同 1 * 8；4 * 8 同 2 * 8。

八、1 - 6 右脚向前跨一步成弓步，两臂由上往下点六次；7 - 8 结束动作：出造型（两臂侧上举）。

轻器械操：响铃操

准备节：(4 * 8)

空：2 * 8

踏步(2 * 8)

第一个八拍：原地踏步，1 - 2 两手体前持铃上下击铃；3 左臂侧上举，右臂胸前平屈；4 同 3 动作相反；5 - 8 同 1 - 4。

第二个八拍：原地踏步，1 两手持铃体前屈；2 两臂前平举；3 - 4 同 1 - 2；5 - 6 同 1 - 2；7 - 8 两臂由前平举振铃三次摆至侧平举。

（1 - 2 两臂经侧放下）

一、伸展运动(4 * 8)

第一个八拍：1 两脚并立，两手体前持铃振一次；2 左脚前出，脚尖点地，两臂前平举，振铃一次；3 重心前移，右脚脚尖点地，两臂侧平举；4 下肢动作不变，两臂放于体侧；5 - 7 两臂上举，向前振铃三次；8 两臂经前放于体侧，还原成直立。

第二个八拍：同第一个八拍，动作方向相反。

第三个八拍、第四个八拍同第一个八拍、第二个八拍。

二、体转运动(4 * 8)

第一个八拍：1 - 3 左脚侧出，成侧弓步，上体侧转 45 度，眼看左上方，左臂侧上举，右臂前平举，晃铃；4 还原成直立；5 - 7 同 1 - 3，动作方向相反；8 还原成直立。

第二个八拍：1 - 2 提踵立，两臂上举；3 - 4 屈膝半蹲，上体左转 90 度，头左转，眼看后上方，左臂向后，右臂向前摆至侧平举；5 - 6 上肢恢复 1 - 2 动作，下肢并立;7 - 8 两臂向侧还原成直立。

第三个八拍、第四个八拍同第一个八拍、第二个八拍,动作方向相反。

踢腿运动(4 * 8)

第一个八拍:1 出左脚,两脚开立,两手体前持铃振一次;2 身体左转 90 度,向左提右膝,两臂伸至侧平举;3 右腿放回,动作同 1;4 同 2,动作方向相反;5 两脚并立,两臂头上交叉;6 踢右腿,两臂腿下正击铃;7 右腿收回直立,两臂侧平举;8 还原成直立。

第二个八拍同第一个八拍,动作方向相反。

第三个八拍、第四个八拍同第一个八拍、第二个八拍。

绕臂运动(4 * 8)

第一个八拍:1 两腿半蹲,头右侧转,左臂前上右臂后上绕环,两手晃铃;2 两腿直立,两臂绕环至上举,两手晃铃;3 - 4 同 1 - 2;5 - 7 提踵立,两臂上举,头右转 45 度,身体向左转体 360 度回原位;8 两臂经侧收于体侧,还原成直立。

第二个八拍同第一个八拍,动作方向相反。

第三个八拍、第四个八拍同第一个八拍、第二个八拍。

过渡四拍:两脚并立,连续提踵立四次,两臂体前屈持铃,上下振铃。

五、下蹲运动(4 * 8)

第一个八拍:1 出左腿,两脚开立,两臂前平举;2 并右脚,两臂上举;3 - 4 屈膝半蹲,低头含胸,两臂经侧摆至侧下举;5 跳起两脚开立,屈膝半蹲,两臂胸前平屈,口呼“嗨”;6 跳起两脚并立,两臂侧平举;7 - 8 还原成直立。

第二个八拍同第一个八拍,动作方向相反。

第三个八拍、第四个八拍同第一个八拍、第二个八拍。

踏步同前 (二个八拍)

六、腹背运动(第二个八拍)

第一个八拍:1 - 2 跳起落地两脚开立,体前屈,两臂前平举,晃铃;3 - 4 跳起向左转体 90 度,两脚并立小跳两次,两臂前下举;5 出左脚,脚跟点地,头右转,两臂体前屈;6 还原为直立;7 - 8 同 5 - 6,动作方向相反。

第二个八拍:1 跳起右转回正面,其余动作同第一个八拍,动作方向相反。

七、四肢运动(第二个八拍)

第一个八拍:1 - 2 出左脚,身体左转 90 度回正面,两脚开立,两臂侧平举;3 上体左转 90 度,两腿成弓步,两臂放于体侧;4 下肢动作不变,两臂前上举;5 - 6 下肢动作不变,两臂小臂重叠向前绕环;7 上体右转 90 度,两脚开立,右臂经下摆至两臂侧平举;8 还原成直立。

第二个八拍同第一个八拍,动作方向相反。

八、跳转运动(第二个八拍)

第一个八拍:1 两脚并立,两臂体前屈,振铃一次;2 左脚侧出,脚尖点地,右腿屈膝半蹲,左臂前平举,右臂侧平举;3 – 4 同 1 – 2,动作方向相反;5 – 6 屈膝半蹲,两臂体前屈,振铃两次;7 向左跳起转体 180 度,两脚开立,两臂侧上举;8 跳起还原成直立。

第二个八拍同第一个八拍。

踏步同前后加两臂侧平举振铃三次。

第六节 跳 绳

跳绳是广大青少年、儿童喜爱的一项体育锻炼内容,更是女学生所喜爱的一项运动。经常跳绳,能增强学生腿部的肌肉力量,发展弹跳力、灵活性、协调性和耐久力等身体素质,有利于促进身体全面发展,对提高运动器官和心血管系统的技能有良好的作用。

跳绳是一项简单易行、便于开展的运动,它既是学校体育教学的准备活动和体力练习内容,也是课外体育活动的内容之一,同时又是运动训练中发展弹跳力和耐久力的辅助练习手段。

跳绳包括:跳短绳、跳长绳、绳操和跳绳游戏等,其内容丰富多彩,形式变化多样。在教学中一般采用定位取绳或行进间依次取绳较好。取绳后应要求,学生用左(右)手持四折绳,听到口令后,再按要求打开绳。做完跳绳练习后,应教育学生根据需要,将绳系好后再按要求放绳。跳绳练习前,还应调整好队伍前后、左右的间隔、距离,以避免互相干扰。由于跳绳练习运动量较大,一般应注意定位(或行进间)绳操与跳绳动作相结合,适当调节运动量,则有利于提高锻炼效果。

跳短绳

跳短绳一般是以一人(或两人)持短绳两端摇转,一人、两人或三人同时跳动的跳绳练习。跳短绳时,首先要选择好绳子的长短,掌握好摇绳的方法,随之掌握各种跳法的变换。

(一)确定绳子长短的方法

两手各持绳的一端,用一脚或两脚踩住绳子的中央,两臂体侧屈肘,肘靠近身体,将绳拉直,即为合适绳长。两人或三人同时跳时,绳子的长度可酌量放长。

(二)摇绳

摇绳时两臂在体侧,先用手臂摇一两圈后,再以肘关节为轴,借用前臂和手腕的力量在体侧画小圆摇绳,使绳子均匀而有节奏地摇动。在跳绳时,要把绳子摇直,绳子落地点在脚前不超过 10 厘米,从脚掌与地面间经过。

摇绳的方向有正摇、反摇、右侧摇和左侧摇。由绳在体后的开始姿势,向前摇绳为正摇；由绳在体前的开始姿势，向后摇绳为反摇；由绳在身体左侧（左手在体后，右手在体前）的开始姿势，向右侧摇绳为右侧摇；由绳在身体右侧（右手在体后，左后在体前）的开始姿势，向左侧摇绳为左侧摇。此外，向前、向后的摇绳均可做交叉臂摇。

（三）跳法

1.单人跳

(1)并脚跳：正（反）摇绳，绳接近地面时双脚跳起，绳从脚下摇过去，摇一圈可跳一次。

(2)两脚交换跳：正（反）摇绳，绳接近地面时，左（右）脚跳起，右（左）脚由绳上跨过，接着右（左）脚落地，左（右）脚向后抬起，绳由脚下通过，摇一圈可交换脚跳一次。

(3)侧摇跳：一臂在体前，一臂在体后，向左（右）脚侧摇绳跳过。

(4)跳绳跑：正摇绳，身体稍前倾，绳每摇转一圈可向前跑两步（或一步），摇绳和跑的速度应配合好。

(5)正摇编花跳：正摇绳，绳向前摇至体前向下摆时，右臂向左（右臂摇得高一些，把绳抖开转过），左臂在腰部向右交叉，以手腕力量转动跳绳，当绳摇过脚至头上时，两臂再左右分开，进行下一次跳跃。也可在两臂交叉后不立即分开，而连续摇绳跳若干次后再分开做正摇跳。

(6)反摇编花跳：跳法同(5)，但两臂在胸前交叉，摇绳时应利用手腕力量向前、向后下用力快速摇转绳。

(7)双摇跳：摇转绳两圈，并脚跳一次。

(8)向前“8”字摇绳：两臂稍向体前挥绳，经下向左（左手向侧后，右手向左右挥摆绳，上体稍向左转）向侧后挥绳绕环一周；在经下向右后（右手摆回并向侧后、左手向右后挥摇绳，上体稍向右转）挥绳绕环一周；然后左臂摆回，接正摇跳。

(9)向后“8”字摇绳：摇绳方法同上，但开始向左挥绳绕环时，两臂是经上向后绕环。然后两臂分开接反摇跳。

(10)向前摇绳跳转体向后摇绳跳（正转反）：当绳向前摇过头后，绳经右（左）侧下摆的同时，向右（左）转体180度（绳经下向上绕环一周，同时身体以右（左）脚为轴转体），按向后摇绳跳。

(11)向后摇绳跳转体接向前摇绳跳（反转正）：当绳向后摇过头上时，绳经左（右）侧下摆，接着以右（左）脚为轴向右（左）转体180度，接向前摇绳跳。

2.双人跳：两人各握绳的一端，同摇同跳或同摇一人跳。

(1)两人并排站立，各用外侧手摇绳，内侧手互握同摇同跳。

(2)两人摇绳，一人助摇一人跳，然后两人互换。

(3)向前或向后双人进行跳绳跑。

3.带人跳:由一人摇绳,两人或三人同时跳,跳时可加做各种动作。

(1)两人面对面(或同向)站立,一人摇绳,另一人扶同伴腰部,两人同时跳。

(2)同(1)跳法,但跳时两人互相传递摇绳。

(3)一人摇绳跳,另一人由前或后面来回跳出跳入。

(4)一人摇绳跳,另一人边跳边从摇绳者臂下钻过。

(5)三人前后站立,中间人摇绳带两人跳。

(6)一人摇绳跳,另二人由前、后来回跳入、跳出。

跳长绳

跳长绳是由两人对面站立,各持长绳一端,同时向同一方向摇绳;也可由一人摇绳,而将绳的另一端固定在其他物体上。根据练习者所在方向,摇绳又分为“正摇”和“反摇”,向练习者方向摇转为“正摇”,向练习者相反方向摇转为“反摇”。

跳单绳

跑过:跑过是指绳子摇转后,练习者迅速由绳子下跑过,两脚不越过绳子。

做法:两人正摇一根长绳,当绳子由最高点向着练习者这一边往下摇时,练习者应该在绳摇到与头齐高、绳将往下摇时跟在绳后面跑过。注意要摇得速度均匀。如果练习者被绳子挂住,摇绳人必须立刻松手,以免绊倒。

(1)练习者一人或多人迅速从绳下跑过。

(2)每摇转一或二次绳,跑过一人。

(3)按教师规定的摇绳圈数或按教师发出的信号跑过。

(4)以各种不同的姿势(如叉腰、两手放背后、拍手等)在绳下跑过。

(5)单人鱼贯式“8”字形跑过。

(6)两人同时以各种姿势(换手或臂、腿动作等)跑过。

(7)两队斜向依次交叉跑过。两路纵队分别站在绳子一面的两侧,摇绳一圈跑过一人,两队依次交叉在绳下跑过。

(8)两队斜向同时交叉跑过。

2.跳

(1)两人同时跑入,边跳边互相抛接小球。

(2)一人或两人跑入,边跳边捡拾、放回物体。

(3)以上各动作也可以加跳以后再跑出。

(二)跳双绳

1.跑过、跳过两个平行的长绳。

2.两人摇双绳,一人跳两绳:两人面对站立,手持两条平行的长绳,两臂交替摇绳(一绳先摇,一绳后摇),当绳摇至一绳在上、一绳在下时,学生由正面或斜面跑至绳的着地点附近,用单脚交换跳的方式进行跳跃。

3.四人摇两条“十”字交叉的长绳,两组同时摇绳,练习者跑入做连续并脚跳。

（三）跳多绳与混合绳

1.跳多绳：练习者按顺序依次跑过或跳过并列形、方形、梅花形等多条绳。

2.跳混合绳：两人摇一条长绳，练习者手持一条短绳，当长绳向上摇起时，练习者跑入，自己摇短绳进行各种跳跃动作。要求短绳与长绳节拍一致。

第六章 田径运动

田径是由走、跑、跳跃、投掷等运动组成的以个人活动为主的运动项目。走、跑统称径赛，用时间计算成绩，决定名次；跳跃、投掷统称田赛，用高度或远度计算成绩，决定名次，以及由田赛和径赛部分项目组成的全能运动。历史悠久的田径运动，展现了人类挑战自身极限的意志之美。倾尽全力的走、跑、跳、投仿佛诉说着人类向着“更快、更高、更强”目标的不懈追求。田径运动是一切运动的基石，是其他运动进行体能训练的重要手段，因而被称为“运动之母”。在田径场上，运动员们勇敢顽强地向人类极限发起挑战，不断创造出令世人瞩目的奇迹。

第一节 田径运动基本知识

一、田径运动的起源与发展

走、跑、跳、投活动是人的基本运动形式，它随着人类的出现而出现，随着人类的发展而发展。在人类早期，它是人们获取生活资料、进行社会交往、满足运动需要、表现欢乐情感的重要手段。但是，人类早期的原始自然动作，在利用它作为生产物质和在生活中的应用，都不能看做是体育的动作。作为体育的动作或称手段，只有在人类的物质文明发展到一定阶段时，人们把一些原始的、自然的身体活动加以提炼和改造，逐步形成了包括跑、跳、投掷在内的各种运动技能，并经过不断改进，才形成了专门的训练形式和方法。公元 800 多年前的古希腊的雅典、斯巴达城邦把多种形式的跑、跳、投定为对儿童、青少年进行身体训练的内容；我国春秋战国时也用武装赛跑、跳高、跳远来训练士兵。据考察，公元前 776 年左右，举行的第一届古奥林匹克运动会就把跑步列为比赛项目。经历着几千年的发展、演变，走、跑、跳、投运动已经形成多种运动项目，田径运动是其中最重要的、水平最高的一种，它拥有比较完善的科学理论和技术体系以及科研、教学、训练和比赛体系，它也是世界上拥有最多参加者的运动项目。

到了现代，1896 年举行了第一届现代奥林匹克运动会，至今已举办了 29 届。每一届奥运会田径运动都是影响最大、参加人数最多的比赛项目。

二、田径运动的功能

1.田径运动能够促进青少年的正常生长发育,发展身体潜能,改善和提高人体内脏器官的机能。系统地从事田径运动,能有效促进人体发展,提高人体潜能。

2.发展心理素质,培养坚强的意志,不怕困难、坚持到底和团结合作的精神。在田径教学中,同学们经常要观察、分析教师的动作示范和同学的动作,并对其作出评价,因此能有效地提高自己对快速复杂运动的观察能力和思维的敏捷性。田径竞赛和集体练习能培养勇于竞争、乐于竞争、顽强拼搏,胜不骄、败不馁等良好的心理素质。

3.掌握和提高奔跑、跳跃和投掷的基本技术和基本活动能力,发展运动技能,提高田径运动能力,发展体能。

4.掌握田径运动的理论知识,提高体育文化素养。通过学习田径运动的知识、技能和方法,可以培养公平、友好的竞争精神,服从裁判,严守规则等良好的道德行为以及勇于创新、善于学习的学风,还可以培养自己的交往能力,从而提高体育文化素质。

三、田径运动的分类

田径运动包括竞走、跑、跳跃、投掷以及跑、跳跃、投掷的部分项目组成的全能运动,共计40多项。以时间计算成绩的项目叫径赛;以高度或远度计算成绩的项目叫田赛;全能运动项目,则是以各单项成绩按《田径运动评分表》换算分数计算成绩的。

正式国际田径比赛的项目如下:

1.竞走:场地赛——5公里、10公里;公路赛——20公里、50公里

2.跑:

	男子组	女子组
短距离跑	100米　200米　400米	100米　200米　400米
中距离跑	800米　1500米　3000米	800米　1500米　3000米
长距离跑	5000米　10000米	5000米　10000米
跨栏跑	110米栏　400米栏	100米栏　400米栏
障碍跑	3000米	
马拉松	42.195公里	42.195公里
接力跑	4×100米　4×400米	4×100米　4×400米

3.跳跃:男、女同为跳高、撑杆跳高、跳远、三级跳远

4. 投掷：铅球　男 7.26 公斤　　女 4 公斤　　标枪　男 800 克　女 600 克
　　　链球　男 7.26 公斤　女 4 公斤　　铁饼　男 2 公斤　女 1.5 公斤
5. 全能：男子十项全能　100 米、跳远、铅球、跳高、400 米、110 米栏、铁饼、撑杆跳高、标枪、1500 米。
　　　女子七项全能　100 米栏、铅球、跳高、200 米、跳远、标枪、800 米。

知识窗

体育运动的基石——田径运动

一个人的体能只有发展到一定水平，才会促成各项运动技能的形成与提高。田径运动能有效和全面地发展各种体能，因此，很多运动都把田径运动作为体能训练的重要手段就不足为怪了。那么，田径运动在其他运动中扮演什么样的角色呢？田径运动中跑的项目可以有效提高足球、篮球、手球等项目所需的速度和耐力，使你在快速攻防转换中抢占先机，并能坚持到底。田径运动中的跳跃项目可以大大提高排球、足球、篮球、体操等项目所需的弹跳力，使你获得更多的空中优势，使得大力扣杀、头槌建功、飞身灌篮、跳转腾跃更加得心应手。田径运动中的投掷项目可以迅速提高排球、乒乓球、羽毛球、曲棍球、网球等项目所需的肌肉力量，使你的每次击打更具杀伤力。

第二节　跑

跑是单脚支撑与腾空相交替、蹬与摆相结合的周期性运动。步频和步长是决定跑速的重要因素。步长：跑步中两脚着地间的距离。步频：跑的过程中两腿在单位时间内交替运动的次数。

跑

一、跑的基础知识

跑是人体基本活动能力之一，是一项健身价值高、简便易行的体育活动。跑包括快速跑、耐久跑、接力跑、障碍跑以及多种方法的跑。学习跑的任务是：以掌握快速跑和耐久跑技术为主，学习和改进蹲踞式起跑和途中跑的技术，学会接力跑和障碍跑的基本技术，发展跑的能力，培养跑的正确姿势，提高速度、耐力、灵敏等身体素质，掌握跑的学习特点，培养跑的教学能力。

1 动作方式						
动作阶段	准备活动	起跑和起跑后的加速跑	途中跑	终点跑	缓冲跑	整理活动
	准备阶段	跑动阶段			结束阶段	
任务	做好生理、心理准备	以可能达到的最快速度，或以对身体影响最佳的速度跑完全程			恢复平静，了解成绩，调节情绪	

图 6－1　跑的结构图

知识窗

跑步锻炼中易发生的运动损伤及防治

胫腓骨疲劳性骨膜炎：胫腓骨疲劳性骨膜炎主要是由于下肢局部负担过重而逐渐造成的。运动量安排不当、技术动作不正确、场地过硬、减震性不好均会引发此症。轻者应该减少运动量，在草地上进行适量的放松慢跑。重者需要进行按摩、针灸及局部封闭治疗。

跟腱腱周炎：跟腱腱周炎是由于小腿三头肌突然或反复急剧收缩，拉伤跟腱及腱周组织而造成的。局部休息与早期治疗，可避免跟腱过多过猛地被牵拉，也可采用药物治疗以及红外线或超声波治疗。

踝关节扭伤：由于踝关节较其他关节在承受自身体重、地面反作用力以及维持身体平衡方面的负担过重，身体失去平衡时，超过踝关节的活动范围，就会造成踝关节扭伤。伤后首先要防治伤处血肿，在扭伤即刻，用冰块外敷或冷水冲洗，然后用绷带加压包扎，抬高伤肢。24 小时后可采用上药以及热敷、理疗、按摩等。

腰肌劳损：腰肌劳损是由于腰部动作过多造成的。若患此症，要及时进行积极治疗，避免过度劳累。治疗方法很多，可理疗、按摩、针灸、局部封闭注射，并配合加强腰肌力量的练习。

二、跑的技术知识和要领

1.跑前的准备活动

生理准备:使身体各器官对即将进行的活动做好准备。不同的跑,准备的内容和生理动员的程度应有所不同。如以心率为标准的健身跑一般应使心率事先达到 110 次/分左右;耐久跑则应在 120 – 130 次/分为宜;快速跑则应看跑的性质而定。准备活动内容一般包括一般性和专门性准备活动两部分。如图 6 – 2、2 – 3 所示:

体操　慢跑　跳绳　高拍腰跑　后蹬跑

图 6 – 2　一般准备活动

小步跑　起跑　加速跑

图 6 – 3　专门性准备活动

知识窗

准备活动好处多

1.可以逐渐提高神经系统的兴奋性,克服机体的生理惰性。

2.作为剧烈运动前的预热,可以增强机体的新陈代谢,保证体能的正常发挥。

3.有助于改变血流方向,在正式运动时使更多血液流向肌肉,为肌肉输送更多的养料和氧气。

4.可以提高肌肉和关节韧带的弹性,降低粘滞性,使关节腔内滑液增多,预防肌肉和韧带拉伤。

2.站立式起跑的要领

听到“各就位”口令后，先做 1－2 次深呼吸，然后走到起跑线后，两脚前后站立，有力脚在前，脚尖紧靠起跑线，后脚跟提起，重心落于前脚。前脚弯曲度要根据跑速和个人腿部力量而定。上体前倾，眼看前下方，注意集中在听枪声或口令。

听枪声或“跑”口令后，两腿迅速用力蹬地跑出。起跑后加速跑应根据运动项目来确定动作和加速跑的距离。

3.蹲踞式起跑的动作要领

图 6－4　蹲踞式起跑

各就位：如图 6－4，听到“各就位”口令后，做 1－2 次深呼吸，轻快地走向起跑器，有力脚先蹬紧前起跑器，两手撑地，另一只脚再蹬紧后起跑器，后膝跪地，两手拇指相对，其余四指并拢，虎口向前，两手约同肩宽，支撑于起跑线后，两眼看前下方约 50 厘米处，集中注意听信号。双手和脚的位置如图 6－5。

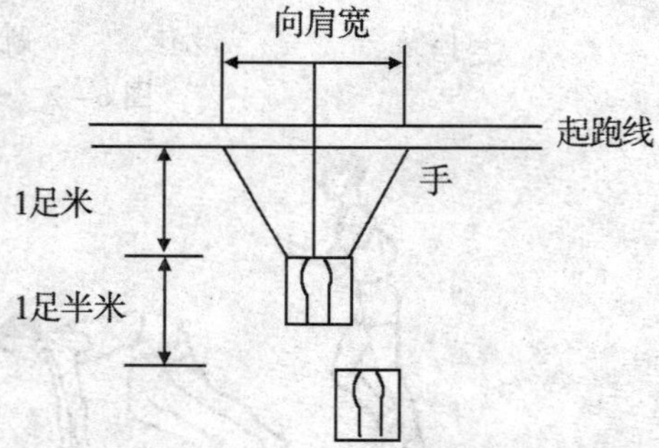

图 6－5　起跑器的安放

听到“预备”口令后，平稳提臀，稍高于肩，重心稍前移，重心主要落于两手和前脚上。注意力集中听信号，如图 6－6。

图 6－6　“预备”时身体姿势

知识窗

通过田径运动中的短跑起跑练习发展你的反应时

反应快速是许多优秀运动员的共同特征。特别是短跑运动员,在短跑的起跑阶段,反应时的作用更为突出。优秀短跑运动员的反应时一般都在0.12至0.16秒之间。经常进行短跑的起跑练习,将会大大提高你的快速反应能力。

短跑的起跑练习方法一般采用对各种声源信号做出快速反应的趣味性游戏,如身体呈各姿势(站立、下蹲、坐姿、俯卧),听口令或击掌声后迅速跑出,听信号迅速追逃;或背对跑进方向,听信号后,迅速后转跑出等等。

如果经常进行这些练习,相信你的反应速度和动作速度会得到明显的提高。

4.起跑和起跑后的加速跑

听到鸣枪或“跑”口令后,两手迅速推离地面,两臂屈肘前后用力摆动,两腿用力蹬离起跑器,后腿快速前摆,使身体向前冲出。

起跑两腿充分用力后蹬,两臂用力快速摆动,上体前倾较大,并随步幅逐步增大而逐渐抬起。

知识窗

如何安排你的速度练习

一般来说,速度练习的持续时间不宜过长,如百米练习等。提高动作速度时,每次练习的间歇时间不宜过长,也不宜太短。

1.如果你进行持续5秒钟大强度练习,间歇时间以30－90秒比较适宜。

2.如果你进行30－80秒的大强度练习,间隔时间应为1－2分钟。

3.如果你进行1－5分钟的大强度练习,间歇时间要适当拉长。

5.途中跑

途中跑可分为落地缓冲、后蹬和腾空阶段。

其动作要点是:后蹬时要快速有力、充分(膝角约160－170度),方向正、角度适宜,前摆幅度大、速度快、方向正、膝放松、髋前送。躯干正直稍前倾(快速跑稍大于耐久跑)。腾空时身体放松,落地时前脚掌先着地(或全脚掌着地),尽量做向下向后方扒地动作,动作要柔和。耐久跑如用脚后跟先着地,应迅速向前滚动至全脚掌着地,后摆腿膝放松,大小腿自然折叠,上体稍前倾。两臂屈肘以肩为轴前后自然摆动。快速跑自然呼吸,勿闭气;耐久跑呼吸应有节奏,如2－3步一吸,2－3步一呼,用鼻或口鼻混合呼吸。

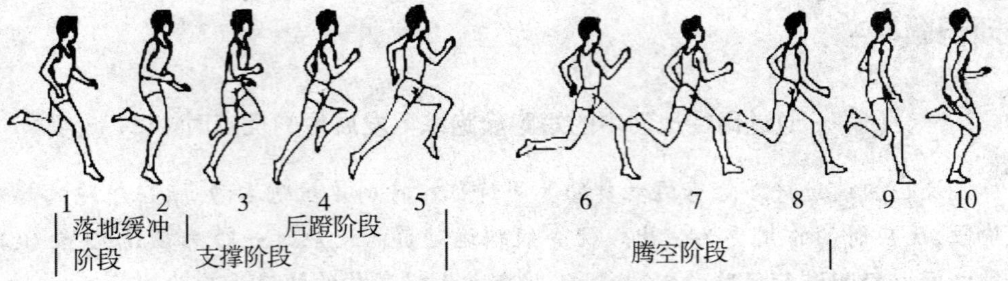

图 6－7　快速跑的途中跑技术

耐久跑途中出现“极点”是一种正常的生理现象，一方面要做深呼吸，特别要加深呼气并适当调整跑速；另一方面要发扬拼搏精神，克服困难，坚持跑下去。耐久跑全程跑应合理调节跑速，有计划地分配体力以充分发挥身体潜能。跑时注意力要集中，注意重点应根据跑步性质、个人技术和体力而定。

图 6－8　耐久跑的途中跑技术

知识窗

通过田径运动的健身跑发展你的心肺耐力

田径运动中的健身跑是既便捷又极富锻炼价值的健身良方，是增强心肺耐力的良丹妙药。如何进行健身跑才能收益最大呢?

刚开始进行健身跑时，应尝试走跑结合。例如，走 2 分钟再跑 1 分钟，而后逐渐减少走的时间，直到你能保持中等强度(心率为 120－140 次/分)跑 20 分钟。

不必每天都进行健身跑，隔天锻炼或交替进行自行车、游泳等一些有助于心肺耐力的锻炼都是十分有益的。因为这样不仅可以减少关节损伤的发生，还不会令你感到枯燥乏味。

一周内跑步历程最多增加 10%，如本周是 5 千米，下周跑程显示 5.5 千米，要注意练习过度可能会造成不必要的损伤。

6. 冲刺跑

技术要点：离终点 15 米左右时要以顽强的意志克服疲劳，尽量保持上体前倾角度，加快摆臂，加强腿的蹬摆力量，以保持合理技术与跑速。如下图：

图 6-9 冲刺跑

7.缓冲跑

缓冲跑一是要减少蹬地和摆腿力量,二是上体直起或稍后仰,增加落地点与身体重心投影点的距离,并可用脚跟先着地,以增加落地时的阻力。如图 6-10。

图 6-10 缓冲跑

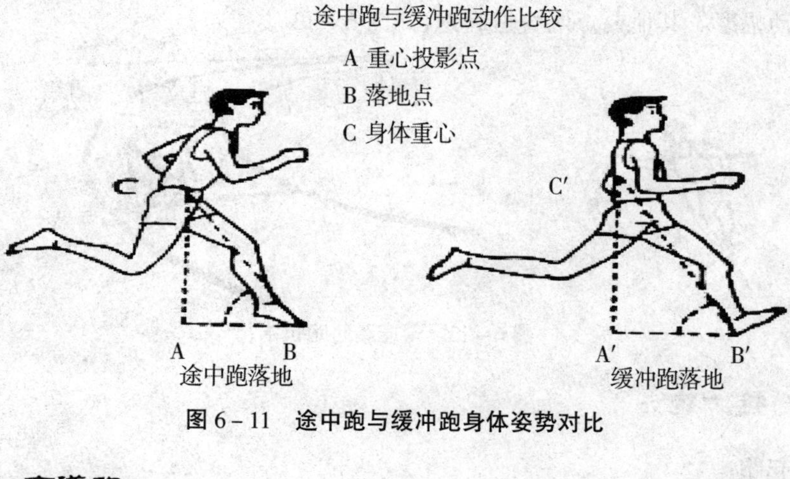

图 6-11 途中跑与缓冲跑身体姿势对比

三、弯道跑

弯道跑时,整个身体向跑道内侧倾斜,跑速越快,弯道半径越小,倾斜度越大。外侧脚的前脚掌内侧着地,内侧脚的前脚掌外侧着地后蹬。外侧腿前摆时稍向内,内侧腿则稍向外。外侧臂摆动幅度和力量稍大于内侧壁。上述动作的变化主要是为了增加向心力,克服离心力,如图 6-12。

1.弯道跑的技术原理

弯道跑是圆周运动。弯道跑时，人体不断改变运动方向，沿弯道跑进时身体产生的向心力主要是：身体向内侧倾斜所产生的向心力和两臂摆动，两腿蹬地与摆动在方向、力量、幅度上变化所产生的向心力。在正规的跑道上跑时，跑道的内外道有一定的倾斜角，它能产生一定的向心力。根据向心力公式，跑速越大，跑道半径越小所需向心力越大。跑时应根据此规律来调节自己的身体倾斜度和两臂、两腿的动作。

图 6-12 弯道跑

2.弯道起跑要点

弯道跑时，为了使起跑后加速跑能直向跑进，便于加速，起跑器应安装在跑道外侧，正对弯道切点。“预备”时，左手应稍向后撤，使两手连线与跑的方向垂直，身体正在对弯道切点。

弯道起跑后，为了尽快地进入弯道跑，加速跑的距离要较直道稍短，身体也应该早抬起。进入弯道跑前 2-3 步身体就应该逐渐向内倾斜，并加大右腿蹬地和右臂摆动幅度。其他要点同直道起跑，如图 6-13。

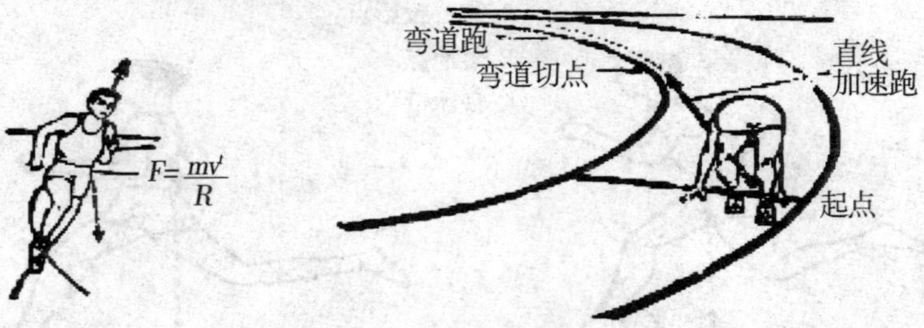

图 6-13 弯道跑起跑技术

四、接力跑

1.起跑

第一棒传棒人应以右手持棒，采用蹲踞式起跑，可用图 6-14 三个中的任一种。棒不应触起跑线前的地面。其他要点同快速跑的蹲踞式起跑。

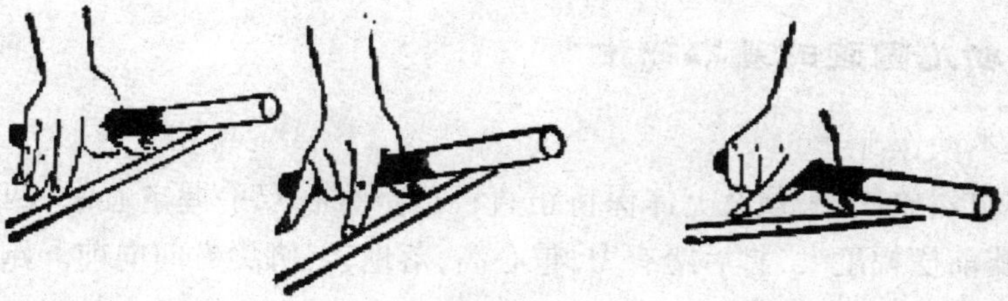

图 6－14

2.交接棒：可分为上挑式、下压式、立棒式。

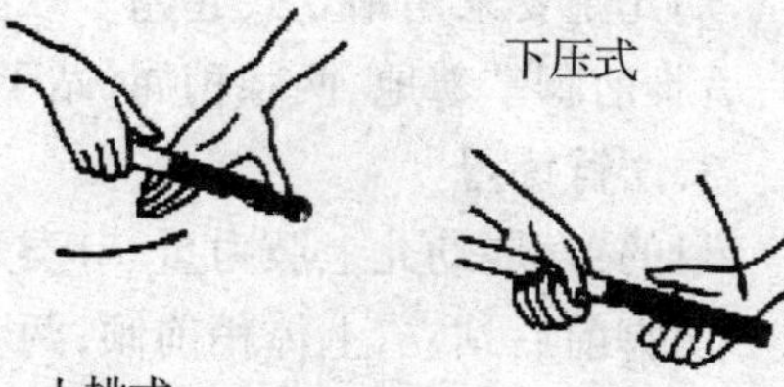

图 6－15　传接棒方式

上挑式：接棒人的手臂自然向后伸出，掌心向后，拇指与其四指自然分开，虎口向下，传棒人将棒由下向前上方送入接棒人手中。

下压式：接棒人的手臂向后伸出，掌心向上，虎口张开，传棒人将棒的前部由上向下传到接棒人手中。待接棒人握住棒后再松手。

立棒式：此为迎面接力跑使用的传接棒方法。接棒人右臂伸出，虎口张开，掌心向前，传棒人右手直握接力棒一端，使棒竖立，把棒另一端传到接棒人手中。传棒人目光注视接棒人接棒手和两人之间的距离；接棒人应注意接棒动作和传来的接力棒。

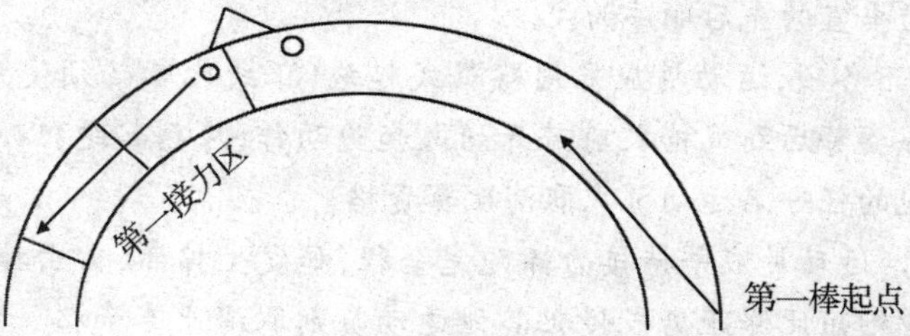

图 6－16　交接接力棒区域

图 6－17　接力棒交接方法

五、幼儿园跑的基本动作

1.基本动作

上体自然放松,头颈及上体保持正直;双臂弯曲,双手握空心拳,两臂前后有力摆动;腿前摆幅度大,脚后蹬有力,重心高,落地轻,脚尖方向向前。跑动中有合理而稳定的节奏。

2.起跑动作

幼儿主要采用站立式起跑。双脚前后开立一步距离,身体前倾,重心落于前脚,后脚前脚掌着地,两膝稍屈,站于起跑线上。

3.摆臂练习

目的:发展幼儿上肢力量、节奏感及协调能力。

两脚前后站立,上体稍前倾,两臂屈,手握空心拳,在教师口令下,进行有节奏的前后摆臂动作练习,摆动要求有力并较大幅度。

4.原地小步跑

上体正直,两臂屈于腰间,小幅度摆动,原地模仿跑的基本动作,两脚交替落地,前脚掌着地,两膝稍屈,进行原地小跑。

规则简介

径赛类:径赛项目以决赛成绩判定该项目最终排名,而不以预、次、复赛的成绩判定最终名次。名次的判定以运动员躯干(不包括头、颈和四肢)的任何部分抵达终点线后沿垂直的先后顺序为主。

400米以下各项,运动员应采用蹲踞式起跑(正式比赛必须使用起跑器),运动员做好预备姿势后到鸣枪之前若开始做起跑动作,应判起跑犯规并给予警告。对第二次犯规的任一名运动员应取消比赛资格。

接力跑时,运动员应手持接力棒跑完全程,如发生掉棒,需由掉棒人拾起,若在拾起过程中缩短比赛距离或侵犯其他运动员则取消比赛资格。所有交接棒的过程均必须在接力区内完成。

第三节　跳　跃

跳跃是儿童、青少年喜爱的活动之一,它的内容丰富多彩,形式多种多样,是一项具有较高锻炼价值的体育活动内容。跳跃的四个阶段:助跑、起跳、腾空、落地,如下图所示。

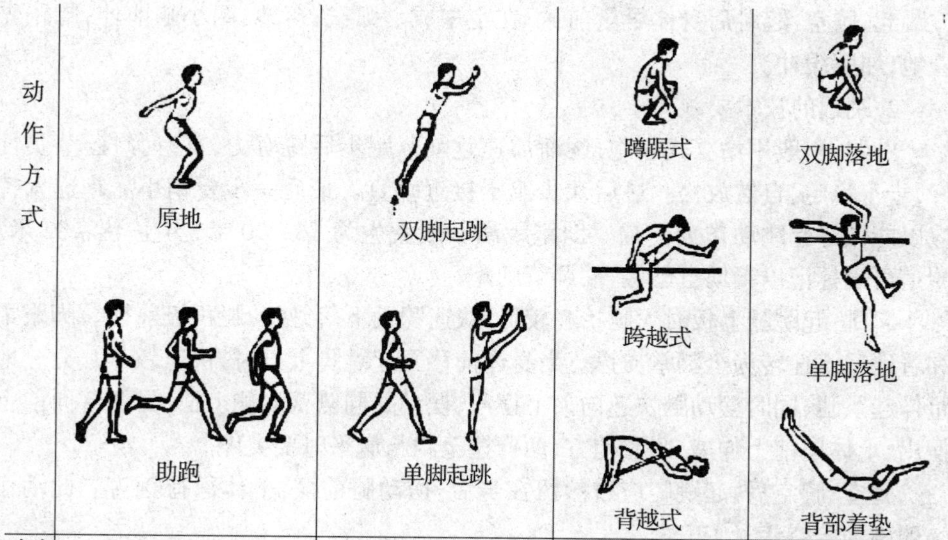

动作阶段	准备阶段（助跑）	起跳阶段	腾空阶段（过竿）	落地阶段（缓冲）
任务	获得水平速度，拉长工作肌群，做好起跳准备	获得适宜的起跑角度和尽可能大的起跑速度，为过竿做好准备	越过横竿	减轻震动 避免受伤

图 6－18　跳跃的四个阶段

一、跳远

一般分为四个阶段：助跑、起跳、腾空、落地。

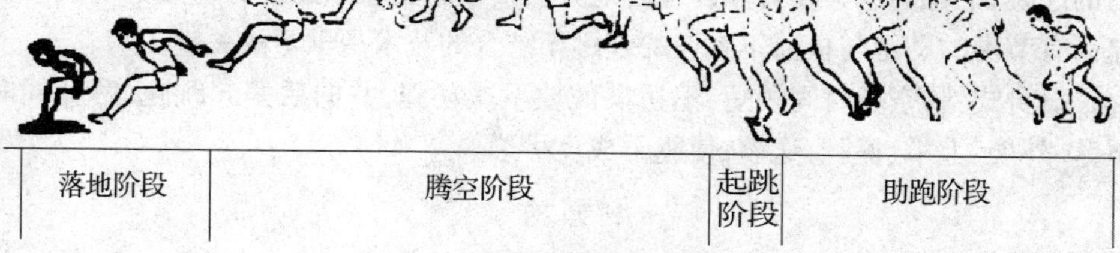

落地阶段	腾空阶段	起跳阶段	助跑阶段

图 6－19　跳远技术阶段

1.立定跳远

预备姿势：两腿稍分开，两脚平行站在踏跳板上，两膝微屈，身体前倾；预摆：两臂自然前后预摆 2－3 次，两腿随摆臂动作屈伸；起跳：当两臂从后向前做有力摆动时，两脚用前脚掌迅猛蹬踏跳板（或地面），膝关节充分蹬直，同时展髋向前上方跳起;腾空:起跳后身体尽量前送,在空中成一弧线;落地:两小腿前伸,脚跟先着地,屈膝缓冲。

2.跳远的技术要领

助跑:一般用站立式起跑,逐渐加速跑动。跑步后蹬有力,富有弹性,节奏性好,步子稳定,自然放松。最后几步躯干接近垂直。最后一步要稍小。跑速发挥应以能做好起跳动作为前提。助跑距离一般女生为16-20米,男生18-22米。跑道可设标记以帮助自己检查、调节助跑。

起跳:起跳腿上板时大腿抬起较低,快速积极下落,摆动腿积极前摆。脚跟柔和着地后迅速转为全脚掌支撑。当身体前移至起跳脚上方时,快速、有力、充分地蹬伸起跳腿,同时摆动腿快速向前上摆起,摆动腿同侧臂向侧上摆,异侧臂向前上摆出,上体向前上伸展,眼看前方,两臂摆至约与肩平时要突停。

腾空:腾空后,起跳腿应自然留在身后,摆动腿前摆,上体保持正直。此动作一般称为腾空步。

蹲踞式:身体重心接近最高点时,起跳腿屈膝向摆动腿靠拢,上体稍前倾,成空中蹲踞姿势。

图6-20 蹲踞式跳远

蹲踞式跳远学练提示:蹲踞式跳远的技术是由快速而有节奏的助跑、积极有力的起跳、平稳的空中姿势和合理落地方法四个紧密联系的部分组成的。其中快速而有节奏的助跑与板前不减速的起跳相结合的技术是学习的关键。

挺身式:腾空步时间稍短,然后展髋放下摆动腿,并向后摆起跳腿,两臂同时下落、外展、上举、挺胸、送髋,使躯干成反弓形。

图 6-21 挺身式跳远

落地:蹲踞式前摆小腿,双臂后摆;挺身式收腹举腿,前摆小腿,两臂经前向后摆动,准备落地。脚着沙面后,脚掌快速下压、屈膝、屈髋、两臂前摆,使身体重心迅速移过支撑点。

知识窗

跳远比赛中打破"神话"的人

1968 年的墨西哥奥运会,美国运动员比蒙以 8.90 米的成绩刷新了世界跳远纪录,震惊世界田坛,创造了一个跳远"神话"。人们纷纷猜测,这将是人类在 20 世纪无法超越的距离。然而,23 年后,同样来自美国的运动员麦克·鲍威尔以 8.95 米这令人瞠目的一跳,打破了比蒙创造的"神话般的世界纪录"。鲍威尔 1963 年出生于美国费拉德尔菲亚,从小喜爱体育运动,高中时曾是校篮球队队员,后来又在田径方面显露出超凡的才能。他的 100 米成绩为 10″45,200 米成绩为 20″9,跳高为 2.18 米,三级跳远为 16 米。他之所以能够打破比蒙的跳远"神话",正是因为他的助跑速度和腾起的高度都超越了比蒙。

跳远的比赛规则

运动员跳远落地后,应向前走出落地区,否则判为失败。运动员起跳时不能触及起跳线,否则判犯规。运动员成绩记录,以六次试跳中最好的一次决定成绩,并依次排列名次。如第一名成绩并列,以次好成绩决定名次。

二、跳高

1.跨越式跳高的动作要领

图 6－22　跨越式跳高

助跑：跨越式跳高是采用直线助跑，助跑的距离一般为自己的 6－8 步。助跑的方向与横杆垂直所形成的角度（如图 6－23）约为 30－60 度。左脚起跳者，从横杆右侧助跑；右脚起跳者，其方向相反。

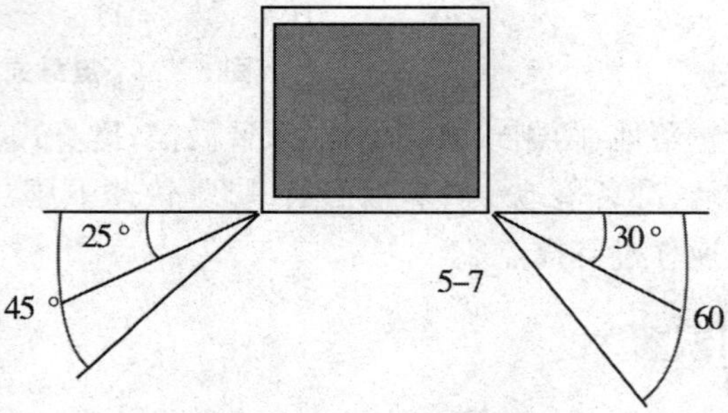

图 6－23　跨越式跳高助跑角度

助跑开始时，上体稍前倾，步幅要小，随着助跑速度的增加，上体逐渐抬起并加大步幅，但助跑动作始终是轻松自然、节奏清楚、富有弹性。跳高的助跑是以前脚掌着地，但最后两步先用脚跟着地迅速滚动到前脚掌。助跑的倒数第二步，步幅要大，最后一步速度要快。

起跳：助跑最后一步是以摆动腿支撑地面，两臂后摆；摆动腿以大腿带动小腿沿体面向前迈伸，当摆动腿以脚跟着地并向前脚掌滚动时，随着重心的前移，摆动腿迅速向前上方摆起，同时起跳腿用力蹬伸，当摆动腿摆到最高点时，起跳腿充分蹬直，使髋、膝、踝三关节成一直线。同时，两臂配合腿部的起跳动作积极上摆，最后以脚尖离地腾起，完成起跳动作。

过杆：起跳腾空后，身体仍保持向上腾起姿势。当摆动腿摆越横杆时，上体前倾，脚尖内旋下压；起跳腿积极向上高抬，使大腿靠近胸部，小腿上摆。接着上体抬起，摆动腿同侧肩随着摆动腿的内旋下压，向起跳腿方向扭转，两臂上摆，使臀部和起跳腿迅速移过横杆。过杆后，摆动腿着地，缓冲支撑，起跳腿相继落地。

2.背跃式跳高动作要领

助跑：助跑距离一般 6－8 步，前 4－5 步跑直线，后 3－4 步跑弧线。跑弧线时身体向圆心方向倾斜，脚掌沿弧线落地，后蹬角度比一般弯道跑小，向前迈步，要以膝带髋迅速前摆，落地动作积极，节奏感强。

起跳：起跳脚沿弧线的切线方向踏上起跳点，脚跟外侧先着地并迅速滚到全脚掌着地。摆动腿屈膝快速上摆，同侧髋前送，大腿摆至水平时，开始向内转，两臂摆动要快速有力，同时提肩、提腰，与摆动腿同时，起跳腿快速有力蹬伸。

过杆：身体在空中转成背对横杆时，摆动腿膝关节放松，同侧肩、臀向后上方伸展，使头肩先过杆，过杆时要挺胸、展腹、挺髋，使身体成背弓形，身体各部依次过杆。

落地：过杆后，两小腿积极上甩，成屈髋姿势，以肩背先落海绵包上。

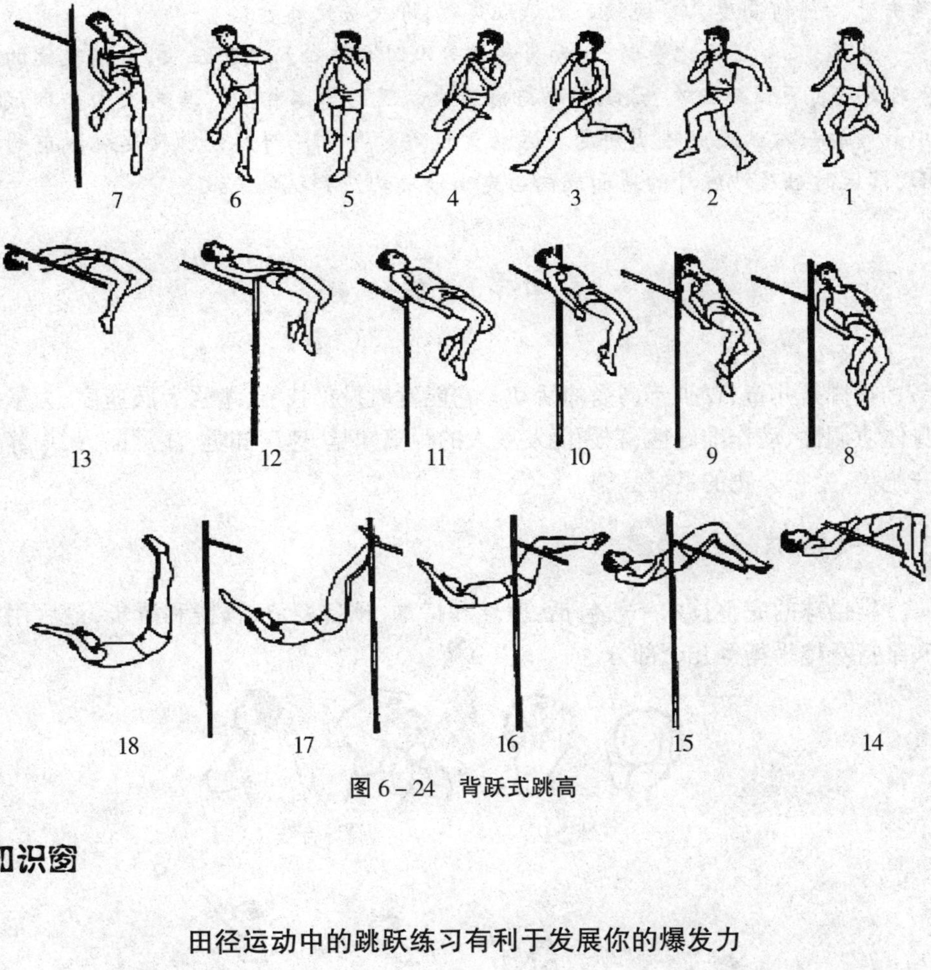

图 6－24 背跃式跳高

知识窗

田径运动中的跳跃练习有利于发展你的爆发力

世界田坛无数巨星曾熠熠生辉，随着时间的推移，他们的名字渐渐地被人们淡忘。但是，像欧文斯、比蒙、索托马约尔、爱德华兹、布勃卡、鲍威尔等这些曾在挑战水平距离和垂直距离高度极限中谱写不朽篇章的超凡高手，无论时光怎样流逝，人们总能记起他们的名字。每一次新纪录的诞生，都有赖于他们超乎寻常的爆发力。

田径运动中的跳跃练习有助于发展你的爆发力。在课余体育锻炼中,你可以在草地、沙坑及体操垫上进行快速纵跳(可轻负重)、立定跳远、立定三级跳远、多级跳、连续的快速屈膝纵跳或跳跃一定高度的栏架以及跳台阶等练习。

规则简介

跳跃类:跳高比赛中,运动员必须用单脚起跳,试跳中将横杆碰掉则判试跳失败。在越过横杆前,身体任何部分触及立柱前沿垂直面以外的地面或落地区也判为失败。任何高度只要连续三次试跳失败,即失去比赛资格。

跳远、三级跳远比赛时,运动员超过8人时允许每人试跳三次,成绩较优的前8名运动员再试跳三次,试跳顺序与前三次试跳的排名相反。其名次由全部试跳中最好的一次试跳成绩来判定。运动员起跳时身体任何部分触及起跳线前的地面,落地时触及沙坑外的地面或向后走出沙坑均应判试跳失败。

第四节　投　掷

投掷是儿童、青少年喜爱的活动。它能发展投掷技能,增强上肢速度、力量和身体协调性、动作准确性;它还能发展人的距离知觉、速度知觉、注意能力,培养遵守纪律、爱护公物的良好品德。

一、铅球

推铅球的完整技术一般包括:握球和持球、预备姿势、预摆和滑步,最后用力和维持身体平衡等几个部分。

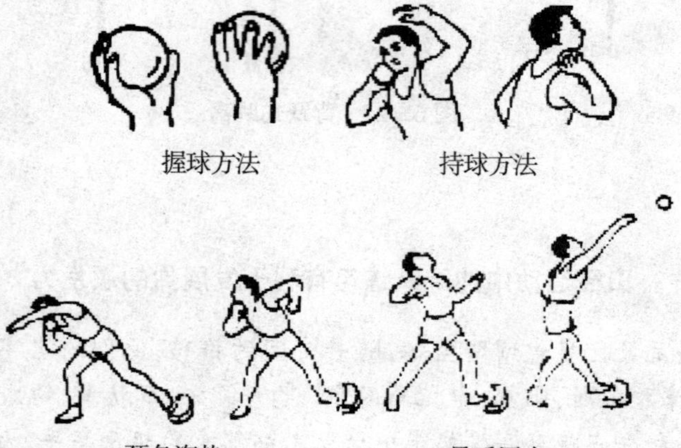

握球方法　　持球方法

预备姿势　　最后用力

图6-25　推铅球技术

1.握球和持球(以右手为例):

握球的方法:五指自然分开,把球放在食指、中指和无名指的指根上,大拇指和小拇指扶在球体两侧。持球的方法:将球握好后,放在锁骨窝处,头部稍向右靠,用颈部和下颌贴紧铅球,右手抵球,肘部稍外展,完成持球动作。

2.侧向滑步推铅球

预备姿势:握、持好球后,高姿站立,左侧对准投掷方向,右脚靠近投掷圈的后沿,脚尖稍向里合,左腿自然弯曲,左脚掌内侧着地,重心落于右腿;上体稍右倾,左臂微屈在体侧上方自然上举,眼睛平视前方或前下方。

预摆和滑步:在开始滑步前,通常做1-2次的预摆。预摆时左腿微屈以大腿带动小腿向投掷方向摆起,上体稍右倾,接着右腿屈膝下蹲,左腿屈膝回摆靠近右腿,上体右倾,收腹含胸,预摆过程中一定要控制好身体的平衡;身体重心向左移动,左腿向左侧摆出,同时右腿用力侧蹬,"摆"、"蹬"同时进行;右腿充分蹬伸后,迅速收拉小腿,使前脚掌沿地面滑至投掷圈圆心附近,脚尖稍内扣,使脚约与投掷方向成直角,同时左脚积极下压,以前脚掌内侧着地,形成最后用力前的良好姿势。

最后用力和维持身体平衡:最后用力和滑步动作是紧密连接的,当左脚一着地,即开始最后用力。首先以髋部大肌肉群发力,右腿用力蹬转,髋部前移并左转,同时左臂稍内旋经体前带领左肩边移、边抬、边转至投掷方向;紧接着右腿开始转蹬,两腿进行爆发式蹬伸,左肩制动,右肩充分向前,抬肘、伸右臂、用手指拨球,将铅球从肩上向前上方推出;当铅球出手后,及时换步、降低身体重心,维持身体平衡。

1 2 3 4 5 6

(1–2)预摆 (3–6)滑步

7 8 9 10 11 12

(7–10)最后用力 (11–12)维持平衡

图6-26 侧向滑步推铅球

知识窗

通过田径运动中的投掷练习提高你的肌肉力量和肌肉耐力

经常参加田径运动中的投掷练习可以促进你骨骼和肌肉的发育，塑造健美的体型，发展上肢、躯干和腿部的肌肉力量和肌肉耐力，尤其对促进爆发力和全身肌肉协调用力的能力有着积极的作用。这一切在古希腊艺术家米隆的《掷铁饼者》雕塑中都得到了充分的体现，投掷者那强健的肌肉、雄壮的体魄、刚毅的神情无不淋漓尽致地向人们展现着力量之美。

有助于提高你的肌肉力量和肌肉耐力的具体投掷练习手段可分为肩上投掷和肩下投掷两大类。

肩上投掷：站立(或跪姿)前抛，前推实心球、投垒球等。

肩下投掷：实心球胯下前抛、坐姿(站姿)实心球抛甩、扔飞碟、打保龄球或抛地滚球等。

规则简介

投掷类：在铅球、铁饼、标枪比赛中，运动员若超过 8 人，允许每人试掷三次，有效成绩最好的前 8 名运动员可再试掷三次，试掷顺序与前三次试掷后的排名顺序相反。

铅球、铁饼项目运动员必须从静止姿势开始试掷，试掷后，身体任何部位触及圈外地面或铁圈上沿，以及掷出的铅球、铁饼没有完全落在落地区角度线内沿以内均判失败。器械落地后，运动员方可离开投掷圈。离开时，首先触及的铁圈上沿或圈外地面需在通过投掷圈圆心的圈外白线后面。

掷标枪时，不得抛甩，只有标枪枪尖先于标枪的其他部位触地，且标枪必须完全落在落地区角度线内沿以内方有效。开始试掷后，如果身体的任何部位触及投掷弧、助跑道标志线及其以外地面，均判为试掷失败。

投掷成绩的丈量方法：丈量铅球、铁饼、标枪、链球等的方法是从器械落地的最近点取直线丈量至投掷圈内沿，测量线应通过投掷圈圆心。

第七章　球类运动

第一节　篮　球

篮球运动是普通高等学校体育课必修课程之一，也是各级各类学校对学生进行全面素质教育的基本内容。

篮球运动是一项集体性、综合性、围绕高空展开立体型攻守对抗的活动性游戏。篮球游戏简易而有趣，可以变换方式组成各种丰富多彩的活动，方便与吸引人们参与，从而达到愉悦身心、健身强体进而提高社会文明，充实人们业余文化生活的目的。

而现代篮球运动，已完善发展成为一项融科技、文教和教艺为一体的国际性大众竞技体育运动。在统一的国际性组织（国际篮球业余联合会）指导下，以严格的比赛规则和特定的竞赛方式，追求更高、更快、更强的奥林匹克精神，展开强者间的对抗、竞争与拼搏，其竞赛活动过程充分显示出人类生命的活力、民族自强的决心和时代发展的进步。

现代篮球运动竞赛和各种形式的篮球活动性游戏，其基本活动方式都是围绕3.05米、直径0.45米的篮筐和周长75－78厘米、重量600－650克的球展开的空间与时间、控制球与夺取球、投篮与制约投篮的攻守对抗。其活动方法与手段多种多样，如跑、跳、停、转、接、投、运、打、断以及个人、几个人之间和全队整体的各种攻守配合。篮球运动以其特有的魅力，吸引并深受世界各国人民群众的喜爱，使国际篮球业余联合会成为世界上单项体育人口最多的国际单项运动协会。四年一度的奥林匹克运动会男、女篮球比赛，世界男、女篮球锦标赛，美国的NBA职业联赛，这三大赛事代表着世界篮球运动的最高水平，会集着世界最强的篮球队伍和篮球明星的风采。篮球运动的发展历程折射出人类从个体到集体、从民族到国家的一种自强精神。篮球运动在各级学校的体育教学与课余校园文化生活中，已成为增进学生健康的身体教育手段和贯彻德、智、体、美全面素质教育的手段之一。

一、篮球运动的起源

1891年12月初,在美国马塞诸塞州斯普林菲尔德市基督教青年会国际训练学校(后为春田学院),该校体育教师詹姆斯·奈史密斯博士将两只桃篮分别钉在健身房内看台的栏杆上,桃篮上沿距离地面10英尺,用足球作比赛工具,向篮投掷。投球入篮得1分,按得分多少决定胜负。每次投球进篮后,要爬梯子将球取出再重新开始比赛。以后逐步将竹篮改为活底的铁篮,再改为铁圈下面挂网。

到1893年,形成近似现代的篮板、篮圈和篮网。最初的篮球比赛,对上场人数、场地大小、比赛时间均无严格限制,只需双方参加比赛的人数必须相等。比赛开始,双方队员分别站在两端线外,裁判员鸣哨并将球掷向球场中间,双方跑向场内抢球,开始比赛。持球者可以抱着球跑向篮下投篮,首先达到预定分数者为胜。1892年,奈史密斯制定了13条比赛规则,主要规定是不准持球跑,不准有粗野动作,不准用拳击球,否则即判犯规,连续三次犯规判负1分;比赛时间规定为上、下半时,各15分钟;对场地大小也作了规定。上场比赛人数逐步缩减为每队10人、9人、7人,1893年定为每队上场5人。

奈史密斯博士于1939年去世,终年78岁。他未曾料到,由他创建的篮球项目竟然在200多个国家流传着,而且至今美国篮球还誉满全球。为了纪念奈史密斯博士发明的篮球的功绩,在春田学院校园内修建了美国篮球名人馆——詹姆斯·奈史密斯纪念馆。

二、现代篮球运动的发展

现代篮球运动首先表现为多层次性:职业竞技、群众业余、商业赞助等全方位发展,特别是群众业余篮球活动的迅猛开展,爱好者越来越多,3人篮球赛的吸引力越来越大就是一个例证。篮球运动的健身娱乐价值迅速提升。其次是现代篮球运动的商业和社会价值被逐渐关注和开发,由于参与人数多,观赏性强等特点,引起了政府、社会和企业等的关注。来自政府及社会较大的投入极大地改善了篮球运动的环境。

现代职业竞技篮球运动将继续向"高"、"快"、"全"、"准"、"变"和女子篮球"男子化"、明星更加突出,技战术运用向"精练化"、"技艺化"、"智谋化"的方向发展,而"高、快、全、准、变"等的含义又有了新的变化。随着现代篮球运动的继续发展,将会使人感觉到球场越来越小,比赛时间越来越短,篮架越来越低,篮筐越来越大,场上变化越来越快,队员身体接触越来越频繁剧烈,核心球员的特殊功能越来越突出,女子篮球越来越接近男子。

"高":主要包括身高、弹跳、高空技战术和空间对抗能力等。要成为世界强队,必须具备一定的"高度"。目前世界强队中男队的平均身高约为200－205厘米(中锋身高约 215 厘米,前锋身高约 200－210 厘米,后卫身高约 190－200 厘米);女队的平均身高约为 183－185 厘米(中锋身高约 195－200 厘米,前锋身高约 185－190 厘米,后卫身高约 175－180 厘米)。除了身高之外,优秀运动员也都具备了出色的弹跳,许多男子运动员的净跳高度超过了 100 厘米,比赛中争抢篮板球的高度可达到 330－350 厘米以上。例如 NBA 的飞人乔丹,他的助跑摸高超过 380 厘米。被称为"滑翔机"的德雷克斯勒(职业生涯 1983～1998 年)面对着 355 厘米高的篮圈照样能扣篮。而早在 20 世纪 60 年代有"盖帽祖师爷"之称的拉塞尔(身高 206 厘米),可以轻松地摸到篮板上沿(395 厘米)。现世界著名的美国女子篮球运动员莱斯莉(洛杉矶火花队,身高 196 厘米,2002 年世界女子篮球锦标赛及多次 WNBA 联赛等重大赛事的最有价值球员获得者),在 2002 年赛季的 WNBA 联赛中成功扣篮,成为第一个在职业联赛中扣篮的女子篮球运动员。我国也涌现出了一大批有"高度"的球员,例如前国家队队长孙凤武(身高 186 厘米)可以轻松地双手正、反扣篮;王非(前国家队队员,曾任国家队主教练,身高 192 厘米)在比赛中可将队友投篮未中的球直接按进篮筐。来自山东的宋涛(身高 208 厘米),是第一位被 NBA 球队(亚特兰大鹰队)选中的中国球员。近年来又涌现出了胡卫东(身高 198 厘米)、王治郅(身高 214 厘米)、姚明(身高 226 厘米)等一批能完成"空中接力扣篮"的优秀选手。当然,优异的身高及弹跳只是成为优秀选手的基本条件之一,在此基础上还必须具备高超的空间技、战术和空间对抗能力。

"快":快速是篮球运动的核心和灵魂。现代高水平竞技篮球由于进攻时间的限制,使得攻防转换的速度越来越快。各队不断强化"快"的意识和"快"的训练,使得比赛中各个环节的衔接越来越快,运动员完成技战术的动作速率及转换越来越快,各种有针对性的制约与反制约的变化也越来越快。但是,并不是在任何情况下都一味求快,因此,节奏的控制与把握更能显示出控制比赛水平的高低。

"准":具体反映在投篮和传球的准确性上,其中首先以远投和强对抗下的投篮命中率为代表。其次还表现为攻守技术运用的准确性的提高,以及实现技、战术配合在时间、空间、节奏等方面的准确把握。

"全":要求运动员具备全面的身体机能、身体素质、心理、智力、思维、技战术水平、协同配合等攻守能力全面均衡。同时,要求队伍具备全面的风格,兼容各种打法,不能偏废。

"变":技、战术的发展和规则的变化及对手的具体特点等迫使运动员不断提高自身能力并适当调整技、战术的运用。现代篮球运动既是实力的对抗,又是智谋的决战,在各队实力日趋接近的比赛中,如何面对赛场的千变万化已成为取胜的关键。

"星":现代篮球比赛中,明星球员的作用日趋重要。他们的共同特点是作风顽强、技术全面、特点突出、心理稳定、得分能力强、攻守兼备、智勇双全,在全队最困难和最需要的时候,往往是他们挺身而出,率领全队渡过难关。因此每个队都应有自己的明星球员,都应该下大力气培养自己的明星球员。

“技”:现代篮球比赛已将技、战术与艺术融合为一体。有时,篮球比赛场已成为高水平运动员展示其高超技巧、体能和智慧的艺术舞台,给人以美的享受和健康向上的启迪。

“阵”:在排兵布阵中苦思冥想,细致演练。依据自己现实的条件,结合对手的具体情况,追求最大限度地发挥本队个人和全队的特长,以扬长避短,尽可能有效地抑制对手的特长,争取比赛的主动。

三、篮球运动的特点

1.篮球运动的竞技特点

从控制论角度说,篮球运动是向悬挂于高空的篮圈内投球的运动,篮球比赛双方将空间、地面与时间有机结合所展开的不同战术阵形与技术手段的攻守是现代篮球的独特魅力。篮球比赛过程较其他球类复杂,技术动作繁多,战术形式多样。而围绕空间瞬时变化展开的争夺,反映出个体单兵作战与协同集体配合相结合,空间攻守与地面相结合,空间、地面与时间、速度相结合,对抗性与计谋性、技艺性相结合,并由此显示出的立体型的、各种类别的、多变性的攻守形式和方法,随着篮球运动职业化程度逐步广泛化,必将使篮球运动的竞赛走向商业化的轨道,运动员和运动队的技能水平和运动成绩越来越高,越来越具艺术性和欣赏价值,带动篮球运动的发展。

2.篮球运动的健身性增智性特点

篮球运动技术、战术的实践操作与实战动用过程,是通过对抗、变化着的时间、场地、距离、设施条件,动用跑、跳、投等手段来完成的。这从生理学的某种角度而言,适量参加篮球运动,势必对促进人的生理机能、心理修养,特别是对提高内脏器官的功能、中枢神经系统的支配能力、提高身体的生命基础水平、增进健康以及发展灵敏性速度、力量、弹跳等身体素质、锻炼意志品质、培养集体主义精神起着积极的作用。加上篮球比赛已进入科学化、技艺化、谋略化的新时期,技高与智深的渗透结合,促使运动员技能从篮球竞赛活动中吸引文化营养,又鞭策他们要具有更好、更高的文化知识,所以从事篮球活动,能充实广博的文化知识,陶冶高尚的情操。科学地、适量地参加篮球运动,能全方位地起到健身、增知、养心的作用,这是它的特殊价值。

3.篮球运动教育性特点

从社会教育学而言,篮球运动应是当代体育学与社会教育学的有机结合。在篮球竞赛的各种活动过程中,包含着丰富的教育内容。因此,它对提高人的社会素质、活跃社会生活内容、促进社会交往、增强国家与民族自尊和自信心都有独特的社会价值。篮球运动以球队的形式进行集体训练和比赛,而篮球运动获得胜利的重要保证之一在于队员之间的协调配合、统一行动。这种协调配合、统一行动必须以积极的、健康的道德情感为基础,视共同的责任感、荣誉感为精神支柱;忽视集体力量而过分重视"表现自己",从而给予集体造成损害的人,无疑将受到公众的批评和指责。参与者在这种以团队为基础的教学、训练中,有益于培养集体主义精神,增进良好的道德情感,从而促进正确道德意识的形成。

四、篮球基本技术

篮球基本技术就是篮球运动的基本功,要想练就扎实的基本功,必须首先掌握各个基本技术动作,并进行反复的、千百次的练习。学习基本技术的目的在于掌握正确的技术动作方法,这是提高技术水平的基础。基本功越扎实,就越有利于提高篮球运动的技术水平。

根据篮球比赛中攻守对抗的规律,可将篮球技术分为进攻技术和防守技术。进攻技术有传接球、投篮、运球、持球突破;防守技术有防守对手、抢、打、断球等。进攻技术和防守技术都有移动、抢篮板球。

移　动

移动是篮球运动中队员为了改变位置、方向、速度和争取高度、空间所采用的各种脚步动作方法的总称。

移动是篮球进攻技术动作的基础,又是完成战术的前提,如果学习和掌握得不扎实,就很难在技术、战术上达到高水平。因此,在篮球技术教学与训练中,首先应从移动学起。学习和运用移动的目的是为了摆脱对手,抢占有利的位置和争夺时机,以便能够合理地、顺利地完成技术和战术。在学习中必须强调掌握快速、扎实、稳健、灵巧、善变的脚步动作。这样才能促进学习,掌握、提高篮球技术,在激烈的攻守对抗中争得主动和优势。

移动动作方法主要是下肢以踝、膝、髋关节的轴的多个运动动作所组成,上肢加以配合动作。特别是脚、腿、腰、胯的协调用力对控制和转移身体重心,保持身体平衡,起着主要支配作用。移动动作都是通过前脚掌的蹬地、碾地和脚跟先着地的制动抵地动作,并在腰、胯和上肢的协调用力配合下作用于地面,地面给予人体的反作用力克服人体重力、惯性力等来控制身体平衡,从而使人体获得起动、旋转、起跳、制动等姿势的变化。移动技术主要分为准备姿势、起动、跑、跳、急停、转身、步法等,具体如下:

1.准备姿势

基本站立姿势是队员在启动前的基本准备姿势。队员为了迅速往不同方向起动和起跳,及时准确地完成动作,必须保证正确基本站立姿势。

动作方法:两脚前后或左右开立,距离约与肩同宽,两腿微屈,身体重心落在两脚之间，略收腹含胸，屈肘，两手放于体侧前方。防守时站立姿势稍有不同，两脚开立略比肩宽，屈膝降低重心，含胸，两臂张开。

动作要点：屈膝，降低重心，抬头，目光注视全场。

2.起动

起动是队员在球场上由静止状态变为运动状态的一种动作，是获得位移速度的方法。进攻时，突然快速的起动，是摆脱防守的有效手段之一。防守时，突然快速的起动，可以抢占有利位置，看住对手。

动作方法：从基本站立姿势开始，向前起动时以后脚、向侧起动时以异侧脚的前脚掌短促有力地蹬地，同时上体迅速前倾或侧转向跑的方向移动重心，手臂协调地摆动，充分利用蹬地的反作用力，迅速向跑的方向迈出。启动后的前两三步，两脚的前脚掌要短促用力蹬地，并配合以快速的摆臂动作，使之在最短的时间内充分发挥速度。

动作要点：移重心，猛蹬地，快跨步，快频率。

3.跑

跑是为了完成攻守任务而争取时间的脚步动作。比赛中经常运用的跑有变速跑、变相跑、侧身跑。

图 7－1　跨步急停

4.急停

急停是指队员在快速移动中突然制动速度的一种方法，是各种脚步动作衔接和变化的过渡动作，比赛中急停多与其他技术结合在一起运用。急停分跨步（如图 7－1）和跳步急停（如图 7－2）两种。

图 7－2　跳步急停

5.转身

转身是指队员以一脚做中枢脚进行旋转，另一脚蹬地向前后跨出，改变原来身体方向的一种动作方法。它可与急停、跨步、持球突破结合运用，有效地摆脱防守创造传球、投篮机会。转身分为前转身和后转身。

图 7－3　转身

6.滑步

滑步是防守移动的一种主要方法，它易于保持身体平衡，可向任何方向移动。移动可分为侧滑步、前滑步、后滑步三种。

图7-4 转身

7.跳

跳是指队员在场上争取高度及远度的一种动作方法。篮球比赛中很多技术需要队员在空中完成。队员必须能单脚、双脚起跳,会在原地、跑动中和对抗条件下向不同方向跳、连续跳等,并要求起跳快、起跳高,滞空时间长,更好地在空中完成各种攻守动作。跳有双脚起跳和单脚起跳两种方法。

图7-5 滑步

传、接球

传接球是在篮球比赛中进攻队员之间有目的地支配球、转移球的方法,它是进攻队员在场上相互联系和组织进攻战术的重要保障,也是实现战术配合的具体手段。巧妙地利用球的转移调动防守,可打乱对方的防守布置,创造良好的进攻机会。

传球的持球方法是指手持握球的方法,分双手持球和单手持球。

双手持球方法:两手手指自然分开,拇指相对成“八”字形,用指根以上部位握球的两侧后下方,掌心空出,两臂屈肘,自然下垂,置球于胸腹之间。

单手持球方法:手指自然分开,用手掌外沿和指根以上部位托球,掌心空出。

接球的持球方法分双手接球和单手接球。按照来球的路线和落点不同,可分为接高位球、中位球和低部位球等动作方法。各种接球动作都是由准备接球、接球、接球后动作三个环节组成。无论采用哪一种接球动作方法，准备接球时应注意判断来球的方向、力量、速度和落点，以便及时选择接球的方式及位置。接球时，眼睛要注视来球，肩、臂放松，手臂伸出迎球，手指自然分开，当手接触球时应迅速将球抓住。屈肘屈臂后引缓冲来球的力量，同时双手握球，调整身体平衡，以便顺利地衔接下一个进攻动作。

传球动作方法

1.双手胸前传球

图7－6

图7－7

双手胸前传球是一种最基本、最常用的传球方法，具有传球快速有力、准确性高、容易控制、便于与其他动作相结合的优点。

动作方法：双手持球于胸腹之间，两肘自然弯曲于体侧，身体成基本站立姿势，眼平视传球目标。传球时后脚蹬地发力，身体重心前移，两臂前伸，两手腕随之旋内，拇指用力下压，食、中指用力拨球并将球传出，球出手后，两手向下略向外翻。

动作要点：持球动作正确，用力协调连贯，食、中指拨球。

2.单手肩上传球

单手肩上传球是一种常用于中远距离的传球方法。传球时用力大，球飞行速度快，利于在发动长传快攻时运用。

图7－8 单手肩上传球

动作方法：双手持球于胸前，两脚平行开立。右手传球时，左脚向传球方向跨出半步，右手靠左手指拨送球的力量将球引至右肩侧上方，右肩关节引展，大小臂自然弯曲，手腕稍后屈，持球的后下方，左肩对着传球方向，重心落至右脚上。传球时，右脚蹬地发力同时转体带动上臂，以肘领先前臂，手腕前屈，食、中、无名指用力拨球将球传出。

动作要点：自上而下发力，蹬地，扭转肩，挥臂扣腕，动作连贯。

接球动作方法

双手接中部位的球

4 3 2 1

图 7-9 接球

动作方法：两眼注视来球，两臂迎球伸出，双手手指自然张开，两拇指成八字形，其他手指向前上方伸出，两手成一个半圆形。当手指触球时，双手将球握住，两臂顺势屈肘后引缓冲来球的力量，两手持球于胸腹之间，成基本站立姿势。

动作要点：伸臂迎球，在手接触球时手臂后引缓冲，握球于胸腹之间，动作连贯一致。

三、运球

运球是篮球运动重要的进攻技术，是个人摆脱防守，创造传球、突破、投篮得分机会的重要进攻手段，也是进攻队员发动快攻、组织全队进攻配合的纽带，瓦解防守阵型的重要手段。随着现代篮球技术的不断发展，运球的技巧有了很大的提高。其特点是低重心、侧身护球隐蔽性大，手臂控制范围大，手腕手指翻转时球停留手中的时间稍长，运球方式变化多，使运球技术更具有保护性、突然性和攻击性。

1.运球技术分类

运球的方法很多，为了便于教学，分类有：高运球、低运球、体侧运球、体前换手变向运球、体前不换手变向运球、运球急停急起、背后运球、运球转身、胯下运球变向。

1 2 3 4 5 6

图 7-10 运球

(1)高低运球

动作方法：高运球用于无防守快速运球，反弹的高度在腰腹之间，按拍球的后上部，球的落点在身体侧前方。低运球用于防守者逼近时慢速运球，降重心，抬头前看，用上体和腿保护球，球反弹的高度在膝髋之间。

动作要点：手脚协调配合，控制好反弹高度，注意球的落点。

图 7－11 低运球

(2)体前换手运球

动作方法(以右手为例):运球向右侧前进,遇到对手堵截前进路线时,右手拍球右上方使球从体前弹向左侧,同时右脚向前方跨,上体向左转用肩挡住对手,然后换左手拍按球的后上方,左脚跨出,从对手的右侧继续运球前进。

图 7－12

动作要点:换手运球时,手脚配合要合理,变向要及时。

(3)运球转身

动作方法:变向时,左脚在前为轴,做后转身的同时,右手将球拉至身体的左侧前方,然后换手运球,加速前进。

动作要点:运球转身时要降重心,拉球动作和转身动作连贯,手臂紧贴躯干,蹬地、转身,拉引球、拍按球。动作协调。

图 7－13 运球转身

四、投篮

投篮动作的种类和方法很多,依据投篮手法可分为单手投篮和双手投篮两种,运用这两种手法可在原地和移动中完成。投篮是一项复杂的技术动作,它主要由持球方法、瞄准点、出手动作、球的旋转、抛物线等环节组成。

持球方法

持球是投篮能否牢固地控制球和完成投篮动作的前提。持球方法正确能更好地发挥手指指端对球的感应和控制。持球有两种方法:

单手持球方法

以原地单手肩上投篮为例,投篮手五指自然分开,用指根以上部位托球的后下方,手心空出,手腕略向后仰,球的重心落在食指和中指掌指关节处,肘关节自然下垂,置球于同侧方的前上方。

双手持球方法

以原地双手胸前投篮为例,两手手指自然分开,拇指相对成八字形,用指根以上部位握球的两侧后下方,手心空出,两臂自然屈肘,肘关节下垂,置球于胸和颚之间。

投篮动作方法

原地单手肩上投篮

原地单手肩上投篮是各种投篮方法的基础,具有出手点高、便于结合其他技术动作和不易被防守的特点,是应用较广泛的投篮方法。

图 7-14 投篮

动作方法:以右手投篮为例,右手五指自然分开,手心空出,用指根以上的部位持球,大拇指和小拇指控制球体,左手扶在球的左侧,右臂屈肘,肘关节自然下垂,置球于右肩前上方,目视球篮。两脚左右或前后开立,两膝微屈,重心落在两脚掌上。投篮时,下肢蹬地发力,右臂向前上方抬肘伸臂,手腕前屈,食、中指用力拨球,通过指端将球柔和地投出,球出手的瞬间,身体随投篮动作向上伸展,脚跟微提起。

动作要点:上下肢协调用力,抬肘伸臂充分,用手腕前屈和手指柔和地拨球将球投出,中、食指控制方向。

原地双手胸前投篮

动作方法:双手持球于胸前,肘关节自然下垂(不要外展),上体稍前倾,两膝微屈,身体重心放在两脚之间,目视投篮目标。投篮时,两脚蹬地,腰腹伸展,两臂上伸,拇指向前压送,两手腕同时外翻,指端拨球,用拇指、食指、中指投出,腿、腰、臂自然伸直。

动作要点:自然屈肘下垂,投篮时两臂用力均衡,前臂内旋,手指拨球用力,与下肢动作要协调一致。

图 7-15 双手胸前投篮

行进间单手肩上低手投篮

行进间单手肩上低手投篮是在快速跑动中超越对手后在篮下时最常用的一

图 7－16　行进间单手肩上投篮

种快速投篮方法。它具有伸展距离远、动作速度快、出手平稳的优点，多在快攻中或强行突破时应用。

动作方法：以右手篮为例。在跑动的过程中右脚向前跨出一大步，双手迎前接球，左脚接着上一步，脚跟先着地迅速过渡到前脚掌起跳，同时双手持球上举，右脚屈膝向上抬，配合左脚起跳。当身体腾空到最高点时，左手离球，右手五指分开，手心向上，托球下部，手臂继续向球篮上方伸展，并以手腕为轴，手指向上挑球，使球从食指、中指滚出。

动作要点：助跑、接球、起跳举球动作连贯协调。以手腕为轴，手指向上挑球，使球从食指、中指滚出。

五、篮球游戏

(一)游戏名称：传球比多

器材：篮球场和一个篮球

方法：将学生分成若干队，每对 5－7 人，每次两个队在篮球场上比赛，先由两队队长在中圈跳球，得球一方进行传球，每传一次记 1 分，对方则设法断球，抢球后也是每传一次记 1 分。3 分钟后吹哨停止，得分少的队下场，换一个队再做。

规则：1. 在传球中，可以运球，但运球不记分。

2. 不能带球走，带球走一次扣 1 分。

3. 人靠近传递不算分。

教学建议：如人少可分为两个队比赛，在规定时间内得分多的队为胜。

(二)游戏名称：运球追拍

器材：每人一个篮球

方法：可选用以下方法中的一种进行。

学生每人一个球，分散在篮球场内，选一人做领头人，领头人运球追拍其他人，其他人运球逃避。领头人追拍上一人后，被拍人与领头人交换。

学生每 2 人一组，分散在篮球场内。游戏前，2 人猜拳决定谁追谁逃。教师发令后，2 人边运球边追逃，追拍上后，2 人交换。

全体学生每人一球成一路纵队沿边线和端线运球,后面人追拍前面人,教师吹哨时全体向后转再运球追拍前面人。

规则:可以多次运球,但不能带球跑。

(三)游戏名称:运球抢球

器材:每人一个篮球

方法:学生每人一个球,2人一组分赛在篮球场内。教师发令后,2人一边运球,一边伺机用手抢走对方的球或者用手打掉对方的球,每成功一次得1分。

规则:1.不许带球跑。

2.只能用手打或抢球,不能用脚踢对方的球。

(四)10分投篮赛

器材:2个篮球

方法:将学生分成人数相等的两个队,成横队站在发球圈后,排头拿一个篮球。游戏开始,各队队员依次在罚球线后投篮,每人只投一次,头中记1分,先满10分的队为胜。

规则:1.踩线投中无效。

2.各队队员要依次投篮,不能只叫一些投得准的队员投。

3.如双方投完一轮都未满10分,可再从排头开始投,直到一个队满10分为止。

教学建议:各队可先由排尾捡球,排头投完之后,换由排头捡球;也可由见习生捡球。

(五)端线篮球

器材:一个篮球。

方法:在篮球场两条端线内2米处,各画一条与端线平行的线,平行线与端线之间为接球区。将学生分成人数相等的两个队(每队约6-10人),各队派一人站在对方接球区内,作为接球员,其余队员分散在球场内。游戏开始,先在中圈跳球,然后双方队员组织进攻或防守。进攻队通过传球与运球,力求将球传给在对方接球区内的接球员,接球员接到一个球,该队就得1分,一队得分后,由另一个队在端线外掷界外球继续比赛。防守队如截得球则转守为攻。在规定时间内,以得分多者为胜。

规则:1.球出界,由对方队员在出界处掷界外球,界外球不能直接传给接球员。

2.在端线发球时,对方接球员不得干扰或抢球。

3.其他规则同篮球规则。

六、篮球运动竞赛规则

(一)违例及其罚则

违例是违反规则的行为。罚则是发生违例的队失去球,由对方在最靠近发生违例的地点掷界外球,但直接位于篮板后面的地方除外。如果发生投篮或罚球中篮无效时,要在罚球线延长部分的界外掷界外球。

1.跳球违例

跳球队员违反下列规定即为违例:

1)两名跳球队员的脚要站在靠近本队球篮一边的半圈内,一只脚靠近两人之间的线的中心,不准上步助跳。

2)在球到达最高点之前,不准拍击球。

3)不能直接抓住球或触及球超过两次。

4)触球两次后,在球未触及非跳球队员、篮板和球篮、地面之前,不得再触球。

5)在球被合法地拍击前,任一跳球队员都不得离开他的位置。

6)跳球队员跳球前,非跳球队员不得进入跳球圈。

2.运球违例

队员控制球后将球掷、拍或滚,在球触及另一队员之前再触及球为运球违例。每次运球必须使球与地面接触。运球后,队员用双手同时触及球或使球在一手或两手中停留的瞬间运球即完毕。队员第一次运球结束后不得再次运球,除非又重新控制球才可以运球。

下列情况不是运球:

1)连续投篮。

2)运球前漏接,球拿稳后可以运球;运球后漏接,可以拿住球,不能再运球。

3)与附近的其他队员抢球中用挑、拍,试图控制球,获得球后可运球。

4)打落或拦截对手的球并获得该球,可以运球。

5)只要不出现持球移动违例,允许球在触及地面前在手中抛接或停留。

在运球过程中,运球手翻腕使手掌心超过垂直面为"携带球"违例。

3.持球移动违例

独自持球移动超出规则的限制即造成持球移动违例(走步)。

1)中枢脚的确定

(1)队员双脚着地接到球,可用任何一脚作为中枢脚。

(2)队员在移动或运球中接到球后,双脚同时着地,可用任何一脚作为中枢脚;双脚分先后着地,则先着地的脚为中枢脚。

(3)队员在移动中或运球结束时,接球一脚着地,队员可以跳这只脚并双脚同时落地,则两脚都不是中枢脚。

2)持球移动

(1)运球开始时,在球离手前中枢脚不能抬起。

(2)队员可以抬起中枢脚进行投篮或传球,但在球离手前中枢脚不能落回地面。

(3)当两只脚都不是中枢脚时,一脚或双脚都可以抬起进行投篮或传球,但在球离手前不可落回地面;运球开始时,在球离手前哪只脚都不可以抬起。当中枢脚出现不合法移动即为持球移动违例(带球走)。

4.球回后场违例

某队在前场控制活球,该队的队员不得回后场。如果控制球队的队员在前场接触了球而使球进入后场,该队的队员在后场又首先接触了球,即为球回后场违例。

1)判断球回后场的三个条件

(1)某队在前场控制活球。

(2)控制球队在前场最后触球后球从前场进入后场。

(3)控制球队的队员在后场首先触球。

造成球回后场违例,这三个条件缺一不可。

2)球回后场违例的几种情况

(1)队员骑跨中线跳起接后场同队队员的传球,落地后仍骑跨中线或双脚落在后场时。

(2)队员从后场跳起接前场同队队员的传球时。

(3)队员骑跨中线运球时。

(4)同队队员骑跨中线相互传球时。

(5)队员骑跨中线,静立或跳起接前场同队队员传球时。

(6)队员骑跨中线或有一脚踩在中线上静立接后场同队队员传来的球后,抬起在前场的脚为后场违例。

3)不算球回后场违例的情况

(1)运球队员在中线附近由后场向前场做后转身运球,转身时即使有部分身体接触了前场地面,球却运在后场地面上,然后继续向前运球。

(2)控制球队在前场进攻投篮出手后,球碰篮圈或篮板弹回后场,该队队员在后场又获得球。

5.干扰球违例

投篮的球在飞行中下落并完全在篮圈水平面之上时,攻守双方队员不可以触及球;投篮中当球碰击篮板后完全在篮圈水平面之上时,也不可以触及球。但在球触及篮圈或明显不会触及篮圈时除外。

当球接触篮圈时,攻守队员不得触及球或球篮。进攻或防守队员不得从下方伸手穿过球篮并触及在篮圈水平面之上或篮圈上的球,不管是在投篮后,跳球拍击球后或是在传球后。

违反以上规定即为干扰球违例。进攻队员违例,球及时投中也无效;防守队员违例,球即使没投中也要判给攻方2分或3分。

6.球出界与掷界外球违例

1)当球触及界线、界外线的地面、人员、物体、篮板的支柱或背面及天花板为球出界违例。最后触及球或被球触及的队员是使球出界的队员。

2)掷界外球队员发生下列情况为违例:

(1)球离手的时间超过5秒。

(2)球离手前或离手时脚踏场地。

(3)掷球时,从裁判员指定的地点沿界线以东超过正常的一步。

(4)在球触及了另一队员前在场内触及球。

(5)在球触及场内队员前又出界。

(6)掷球越过篮板传给场上另一队员。

(7)掷球离手后球停留在篮圈支架上或进入球篮。

7.踢球与拳击球违例

篮球运动是用手来打球。凡是用拳击球或故意地用膝、膝下的任何部位去击球或拦阻球为违例。脚或腿偶然地接触球不是违例。

8.时间规则的违例

1)3秒违例

某队在场上控制球并且比赛计时钟正在走动时,该队队员不得在对方的限制区内停留超过持续的3秒。限制区的各线都属于限制区的一部分,队员脚踩限制区任何一线都算位于限制区内。

队员在限制区内停留3秒时,可允许他向篮下运球投篮或同队队员正在做投篮动作并且球正离手或恰已离手。当投篮的球一离手或抢篮板球、补篮时不受3秒规则的限制。

2)5秒违例

下列情况应判5秒违例:

(1)场上队员持球被严密防守(在正常的一步之内),在5秒内没有传、投、滚或运。

(2)掷界外球超过5秒,时间从掷界外球队员可处理球时算起到球离手止。

(3)罚球超过5秒,时间从裁判员将球置于罚球队员可处理球时起到球出手止。

3)8秒违例

当一名队员在后场获得控制活球时,该队必须在8秒内使球进入前场,即使球触及前场的地面或位于前场的队员,超过8秒也为违例。

4)24 秒违例

当队员在场上控制活球时,该队必须在 24 秒内完成投篮。如球出界或由于控制球一方的原因中断比赛,24 秒应连续计算;如因对方拳击球、脚踢球违例或犯规,或因对方原因中断比赛,24 秒应重新计算。

9.罚球违例

1)罚球队员要在罚球线后半圈内就位,可用任何方式投篮。违反下列规定为违例:

(1)使球投中篮或触及篮圈。

(2)每次罚球不得超过 5 秒。

(3)球触及篮圈时,不得踩罚球线或限制区地面。

(4)不得做假动作罚球。

罚球队员违例中篮无效。判给对方队员在罚球线的延长线外掷界外球,除非还要执行后续的罚球。罚球队员违例时,任何其他队员在同时或紧接着造成的任何其他违例不究。

2)位置区两侧 5 名队员应按规定站位并遵守下列规定:

(1)不得扰乱罚球队员。

(2)罚球队员球离手后可进入限制区。

(3)要等球触及篮圈后才能抢球。

罚球队员的同队队员违反(1)、(2)条款,中篮有效,违例不究;不中由对方掷界外球继续比赛。罚球队员的对方违反(1)、(2)条款,中篮有效,违例不究;不中重罚。双方违例,中篮有效,违例不究;不中,双方跳球继续比赛。

如罚球队员的同队队员违反(3)条款,中篮无效,由对方掷界外球;对方队员违反(3)条款,无论中篮与否,均判给罚球队员得 1 分。

3)站在罚球线延长线后的三分线外的其他队员,要等球触及篮圈才能进限制区。

第二节 排 球

一、排球运动的特点和锻炼价值

(一)排球运动的特点

1.广泛的群众性:排球场地设备简单,比赛规则容易掌握。既可在球场上比赛和训练,亦可以在一般空地上活动,运动量可大可小,适合于不同年龄、不同性别、不同体质、不同训练程度的人。

2.技术的全面性:规则规定,每个队员都要进行位置轮转,既要到前排扣球与拦网,又要轮到后排防守与接应。要求每个队员必须全面地掌握各项技术,能在各个位置上比赛。

3.高度的技巧性:规则规定,比赛中球不能落地,不得持球、连击。击球时间的短暂,击球空间的多变,决定了排球的高度技巧性。

4.激烈的对抗性:排球比赛中,双方的攻防转换始终是在激烈的对抗中进行。高水平比赛中,对抗的焦点在网上的扣拦上。在一场比赛中,夺取一分往往需要经过六七个回合的交锋。水平超高的比赛,对抗争夺也越激烈。

5.攻防技术的两重性:排球是多种技术都可以得分也能失分的项目,这种情况在决胜局比赛中更加突出,所以说每项技术都具有攻防的两重性。因此,要求技术既要有攻击性,又要有准确性。

6.严密的集体性:排球比赛是集体比赛项目,除发球外,都是在集体配合中进行的。没有严密的集体配合,再好的个人技术也难以发挥,更无法发挥战术的作用。水平越高的队,集体配合就越严密。

(二)排球运动的锻炼价值

根据排球运动的特点,参加排球运动不仅能提高人们的力量、速度、灵活、耐力、弹跳、反应等身体素质和运动能力,并改善身体各器官、系统的机能状况,而且还能培养机智、果断、沉着、冷静等心理素质,也是建设精神文明的一种良好手段。通过排球比赛和训练,可以培养团结战斗的集体主义精神,可以锻炼胜不骄、败不馁,克服困难,勇敢顽强等良好品质。

二、中国排球发展简史

1.中国排球运动的兴起

19世纪末20世纪初,西方文化不断向中国渗透,作为文化现象的体育也不例外。西方不少的竞技运动项目逐步在中国开展起来,排球运动就是这些竞技运动项目中的一种。据一些体育史学家考证,排球运动是在1905年传入中国的。排球运动刚传入我国时,它的最初名字叫"队球"。我国首先开展这项活动是在华南、华东和华北地区。

华南地区:1905年,排球运动首先在广州南武中学和香港皇仁书院开展。1913年远东运动会参赛选手许民辉(广东籍)积极推广排球,将这项活动向郊县城乡推广。一年后,排球运动已成了广东广大青年农民、职工都喜爱的活动,该省几十个县广泛开展、组织竞赛,发展速度惊人。在这个基础上涌现出了不少的著名排球运动员和著名排球队,并组织起了体育协会——广东排球联合会。

华东地区:上海是开展排球运动比较早的城市之一。1908年,北美基督教青年会派遣爱克斯纳(M·J·Exner)医生来华担任上海基督教青年会体育部主任,他在青年会体育训练班上讲授和介绍了包括排球在内的多种体育运动项目。从1912年至1924年,基督教青年会通过举办体育干事训练班来推广排球运动,12年间,先后培养了9批体育教师和干部,其中一部分人后来成了各地推广排球运动的骨干。

华东地区排球运动开展较好的地区除上海外,还有地处祖国东南沿海的福建省。福州市基督教青年会干事潘竹孙是上海基督教青年会体育干事训练班学员。他将所学到的排球知识、技术和练习方法带回了福建,为福建排球运动的开展打下了基础。

华北地区:早在1910年前就有少数教会学校开展排球活动,但尚未成为竞赛项目。直到1914年第二届华北运动会在北京天坛举行时,才正式设立排球的竞赛项目。

华北运动会自第二届首设排球竞赛后,一度在比赛中取消排球项目达十年之久,直到1924年第十一届时才恢复排球比赛,华北排球运动发展之迟缓,由此可见一斑。但是,到了20世纪20年代末30年代初,华北排球运动的开展已经不局限于几个大城市了。排球运动传到了山东半岛的烟台、青岛等地,这些地区也组织了许多比赛,为排球运动的推广普及作出了贡献。

2.六人制排球的实行

1900年至1910年,排球运动先后传入亚洲的印度、中国、日本、菲律宾等国。由于当时亚洲各国室内运动场馆远不如美国,来亚洲的基督教青年会的体育干事们根据亚洲的具体情况,介绍、传授了在室外开展的十六人制排球。亚洲前三届远东运动会排球比赛都是采用的十六人制比赛。1919年第三届远东运动会后,比赛规则有了较大的修改,将十六人制改为十二人制,场地由90×45英尺缩小为80×40英尺。1927年又将十二人制改为九人制。九人制排球一直延续到1949年。在相当长的时间里,九人制排球一直流行于包括中国在内的亚洲各国。

在50年代,世界最高水平的排球赛都是采用六人制比赛。例如:在捷克斯洛伐克首都布拉格举行的第一届男子排球世界锦标赛,世界青年联欢节和世界大学生运动会全都是采用六人制比赛。为了适应国际比赛的需要,中国开始学六人制排球技术和比赛规则。1950年7月,中华全国体育总会在北京的清华大学举办了全国体育工作者暑假学习会。在学习会上,北京大学林启武教授向全国体育工作者介绍了六人制排球比赛的规则与办法。这些学习会中的学员都成了开展六人制排球的"火种"。同年8月,虞积刚、阎维仁在《新体育》杂志上撰文,详细介绍了六人制排球的比赛规则及简单的攻、防战术。1951年5月,林启武教授又撰文叙述了六人制排球的特点及打法。排球界很快进入了边学习、边实践六人制排球的阶段。

3.加盟国际排联

新中国排球队参加了世界大学生运动会和青年联欢节等排球比赛活动之后，中国排球队朝气蓬勃的精神和独特的技术引起了国际排坛的注意。

1953年中国排球协会成立，张之槐任主席。1953年11月张之槐、马启伟以中国排球协会的名义参加了在罗马尼亚首都布加勒斯特举行的国际排球联合会的行政会议。1954年1月11日，国际排球联合会正式承认并接纳中国排球协会为正式会员。1956年8月，由国际排联主办的男子第三届和女子第二届世界排球锦标赛在法国巴黎举行。国际排联正式向中国男、女排球队发出了邀请。

中国排协很重视这次学习、锻炼的机会，并于1956年2月通过选拔，组成了国家男、女排球代表队。代表队在上海、北京进行了集训，而且还在7月14日至8月9日访问了苏联、保加利亚和民主德国。在此期间，男女队各进行了11场比赛。中国男女队还参加了在保加利亚举行的四国排球联赛。参加的国家有中国、保加利亚、罗马尼亚和南斯拉夫。这些比赛是中国队准备参加巴黎锦标赛所进行的赛前锻炼。

8月30日至9月12日，17个国家的女子排球队和24个国家的男子排球队云集巴黎，参加了本届盛会。队数之多，是世界排球锦标赛历届之首。

4.发球革命和修改拦网规则

1957年，广东男排根据排球比赛的对抗规律和本队的具体条件，在当时举行的全国排球甲级联赛中，大胆地运用了勾手大力发球技术。在实践中，他们通过系统、严格的训练，摸索出一套运用大力发球的规律。他们把发球与接发球的训练比例扩大到整个技术训练的60%左右，使发球与接发球技术的训练有了数量上的保证，因而在比赛中发球得分多，一传失误少，一次进攻占了很大的优势。1957年广东男排由全国前六名以外的队一跃而进入了前三名，这在很大程度上就是靠的勾手大力发球。1958年全国甲级联赛，广东男排又由1957年的第三名上升到第二名，大力发球仍是他们致胜的“法宝”。

在广东队的带动下，大力发球风靡全国，不仅甲级队普遍采用，乙级队以及参加锦标赛的各队都开始广泛运用；不仅男子队采用，女子队也有不少队员采用。这个时期来华访问的外国队都尝到了中国队大力发球抢攻的苦头，一场比赛，他们的一传要丢18分，最多的高达25分。

当大力发球技术还在方兴未艾的时候，另一种攻击性很强的发球——上手飘球技术也出现了。中国最早运用这种新技术的是上海“红队”（即上海体院竞技指导科队）的龚俊平。当时，上海“红队”和上海“蓝队”都以大力发球见长，而上海红队除采用大力发球之外，龚俊平的上手飘球也是红队得分的重要手段。当时虽然还没有人从理论上对这一技术进行总结和提炼，但在实践中已经感觉到了这种发球的威力。

总之，大力发球和上手飘球的出现对中国排球的技术、战术是一次推动，或者说是一种技术革命。它使排球各项技术间的发展出现了不平衡。

1964年,国际排联在日本东京举行会议,修改了有关"拦网"的规则。修改后的规则条文为:"当一方扣球前,另一方前排队员身体任何部分越过球网上沿以上的垂直平面触球,即为过网触球犯规,但当一方队员扣球或吊球后,另一方拦网队员过网触球不算犯规。"这明确规定了在对方扣球后拦网手可以过网拦球。

这个变化对于拦网来说是一个极大的转变。在此之前,拦网手无论在扣球前还是在扣球后,都绝不允许过网。因此,拦网的手形是手腕后仰在网侧形成一个与网子平行的平面来阻挡对方的扣球。所以,人们仅仅把拦网看做是防守的第一道防线。修改后的规则允许拦网手过网拦击,完全改变了拦网技术单纯防御的性质。队员可以通过拦网将对方的扣球拦死在对方的场地内而得分或得发球权。

三、排球运动的发展趋势

1. 攻守平衡已成为现实

在排球发展过程中,攻强守弱的状态已持续了很长时间,国际排联为了扭转这种局面,对排球规则作了几次重大修改,如每球得分制的使用、自由人的出现、发球区的扩大、允许身体任何部位击球等,必将会进一步促使排球技战术的创新,充实排球运动的内涵,丰富排球运动的表现形式。排球技战术的不断丰富和发展与排球竞赛规则的不断修改和完善是互为因果的。在这里必须重视两个带有规律性的问题:一是除发球和扣探头球外,排球的一切进攻都是从接球和防守开始,没有良好的接球和防守作为基础,一切进攻无从实现;二是每球得分制要求运动员的攻防技术更加全面、准确和有效,进攻与防守互相依存、互相制约,规则的修改不能改变排球比赛的这一基本规律。

纵观世界排球技战术的发展历程可以看出,进攻与防守对抗始终贯穿于排球运动发展的整个过程。例如:扣球技术的产生,导致了拦网的出现;勾手飘球技术的发明,刺激了垫球技术的发展;网前跑动换位、交叉重叠掩护等快攻战术的运用,与此相对抗出现了重叠、换位等拦网战术;拦网技术的提高,推动了后排进攻战术的运用,进攻与防守战术的相互对抗又相互联系、相互制约又相互促进是排球运动技战术发展的主要动力。进攻技战术的提高带动了防守技战术的进步,而防守技战术的加强,又反过来促进了进攻技战术的发展,形成了排球技战术发展螺旋式递进的特征。

2. 技、战术向全面、高度、快速、多变方向发展

排球运动带有规律性的问题是要求运动员技术全面,能攻能守,进攻上既能强攻又能快攻,既能前排攻又能后排攻,前后排融为一体。根据运动员的不同特长,有效地组合不同的战术,使战术组合更具个性化,发挥整体优势。

随着运动员身高和弹跳力的不断增长,后排扣球技术的应用日益普遍,成为

当今高水平排球比赛的主要进攻手段。高快结合,前后排结合,进攻向着立体、全面型方向发展。运动员凭借身高、弹跳力强,爆发力好、力量大和挥臂速度快等优势,跳发球技术被大量运用,采用跳发平飘,跳发侧旋、下旋,轻发落点等多样化跳发球技术,以达到先发制人、争取主动的目的。发球技术正向着发球高点、大力、快速方向发展。四号位平拉开结合二、三号位的跑动进攻战术,降低后攻的弧度,增加反攻的进攻点等等都是为了争取时间,夺得空间,加快进攻的速度,突破对方拦网。速度在不断加快,采用的手法是降低弧度、增快传出球的速度等。

世界男排各队的集体配合战术更加丰富,战术有新的发展,四号位平拉开、三号位远网快球、远网短平快被普遍采用。重视集体配合和快攻战术,技术全面,攻守兼备,快速灵活,自身失误少。一攻水平高,防守能力强的队代表着当今世界排球的最高水平。过去日本女排的勾飘和垫球,中国女排的背飞,波兰男排的后攻,日本男排的短平快球,美国男排的两人接发球,确实在夺冠中发挥了作用,但依靠的是整体攻防的技术实力。实践证明,技术不全面,就不能保证战术的组织与变化;排球运动的全面内涵是在全攻全守基础上突出自己的特长,各单项技术的运用从较单调的打法向多样化、更全面的方向发展。当今排坛世界各强队在注重高度和速度的同时,每名运动员的技术是否全面,全队的串联技术是否合理、娴熟等等,成为一支球队成熟与否的标志。攻守不平衡,就无法夺取比赛的主动权;没有高度,必然削弱网上扣拦抗争的实力;个人没有特长,队也必然没有特点;没有集体配合,也就谈不上更好地发挥个人的特长;不必要的失误,就会不攻自破;没有拼搏精神和勇猛顽强的战斗作风,就缺少取得胜利的可靠保证等。

经过100多年的发展与变革,排球战术体系的构建和发展经历了"点—线—面—体"的演变过程,对战术的运用趋向合理、简练和实效。国际排球运动的发展已经进入一个新的时期,在发展速度、提高力量、增加变化、全面发展、有所特长的基础上向更高层次、更高水平迈进,具体表现在力量、速度、高度和技巧紧密结合,攻守技术全面,战术风格独特,队有特点,人有特长,身体素质好,心理素质高,在技术、战术、身体、心理层次方面全面发展,是当代排球运动的发展趋势。全面、高度、快速、多变将在更高层次上不断深化和发展。

3. 排球运动的职业化、商业化、大众化

20世纪90年代以来,竞技排球朝着职业化、商业化和大众化的方向发展。职业化是排球运动的发展趋势,高额奖金促使比赛更加精彩,而紧张激烈的对抗更能吸引观众,又能创造更大的经济效益。意大利率先推行职业化和俱乐部制度,法国、德国、比利时、荷兰、瑞典等国家职业排球的开展也十分活跃。职业化和俱乐部制度吸引了大批优秀选手投身竞技排球,大大提高了排球比赛的激烈精彩程度,提高了排球运动的吸引力。传播媒体的介入,促使排球运动商业化趋势日益加强,沙滩排球比赛职业化、商业化就是率先走向市场的范例。娱乐排球的盛行,使排球运动发展成为世界上最主要的运动项目之一。排球运动的竞赛形式越来越多样化，大众化趋势日益明显。

4. 排球教学、训练向多学科综合运用和更加科学化方向发展

随着我国素质教育的进一步实施，排球课程教学与改革将逐渐成为一项重要的研究内容。利用电影、电视录像和计算机 CAI 等媒体技术手段，可以动态地模拟排球技战术的时空状态和连续变化过程，提高直观教学效果。现代排球教学的一个显著特征是多媒体技术手段应用于教学实践。随着排球教学实践的发展，排球教学研究范围也在扩展。对课内与课外排球活动一体化的研究，对排球教学内容的选择、手段与方法的更新，考核与评价标准的制定等方面的探讨，不断引进现代教学理论与方法，程序、发现等教学模式的推广与应用，必将推动排球教学改革的深入。

排球运动科学研究不仅涉及医学、生物化学、生物力学、心理学等自然科学的领域，也涉及哲学、经济学、教育学、史学等社会科学的领域，这些多学科、多侧面的研究为排球运动的科学研究开辟了新的领域，为进一步加深对排球运动规律的认识提供了工具，对排球运动科学的认识将更加深入广泛。

纵观排球运动的发展历程，从观念的转变到理论的形成、技战术的创新、训练手段的改进、教学方法的改革、竞赛规则的修改等，排球运动研究内容的覆盖面不断扩大，研究领域不断拓宽，研究层次不断提高。随着排球运动实践的发展，排球技术战术的创新，科学地控制排球运动训练过程和制定科学定量的评价标准，排球运动员生理、生化特点，心理训练，排球技术的生物力学分析，排球运动员的选材及其训练，体能训练，比赛的营养与恢复，计算机在排球教学训练和比赛中的应用等方面的研究将进一步深入。

5. 排球运动科研与实践的结合日益紧密

科研直接为排球教学训练和比赛实践服务，是排球运动科学研究活动的一个显著特点和发展方向，也是促进排球运动科学研究发展的过程。从方法论来看，科研人员越来越多地从文献研究、思辨研究走向实证研究，正在从不同层面上去关注学校，关注课堂，关注运动训练实践，提高研究的实际应用价值；从科研的功用来看，越来越多的排球科研人员不再满足于排球教学训练的一般抽象理论论述，开始更多地追求排球运动研究成果的推广应用，促进排球教学训练的改革与发展。

6. 排球运动科研方法和手段不断丰富和发展

排球运动科研的发展和水平的不断提高，是与科研的方法和技术手段的不断进步、丰富和发展分不开的。现代科技研究的成果越来越多地引入到排球运动领域中。20 世纪 70 年代末，美国女排将计算机技术引入临场指挥和技术分析，日本队采用三维摄影分析扣球技术等；80 年代以来，便携式计算机、录像和无线电通

讯等高科技设施进一步渗透到排球教学、训练和比赛中，使排球教学训练更加科学化。随着相关学科科研成果向排球科研领域的不断渗透和现代科技的应用，排球运动科研的方法和技术也有了长足的发展。它主要表现在：十分重视有效吸收和移植其他学科的研究方法，在具体运用多种研究方法时，则表现出极强的综合性，综合运用多种研究方法是排球运动科学研究发展的重要趋势。

综上所述，现代排球运动科研从过去重点研究竞技排球逐步转向竞技排球与娱乐排球并重方向发展，大众排球研究日益受到重视；在研究方式上，多学科综合研究不断加强，强调同一对象进行多学科同步综合测试、观察和研究；在研究方法上，从定性描述转向定性与定量相结合，力求做到多样化与统一；在研究手段上，从手工操作日益转向现代化，如测试仪器自动化、电脑化、遥控化、轻便化；在研究思路上，重视吸取现代科学思想，重视借鉴现代科技理论和科技成果；在研究主体上，已从专家独立作战逐步转向专家与教师结合研究。

四、排球技术的基本理论

1.排球技术的概念

排球技术是指运动员在比赛规则允许的条件下采用的各种合理的击球动作和配合动作的总称。它是排球运动的基础和重要组成部分。

排球技术有两种：一种是有球技术，包括传球、垫球、扣球、发球和拦网；另一种是无球技术，包括准备姿势、移动、起跳及各种掩护动作等。排球技术主要由步法和手法组成，同时与视野活动、躯干活动和意识活动相配合融合为一体。

2.排球技术的特点

第一，完成各种技术动作的时间短促。

第二，各种技术动作都是球在空中飞行时完成。

第三，大多技术具有攻防两重性，如拦网、传球、垫球。

第四，身体各部位都能触球。

3.排球技术的分类

每项排球技术都是由击球前动作、击球动作和击球后动作组成。从广义上讲，除了身体某一部位击球时的动作外，都称为配合动作；但从狭义上讲，只把准备姿势、移动等称作配合动作，而把击球动作前后较连续的动作称之为有球技术，如扣球技术中的助跑、起跳等。

五、排球基本技术

（一）准备姿势

准备姿势与移动是排球基本技术之一，属于无球技术，是完成发球、垫球、传球、扣球和拦网等各项有球技术的前提和基础，并对各项有球技术的运用起串联和纽带作用。准备姿势和移动是相辅相成的，准备姿势主要是为了移动，而要快速移动,又必须做好准备姿势。

为了便于完成各种技术动作而采取合理的身体姿势称为准备姿势。合理的准备姿势是指要使身体重心处于相对稳定的状态,又要便于移动和完成各种击球动作,为迅速起动、快速移动及击球创造最好的条件。为完成某项有球技术之前的准备姿势,称为专项技术准备姿势,例如拦网、发球、传球等都采用不同的准备姿势。

按照身体重心的高低,准备姿势可分为半蹲准备姿势、稍蹲准备姿势和低蹲准备姿势三种。

1.半蹲准备姿势

两脚左右开立稍比肩宽,一脚稍前,两脚尖稍内收,脚跟稍提起。膝关节保持一定的弯曲,膝关节的投影在脚尖前面,上体前倾,重心靠前。两臂放松自然弯曲,双手置于腹前。全身肌肉放松,两眼注视来球,两腿始终保持微动。

准备姿势

图 7-17

2.稍蹲准备姿势

稍蹲准备姿势比半蹲准备姿势重心稍高,动作方法相同,一般用于扣球助跑前或对方正在组织进攻时需快速起动的场合。

3.低蹲准备姿势

低蹲准备姿势比半蹲准备姿势的身体重心更低,更靠前,两脚左右,前后的距离更宽一些,膝部弯曲程度更大一些;肩部投影过膝,膝部投影过脚尖,手置于胸腹之间。低蹲姿势主要用于防守和接拦回球等。

(二)移动

从起动到制动的过程称为移动。移动的目的主要是及时接近球,保持好人与球的位置关系,以便击球。迅速的移动可占据场上的有利位置,争取时间和空间。队员能否及时移动到位,直接影响着技战术的质量。移动是由起动、移动步法和制动三个环节所组成。

1.起动

起动是移动发力的开始,它的快慢是移动的关键,起动的速度取决于正确的准备姿势、反应能力和腰腿部的速度力量。在排球比赛中,应根据场上的情况,采取不同的准备姿势,以利于随时改变移动方向和迅速移动。

2.移动的基本步法

(1)并步与滑步

当来球距身体一步左右时可采用并步移动,如向前移动时,则后腿蹬地,前脚向来球方向跨出一步，后腿迅速跟上做好击球准备。当球在体侧稍远时，并步不能直接近球时，可快速连续并步，连续的并步即滑步。

(2)跑步

球离身体较远时需用跑步，采用跑步移动时，两臂要配合摆动，根据来球的方向，边跑边转身，并逐渐降低重心，保持好击球准备。

图 7－18

(3)交叉步

以向右交叉步为例。上体稍向右转，左脚从右脚前面向右交叉迈出一步，然后右脚再向右跨出一大步，同时身体转向来球方向，保持击球前的姿势。

(4)跨步和跨跳步

跨步比交叉步移动距离近，便于接1－2米低球。移动时步幅较大，身体重心较低，如向前移动，则后脚用力蹬地，前脚向前跨出一大步，膝部弯曲，上体前倾，身体重心移至前腿上，可以向前、向斜前或向侧方。

跨步移动

图 7－19

跨步过程中有跳跃腾空即为跨跳步。

(5)综合步

以上各种步法的综合运用。

(三)发球

发球是比赛的开始，也是进攻的开始。准确而有攻击性的发球，不仅可以得分，而且还可以破坏对方的战术组合。因此，发球既要有准确性又要有攻击性。发球可分为正面上手发球、正面下手发球、侧面下手发球、高吊球、勾手发球、勾手大力发球等。

正面上手发球

图 7－20

1.正面上手发球

准备姿势：面对球网，两脚自然开立，左脚在前，左手托球于体前。

抛 球：左手用掌平稳而准确地将球抛在体前右肩前上方，高度约 50 厘米。

同时,右臂抬起,屈肘后引,肘略高于肩,上体稍向后仰。五指并拢,指尖朝上,手腕稍后仰保持一定的紧张,眼睛注视球体。

击球:右脚蹬地,重心前移,以收腹、屈体迅速带动手臂的挥动。挥臂成直线,在右肩前上方,用手掌坚硬部位击中球的后下部。击球后,便可迅速入场。

2.下手发球

下手发球动作技术简单,是学习发球技术的入门。下手发球技术是女生考试项目。

准备姿势:面对球网,左脚在前,两膝微屈,左手持球于胸前,右手自然下垂。眼视前方。

抛 球:左手将球在身体右侧抛起,高约 20 厘米。抛球时,身体重心后移,同时右手后摆。

击 球:右脚蹬地,身体重心前移,右臂伸直,以肩为轴向前摆至腹前,用掌根击球的后下部。击球后,随着击球动作身体重心前移,迅速入场。

3.侧身下手发球

准备姿势:左肩对网,两脚开立。

抛 球:左手抛球于胸前一臂之远,离手高约 30 厘米,抛球同时,右臂摆至右侧后下方。

击 球:在抛球的同时,右臂摆至右侧后下方,接着右脚蹬地向左转体,带动右臂向前上方摆动,在腹前以全手掌击球的右下方。随着击球动作,迅速进入场地。

图 7－21

4.勾手发球

勾手发球所发出的球不旋转而在空中飘晃不定,具有很强的攻击性。发球队员由于采用侧面站立,可充分利用腰部扭转带动手臂加速挥动。这种发球,比较省力,对肩关节负担比较小,因而适用于远距离发飘球。

技术要点:

准备姿势:侧面球网开立,左手持球于胸前。

抛 球:左手用托送方法,抛球于左前上方约一臂之高,右手向后下摆动。

击 球:击球时,右脚蹬地,上体向左转动发力,带动右臂加速挥动。挥动时,右手臂伸直,在右肩的左上方,用掌根或半握拳击球中下部。击球时,有突停动作。

5.掌握发球技术的练习方法

初学阶段

(1)徒手做抛球的练习。要求平稳地向上抛,使抛出的球不旋转。最好使抛出球的高度固定。

(2)徒手模仿发球动作练习。

(3)击固定球。两人一组,一人持球举至击球点高度,另一人挥臂击固定球。体会击球点和挥臂动作。

(4)对墙或对网近距离发球。体会抛球和挥臂击球动作的配合。

(5)距网 4－5 米的发球练习。逐渐加长发球距离。

(6)对墙定点发球。在墙上画一圆圈,将球发到圆圈内。

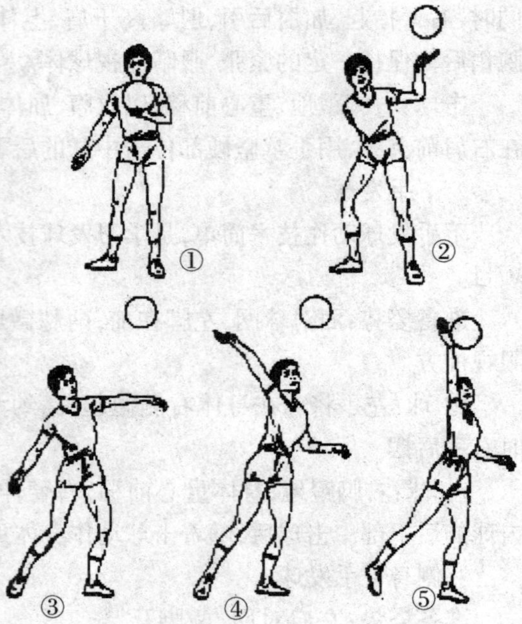

图 7－22

(7)在发球区发球。

巩固提高技术练习

(1)在发球区的不同位置发直线、斜线球。

(2)向网前和后场发球。

(3)向后场两角发球。

(4)向对方六个位置发球。

(5)结合接发球进行发球练习,统计发球的效果。

在比赛的条件下提高发球技术

(1)三人一组,轮流在三号位、二号位扣球后,迅速跑到发球区发球。

(2)在前排拦网后迅速跑到发球区发球。

(3)发球后迅速进场防守。

(4)发球比赛。将队员分成人数相等的两组进行发球比赛,从统计看效果。

(5)在分组比赛或对外比赛中进行统计,检查发球效果。

6.发球技术常犯的错误及纠正方法

1)抛球时有屈腕动作,使抛出的球不平稳,影响发球效果。纠正方法:

(1)平抛护膝或扁平物体,并使之不旋转。

(2)反复做平托上送抛球动作。

2)抛球的高度中位置不准确。

纠正方法:设置固定的目标,对准目标反复做抛球练习。

3)正面上手发球时,做不出推压带腕动作。

纠正方法:

(1)徒手练习挥臂。

(2)对墙或对挡网距离 5–6 米,用掌根轻击球,体会击球手法。

4)勾手发飘球时,弧线挥臂,击不准球。

纠正方法:

(1)讲明击球前手臂运行轨迹,多练习击固定球。

(2)徒手练习挥臂。

5)勾手大力发球时,挥臂动作不协调,没有用上转体的力量。

纠正方法:

(1)徒手做挥臂击球练习。

(2)击固定球练习。

(3)用掷实心球做勾手大力发球动作练习。

7.学习发球技术注意事项

1)正面上手发球技术结构一般可分为准备姿势、抛球、击球、用力等环节。从完成发球技术动作结构和发球效果看,抛球和击球是正面上手发球的重点和难点。所以,要掌握正确的抛球方法,使每次抛球的高度、位置固定。

2)要掌握正确的击球手法。

3)要掌握不同的发球方法,能发出不同性能、路线的球。

4)在发球准确的基础上,加强发球的攻击性。

5)发球练习应与接发球练习结合。

(四)垫球

垫球是排球基本技术之一,是接发球和防守的最常用的主要技术,起着组织全队相互配合的重要桥梁作用。垫球在排球比赛中占有重要的地位,主要用于接发球、接扣球和接拦回球,是组织进攻的基础。接发球好,有利于打好接发球进攻,否则,就会陷入被动或失分。接扣球好,有利于打防守反击的组织。因此,垫球是比赛中多得分、少失分,由被动转主动的重要技术,是稳定队员情绪、鼓舞队员士气的重要手段。垫球还可在无法运用传球技术进行二传时用来组织进攻或处理球。

垫球按动作方法可分为:正面双手垫球、体侧垫球、背垫、挡球、跨步垫球、跪球、滚翻垫球、前扑垫球、单手垫球、侧卧垫球、鱼跃垫球、铲球、脚垫球等;按用途可分为:接发球、接扣球、接拦回球垫球和接其他球垫球。

1.正面双手垫球

正面双手垫球是双手在腹前垫击来球的一种垫球方法,是各种垫球技术的基础,是最基本的垫球方法,适合于接各种发球、扣球和拦回球,在困难时也可以用来组织进攻。正面双手垫球的基本手型有抱拳式、叠掌式和互靠式，但无论采用哪种手型都应该注意手腕下压，两臂外翻。

图 7－23

准备姿势：两脚开立，稍比肩宽。在左半场及中场位置接球最好左脚在前，在右半场位置最好右脚在前。在中场也可采用内八字脚站位。两脚适当提踵，双膝弯曲，上体自然前倾，全身放松，随时准备移动，如图 7－24。

图 7－24

2.体侧垫球

体侧垫球简称侧垫，是在身体侧面垫球的一种垫球方法。其特点是控制面宽，但较难把握垫击的方向、弧度和落点。以左侧垫球为例。右脚前脚掌内侧蹬地，左脚向左跨出一步，身体重心随即移至左脚，并保持左膝弯曲，两臂夹紧向侧伸出，左臂高于右臂，右肩向下倾斜，再用向右转腰和收腹的力量，配合两臂在体侧截击球的后下部，切忌随球摆臂，如图 7－25。

图 7－25

3.背垫

背对出球方向的垫球方法叫背垫。大多用于接应同伴垫飞的球或将球处理过网，其特点是垫击点较高。由于背对垫球方向，不便于观察目标和控制击球的方向和落点。背垫时，首先判断来球的落点、方向和离网的距离，迅速移动到球的落点处，背对出球方向，两臂夹紧伸直，插到球下。击球时，蹬地、抬头挺胸、展腹，直臂向后上方摆动击球。在垫低球时，也可利用屈肘、翘腕动作，以虎口处将球向后上方垫起。

图 7－26

4.挡球

来球较高，不便于用手臂点击时，用双手或单手在胸部以上挡击来球的击球动作，称之为挡球。双手挡球时，多用于挡击胸部以上力量大、速度快的来球；单手挡球多用于来球较高、力量较轻；在头部上方或侧上方的来球运用挡球能够扩大控制范围。善于挡球的队员，防守时可前压，提高前区的防守效果。挡球可分为双手挡球和单手挡球两种。

双手挡球：手型有两种，一种是抱拳式，两肘弯曲，一手半握拳，另一手外包；另一种是并掌式，两肘弯曲，两虎口交叉，两臂外侧朝前，合并成勺形。挡球时手臂屈肘上举，肘部向前，手腕后仰，用双手手掌外侧和掌根所组成的平面挡击球的后下部。击球瞬间手腕要紧张，用力适度。

图 7－27

单手挡球：挡球时，手臂屈肘上举，肘部向前，手腕后仰，用掌根或掌心平面击球的后下部，击球瞬间手腕要紧张。如球较高，还可跳起挡球。

5.跨步垫球

队员向前或向后侧跨出一步的垫球方法称为跨步垫球。适合于来球距身体1米左右、来球较低或速度较快来不及移动对正来球时采用。判断来球的落点，及时向前或向侧跨出一大步，屈膝制动，重心落在跨出腿上，上体前倾，臂部下降，两臂插入球下垫击球的后下部。

图 7－28

6.跪垫

跪垫适用于来球低而远时采用。在低蹲准备姿势的基础上，向来球方向跨出一步，跨出腿膝关节外展，后腿内侧和膝关节内侧着地，取得稳定的支撑，犹如半跪，上体尽量前倾，塌腰塌背，屈肘，使两臂贴近地面插入球下，用翘腕动作以及双手虎口部位将球垫起。

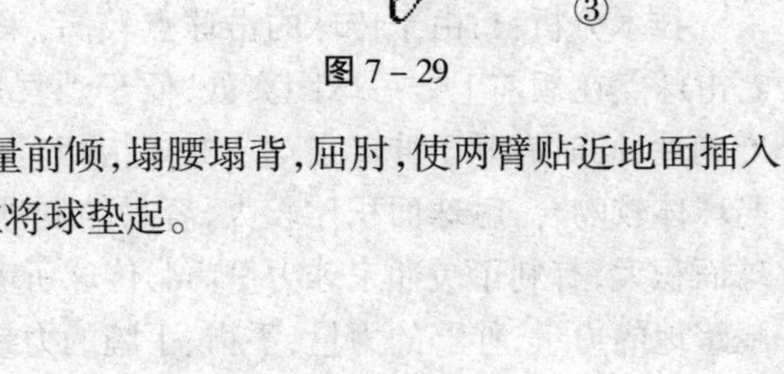

图 7－29

学习垫球技术注意事项：

1.形成正确的手臂击球动作。

2.注意垫球时的全身协调用力。

3.多做移动垫球。

4.多结合场地练习垫不同方向的来球。

5.结合发球、扣球练习接发球、接扣球。

6.垫轻球时,两臂夹紧前伸,插到球下,向前上方蹬地提肩压腕抬臂,迎击来球,在腹前利用前臂垫球的后下部。

7.垫重球时,利用含胸收腹,使手臂随球屈肘后撤缓冲来球力量,同时利用微小的手臂和手腕动作,控制垫球的方向和角度。

(五)传球

传球是排球基本技术之一,是利用手指手脚的弹击动作将球传至一定目标的击球动作。

传球动作是由手指手脚来完成的,由于手指手脚灵活,感觉灵敏,双手控球面积较大,因而传球的准确性较高。由于传球的击球点较高,在传球瞬间可用手指手脚的动作来改变传球的方向、路线和落点,变化比较灵活。传球技术主要用于二传,为进攻创造条件,在比赛中起着组织进攻的作用;传球技术也经常用来接发球,接对方的处理球、吊球和被拦回的高球,从这一角度看,传球也是一项防守技术;传球还可用来吊球和处理球,起着进攻的作用。

按照传球的方向,基本上把传球动作分为正面传球、背传球和侧传球,上述三种传球技术是指在原地完成。跳起在空中完成传球动作的,成为跳传。

正面传球

面对出球方向的传球动作,称为正面传球。正面传球是最基本的传球方法,是其他一切传球技术的基础。

动作方法:采用稍蹲准备姿势,抬头看球,双手自然抬起,放松置于脸前。当来球接近额时,开始蹬地、伸膝、伸臂,两手微张经脸前向前上方迎球。击球点在额前上方约一球距离处。当手触球时,两手自然张开成半球形,手腕稍后仰,两拇指相对成“一”字或“八”字形,两手间有一定距离,用拇指内侧、食指全部、中指的二三节触球的后下部,无名指和小指在球两侧辅助控制传球方向。两肘适当分开,两前臂之间约成90°角,传球时主要靠蹬地伸臂和手指手腕力量以及球的反弹力将球传出。

技术分析:1.由于传球的击球点较高,采用稍蹲准备姿势,有利于快速移动。2.击球点在额前上方一球距离处,便于观察来球和传球目标,有利于控制传球的准确性,同时有利于伸臂击球。3.拇指相对成“一”字形或“八”字形传球,使手形与球体较吻合,触球面积比较大,容易控制球,增加传球的准确性。同时,由于触球面积大,有利于缓冲来球力量。4.传球所需要的力量是由多种力量合成,如:伸腿蹬地的力量,伸臂的力量,手指、手腕的力量以及球的反弹力。要根据来球的具体情况及传球的要求,采用不同的动作方法,运动不同的力量击球。

技术要点:手型,击球点,协调用力

背传

背对传球目标的传球动作叫背传。

动作方法:传球前身体背面要对正传球目标,上体保持正直或稍后仰,身体重心在两脚之间,双手自然抬起,放松置于脸前。迎球时,抬上臂,挺胸,上体后仰。击球点保持在额上方,比正传稍高、稍后。触球时,手腕后仰并适当放松,掌心向上,击球的下部,手形与正面传球相同。背传用力要靠蹬地、展腹、伸肘和手指手腕的弹力,把球向后上方传出。

技术分析:传球前上体保持正直或稍后仰,有利于蹬地、抬臂等动作向后用力,使球向后传出。击球点保持在额上方,比正传稍高、稍后,有利于向后用力。

技术要点:准备姿势,击球点,用力。

3.侧传

身体侧对传球目标,并将球向体侧方向传出的传球动作叫侧传。

动作方法:准备姿势、迎球动作、手形与正面传球相同,击球点应偏向传球目标一侧,上体和手臂应向传球方向伸展,传球方向异侧手臂的动作幅度、用力距离和动作速度要大于同侧手臂。

技术分析:1.击球点偏向传球方向一侧,有利于达到向侧向传球。2.上体和手臂向传球方向伸展,异侧手臂的动作幅度、用力距离和动作速度要大于同侧手臂,有利于向侧向发力,并保持良好的手形向侧向传球。

技术要点:击球点,用力方向。

4.跳传

跳起在空中进行单、双手传球叫跳传。

动作方法:跳传的起跳动作,无论是原地起跳,还是助跑起跳,最好向上垂直起跳,保持好身体的平衡,当身体上升到最高点时,靠迅速伸臂以及大指腕弹力将球传出。跳传可以正传、背传和侧传,其传球手形、击球点分别与正传、背传、侧传的手形和击球点基本相同。

技术分析:1.跳传的起跳应垂直向上跳,以减少对传球准确性的影响。2.在身体上升到最高点触球,才能有充分的时间来完成迎球、击球、伴送球的动作,否则将会导致击球乏力或动作失调。3.跳传应加大伸臂动作的幅度和速度,因为跳传时,身体没有支撑点,无法借助蹬地的力量。

技术要点:最高点触球,击球点,加大指腕弹力。

(六)扣球

扣球是排球重要的基本技术之一。由于扣球时能充分利用全身力量,扣出的球又快又猛,所以它是排球比赛中最积极、最有效的进攻手段之一。扣球居高临下,进攻点离对方场地最近,可以运用个人战术、集体战术来突破对方的拦防阵线，使对方难以防守和组织反击。在激烈的网上扣与拦的对抗中，扣球是矛盾的主要方面，是决定胜负的关键。

扣球是身体在空中完成的击球动作，每一次扣球需要经过助跑、起跳、空中击球和落地四个相互衔接的过程，要求扣球者必须具有弹跳高度、腰腹力量、手臂挥击速度、手腕控球能力、人球正确关系以及在空中的时空感和滞空力。此外，扣球的效果很大程度上又依赖于二传的密切配合以及扣球的个人技巧和战术运用水平。

在六人制排球比赛中，如果全体队员都能进攻，这是最理想的。因此，不管自身是高是矮，都应学习扣球。一名优秀的扣球手应该做到：不管二传手球传成什么样都能扣；扣球点要高；具有很强的杀伤力；能够针对对手情况，随机运用扣球力量、路线、速度的变化。

要想将球扣好，首先应从无球的助跑、踏跳和挥臂动作开始，然后再过渡到有球的助跑、踏跳和挥臂扣球阶段。

1.助跑前的准备和取位

以扣一般高球为例，扣球助跑前采用蹲准备姿势，两臂自然下垂，站在离球网3米左右，观察判断，并针对一传起球情况快速移动，向后撤位或外绕取位做好扣球的准备姿势。所以，扣球成功的第一步就是对起球的判断和及时移动拉开取位，这是扣球准备姿势的关键。

2.助跑和踏跳

助跑的目的是为了接近球，选择适宜的起跳地点，同时也起到增加弹跳高度的作用。助跑的方向、速度和步数根据二传来球的方向、速度和弧度决定。助跑步伐力求灵活、适应性强，根据二传球情况和个人特点确定采用一步、两步、三步或多步助跑。

一步法适合于扣球队员距离较近时采用，以右手扣球为例，助跑前，两脚前后开立，左脚在前；助跑时，右脚向前跨出一步，左脚迅速并上，立即起跳。

两步助跑时，先左脚放松而自然地向起跳方向迈出第一步，紧接跨出右脚，支撑点落在身体重心之前，并以脚跟先着地，两臂由体前经体侧摆至体后下方，上体前倾，重心前移，着地的右脚迅速由脚跟过渡到脚掌，左脚随即在右脚的前方着地，身体重心下降，两膝弯曲，上体稍向右转，准备起跳。

三步助跑则在两步助跑之前，右脚迈出一步，步幅要比第二步小些。多步助跑的最后一步通常应再大些，以便于接近来球，同时使身体后仰，便于制动。助跑总的要求是连贯、轻松、自然，由慢到快，由小到大，只要脚一动就要有相应的手臂协同动作。助跑过程的身体重心应平稳下降，减少起伏，以提高助跑的速度和减少能量的损耗。

起跳时，双脚的前脚掌要用力扒地，膝和踝关节快速蹬伸，两臂从后向前上方迅速摆动,使身体垂直腾空。如果起跳时前冲则击球点会靠后,即使近网球也不能扣,还容易触网犯规,因此,最后一步的跨跳制动技术和起跳动作非常关键。

3.挥臂

挥臂动作要求肘关节充分伸直,尽可能在最高点击球,否则即使跳得再高,只要曲着肘扣球,击球点仍是很低,球的速度和力量不可能发出来。击球时要尽量用手包满球。

(1)手臂动作

用双手或单手向上抛球后,扣球手臂随之上摆,使肘关节与耳朵平齐并稍向后拉开,肘部微屈,手掌摆到头后上方,胸部有拉开的感觉。肘关节过低或靠前都是错误的。击球后手臂随惯性自然下垂。

(2)击球的位置和高度

击球的位置和高度,应在击球臂同侧的稍前上方、肘关节充分伸直的位置上,如果击球的位置在肩后方,则加大肩的负担,击球的速度也会减慢。

(3)击球的方法

击球时,肘关节充分向上伸展,手指位取自然张开,使手掌成勺状,用全掌抖腕击球,在触球瞬间要包满球,手腕用力甩动。

(4)提前决定扣球方向

扣球时不能盲目乱打,应根据对方拦网及防守情况选择突破点,有目的地扣球。

4.击球的时机

球技很重要的一环就是跳起后在最高点击球,并且要保持身体的平衡与稳定。为此,必须使二传球的高度、落点、远度、方向、速度等和扣球的起跳位置、时机、回臂动作保持一致,这就要求助跑、踏跳、挥臂等动作必须协调、熟练。击球的时机是扣球的重要环节,必须用脚长时间去练习。

5.扣球的种类

(1)近网扣球

对距网 50 厘米 – 100 厘米以内的二传球进行扣击为近网扣球,近网扣球时,由于靠近球网,扣球人要注意垂直起跳,起跳后,挺胸抬臂,主要是利用含胸动作发力,以肩为轴向前挥动手臂,加强屈肘甩腕动作,以全掌击中球后中上部,击球点不宜靠后。击球时,手掌包满球,手腕快速抖动,击球后手臂顺势收回,以防止手触网。

(2)远网扣球

对距网 150 厘米以外的二传球进行的扣击为远网扣球。远网扣球时,由于远离球网,扣球人可以充分利用收腹,加大手臂挥击动作,增加扣球力量。击球瞬间,手腕推压动作要明显。

(3)调整扣球

是指二传球以后传到网边进攻位置的情况下,扣球人进行扣击的一种进攻方法。调整扣球技术与正面扣球技术动作相同,但由于球从后场传来,因而,扣调整球助跑前要撤到边线以外,以便观察来球情况,选择准确的助跑、起动时机和起跳位置。扣球时,根据球与网的距离,灵活地运用近网扣球或远网扣球的不同手法。

(4)扣快球

是指扣球队员在二传队员传球前或传球的同时起跳,把球扣入对方场区的一种扣球方法。这种扣球速度快,时间短,突然性强,牵制性大,能在时间上和空间上争取主动。

6.练习方法

(1)投球练习

练习者单手持球,向上伸直手臂,在最高点用甩腕动作把球投在自己的脚下。要求手臂不要下落,保持在耳侧位置,肘关节不要弯曲,只要甩玩的动作投球。

(2)原地扣球练习

练习者将球准确地抛在扣球手臂的前上方,用挥臂动作全力甩腕,把球击到自己的脚下。要求在最高点击球。

(3)原地扣球练习

练习者将球抛在扣球手臂前上方高处,然后起跳挥臂在空中把球击出。

六、排球游戏

(一)计分传球

器材:每个队一个排球。

方法:将学生分成数个队,每队约 10 人左右,面向内站成圆形,间隔 1 米,其中一名学生拿一个排球。

教师发令后,从各队持球队员开始相互传球,传球时,可用正传、侧传、背传及垫球的方法,不让排球落地,每传一次计 1 分,直至球落地为止。得分多的队为胜。

规则:1. 用手接住球、用脚踢球以及头顶球都算落地,停止计分。

2. 不许相邻的 2 人连续相互传球。

(二)圆圈排球

器材:每个队一个排球。

方法:将学生分成数个队,每个队 8 – 10 人,面向内围成圆圈,其中一名学生拿一排球。游戏开始,圆圈上的学生运用排球运动的各种传、垫、扣、吊等基本技术动作,进行互相间的攻守练习,不让球落地。由于技术失误而致球落地者蹲在圆圈中间,等下一个失误时,再替换出来。

规则：1. 扣球只许向对面方向扣，不许向左右邻近同学扣。

2. 因扣球与传球的方向与距离偏差太大而导致失误时，罚扣球与传球的学生，不罚接球的学生。

3. 持球、连击属于接球失误。

(三)发球记分

器材：排球场和 5－10 个排球。

方法：将排球场的两个半场各划分成 9 个区，在各区内写上分数。将学生分成人数相等的两个队，每队 8－10 人，成横队站在端线后。游戏开始，各队学生依次每人发一次球，并按发球的落点记分，失误者记 0 分，累计得分多的队为胜。

规则：1.要用正确的方法发球，用手将球抛过网算失误。

2.球压边线或端线算成功；球压分区线记高分区的分；球落在分区线的交叉点上，记四个分区中最高分区的分。

教学建议：教师可根据教学需要，规定学生用某种方法发球。

(四)传球接力

器材：排球场和一个排球。

方法：在排球场的两个半场内，离中线 1 米处，各画一个直径 4 米的圆圈。将学生分成人数相等的两个队，成横队分别站在两个半场的圆圈后面。游戏开始，各队派一人到圈内隔网传球，传球时，可用排球技术中的传、垫、吊、扣等方法。每人传一次后，立即跑出圈，站到本队的排尾，下一个人立即进圈接对方回传的球，直至传球失误为止。甲队失误，乙队得 1 分，10 分为 1 局，三局两胜。

规则：1. 球必须传入圈内，如估计对方传过来的球会出圈，可以不接，如果落在圈外，算接球一方得分；如估计错误，球落入圈内，则为对方得分。

2. 持球、用手抛球、连击等均算失误。

3. 出圈外传球不算失误。

(五)五传排球

器材：排球场和排球一个。

方法：此游戏是将规则改得较为简单与容易的排球比赛。变动规则主要考虑以下几个方面：

1.每队人数 6－10 人。

2.场上站位不分前排与后排，也不分几号位。

3.可传球 5 次过网。

4.球网降低至 1.8 米－2.2 米。

5.每场打 10 分，三局两胜。

七、排球规则

裁判员是排球比赛的组织者，是执行规则的“法官”。他必须正确认识到，规则的目的是使双方在同等条件下进行比赛，规则将直接影响参赛队运动员技战术水平的发挥，影响排球技战术的发展和排球本身具有的观赏性。因此，裁判员应具有高尚的职业道德，以“严肃、认真、公正、准确”的八字方针为准则进行工作，并要求做到：

第一，工作中、不为力、不为名、不计较个人得失，不徇私情，不突出个人在比赛的作用，树立始终为比赛和运动员服务的思想。

第二，认真学习钻研规则，正确理解规则精神，准确地执法，只有做到“准确”，才能主观一致，真正做到公正。

第三，经常参加排球运动，观摩排球比赛，了解排球技战术发展趋势，把握排球规则修改的大方向，适应排球运动发展的需要，促进排球比赛更加精彩。

第四，执行任务时要严肃认真，精神饱满，精力集中，服装整洁，仪表大方。

(一)场地、器材、设备

1.比赛场地

排球比赛场地包括比赛场区和无障碍区，其形状为对称的长方形。

1)比赛场地地面的规定

比赛场地的地面必须是平坦水平，并且划一。不得有任何可能伤害队员的隐患，不得在粗糙湿滑的场地上进行比赛。

正式国际排联世界性比赛场地的地面只能是木质或合成物质的；场地界线为白色。比赛场区和无障碍区分别为另外不同颜色。

2)比赛场地上的区和区域

关于比赛场地的几点说明：

比赛场区：比赛场区为 18 米 × 9 米的长方形。中线把它分为中等的两个场区。两条长线是边线。两条短线为端线。

所有的界线的宽为 5 厘米，线的宽度均包括在场地内。

发球区：宽为 9 米，两条边线后各画一条长 15 厘米、垂直并离端线 20 厘米的短线。两条短线之间的区域为发球区，其短线宽度包括在发球区内，发球区的深度延至无障碍区终端。

前场区、后场区：中线与进攻线构成前场区。中线中心线与进攻线距 3 米。前场区向边线外的无障碍区无限延长。进攻线与端线构成场区。国际排联世界性比赛时，在每条进攻线边线两侧各画 5 个长 15 厘米、宽 5 厘米并间隔 20 厘米的虚线，虚线总长 1.75 米。

无障碍区：比赛区的四周至少有 3 米宽的无障碍区，从地面量起至少有 7 米的无障碍空间。国际排联世界性比赛场地边线外的无障碍区至少宽 5 米，端线外至少宽 8 米，比赛场地上空的无障碍空间至少 12.5 米高。

换人区：两条进攻线的延长线与记录台一侧边线外的范围为换人区。

准备活动区：无障碍区外球对席的远端，有 3 米 × 3 米的区域为准备活动区。

判罚席：队员席后面 1 米见方的区域，内设两把椅子为判罚席。被判罚出场的成员坐在判罚席上。

3）场地的画法

先在场地中央画一条 9 米长的中线 MN。然后取 MN 中点 O 为圆心，以 10.06 米为半径，向四个场角画弧；再分别以 M、N 为圆心，以 9 米为半径，向同侧的两个场地画弧与前弧相交，成四个交点 A、B、C、D。连接四点便形成了场地的边线和端线。

再分别以 M、N 为圆心，以 3 米为半径，在各边线上截取 E、F、G、H 点，连接 EG、FH 形成进攻线。

最后画出发球区短线。两条端线后边延线上，各画一条长 15 厘米、垂直并距离端线 20 厘米的短线，两条短线之间的区域为发球区。

根据比赛的要求，在每条进攻线两侧画 5 个长 15 厘米、宽 5 厘米并间隔 20 厘米的虚线，虚线总长 1.75 米。

排球场地所有线宽为 5 厘米，其宽度包括在各自的场区之内。

4）排球场地的检查方法

检查场地是否符合规定标准，可将钢尺的一端固定在球场的一角，然后向各点进行丈量。

5）温度与照明

温度：最低温度不得低于 10 摄氏度。国际排联世界性比赛的室内温度，最高不得高于 25 摄氏度，最低不得低于 16 摄氏度。

照明：国际排联世界性比赛室内照明在距地面 1 米高度进行测量，应为 1000 – 1500 勒克斯。

2. 球网和网柱

1）球网：球网为黑色，长 9.05 米、宽 1 米，架设在中线的中心线的垂直面上。球网上沿缝有 5 厘米宽的双层白帆布带。用一根柔韧的钢丝从中穿过，将球网固定在网柱上。

球网的高度男子为 2.43 米，女子为 2.24 米。少年比赛网高男子一般为 2.35 米，女子为 2.15 米。一般基层比赛或儿童比赛的网高可根据情况自行确定。

2）网柱：网柱应为两根高 2.25 米的光滑圆柱，最好是能够调节高度，网柱固定在边线外 0.5 米 – 1 米处。禁止使用拉链固定网柱。一切危险设施或障碍物都必须排除。

3)标志带:标志带是两条宽 5 厘米、长 1 米的白色带子,分别系在球网两端,垂直于边线。标志带被认为是球网的一部分。

4)标志杆:标志杆是两根有韧性的杆子,长 1.80 米,直径 10 毫米,由玻璃纤维或类似质料制成,分别设在标志带外沿球网的不同两侧。标志杆高出球网 80 厘米,高出部分每 10 厘米应涂有明显对比的颜色,最好为红白相间。

标志杆被认为是网球的一部分,并被视为网区的边界。

3.球

比赛用球的颜色可是一色的浅色或国际排联批准的多色球,圆周为 65 – 67 厘米 ,重量为 260 – 280 克,气压为 0.30 – 0.325 公斤/平方厘米。

国际排联世界性比赛,各大洲和各国锦标赛、联赛所使用的球必须是国际排联批准的用球。

为缩短非比赛时间,正式比赛均采用三球制。为此,在一次比赛中所用的球,其特性包括圆周、重量、气压、牌号及颜色等都必须是统一的。

4.裁判台

裁判台是一个长约 80 厘米、宽约 70 厘米,调节范围在 1.10 米 – 1.20 米的高度之间,可站立、可坐的升降台。裁判台的前面应制成弧形,并包上海绵类的护套,防止运动员受伤。

裁判员执行任务时应根据自己的身高调节裁判台的高度,一般使裁判员的水平线高出球网上沿 50 厘米左右为宜。

第三节　足　球

一、足球运动的特点

足球运动是以脚为主控制和支配球,两队按一定规则在同一块长方形场地上互相进行攻守对抗的体育运动项目。在众多球类项目中,足球运动具有对抗性强、技术多样、战术丰富多变、场地大、参加人数多、比赛时间长、便于开展等特点,一向被称为“勇敢者的运动”、“世界第一运动”。具体体现在:

(一)普及最广

国际足球联合会历来有“小联合国”之称,是国际上最大的单项体育组织,目前已拥有 191 个会员。据不完全统计,国际足联注册登记的运动员已达到 40 多万人(所谓注册登记的运动员,是指参加一个国家的某个足球组织,并接受其训练、参加比赛的运动员。当然,世界各国参加踢球的人数比这个数字还要大得多)。

(二)影响最大

世界各国无论男女老少都特别钟爱这项运动,因此观看足球比赛的人数之多也是其他体育比赛所无法比拟的。历届世界杯赛观众人以数亿、数十亿计,电视观众则更多,由此可见其热烈的场面。有些球迷甚至为了他们所热爱的球队,可以包专机,行程几万里去助威呐喊,几乎达到了与主队同喜同悲的程度。在足球史上,甚至还出现过两国球迷为球赛而发生冲突继而扩大至两国间引起战争,也出现过两国因足球赛而暂停战争的事例,可见足球影响之大。

(三)竞争最激烈

足球比赛竞争激烈,这是由该项运动本身的特点决定的。有人将足球运动的特点概括为"三大",即球场大、运动量大和难度大。因此,在现代足球比赛中,为了夺取胜利,均需竭尽全力,奋力拼搏。

目前,足球比赛的激烈竞争还体现在:第一,职业化程度日益提高。以往职业球员主要在欧洲及南美,而今,亚洲、非洲职业俱乐部也纷纷成立。韩国、日本近几年职业联赛的成功经验,极大地推动了东亚地区足球运动的发展。我国职业足球居于刚刚起步阶段。第二,商业化趋势日益突出。职业足球需要以球养人,因此,各俱乐部只有争取好的成绩,才能生存。职业球员可以买卖,并且以质论价,各俱乐部也不惜投入巨资,从而获得更大收益。例如,世界顶级球队意大利的 AC 米兰队的豪华阵容中的明星队员身价可达上千万美元。球员的竞争流动是职业球队保持高水平的途径,球队只有始终处于这种流动状态,才能赢得观众,才会充满活力。

(四)富有艺术性

有人总结足球比赛有五大要素,即体质、技术、战术、作风和意识,比赛的结果是这些因素综合抗衡、较量和发挥的结果。因此,足球比赛常常变幻莫测,胜负难以预料,有时起伏跌宕、精彩纷呈,有时山穷水尽,却又绝处逢生。足球比赛中常出现戏剧性变化,这就是足球"耐看"、魅力独具之所在。

在足球场上既有勇敢的拼抢,又有顽强的抵抗;有强攻进球,也有巧妙破网;有时火药味十足,有时人情绵绵;既有汗水、泥水,也有幽默、滑稽……足球运动就是这样富有艺术。

因此,发展足球运动既可以增强体质,又能培养人勇于进取、坚韧不拔的思想作风,有助于人类精神文明建设,同时也是振奋民族精神、扩大国际交往的有效手段。

二、足球的起源与发展

足球是以脚为主支配球的,并把球射入对手球门的集体性、对抗性、技能性较强的一项球类运动。它是世界上开展最广泛、国际交往最频繁、影响力最大的竞技运动项目。

(一)足球的起源

古代足球起源于中国,被称为“蹴鞠”。中国古代的蹴鞠(蹋鞠)运动最早见于文字记载的文献典籍当属《战国策》。据《战国策·齐策》载:苏秦做了赵相,为赵合纵,联齐抗秦,他出使齐国对齐宣王说:“临淄甚富而实,其民无不吹竽、鼓瑟、击筑、弹琴、斗鸡、走犬、六博、蹋鞠者……”由此可知,距今2300年前的战国时期齐宣王(前319年~前301年在位)时,在齐国都城——临淄,蹴鞠就广泛开展,并已经有了相当成熟的赛制、规模和群众基础,已初步形成了一种运动项目。由此可知,古代足球运动起源于临淄。之后,这种被称为“蹴鞠”的足球游戏历经数千年不衰,至唐宋元明时代,除开展对抗性的足球竞赛,还盛行各种形式的个人足球表演。中国古代足球的活动方式,在当时已与现代足球大致相似。

现代足球起源于英国,由12世纪英国古代足球发展而来。1863年10月26日,英国首先出现了足球运动协会,并制定了第一部较为统一的比赛规则。1872年欧洲举行了足球运动的第一次正式比赛,这是英格兰与苏格兰之间的一次泛英足球比赛。在其后的30年间,足球运动逐渐成为英国和欧、美各国广泛开展的运动项目。至此,人们对足球的热爱已远超其他所有的运动项目。因为有了如此广泛的群众基础,这项极富魅力的运动,很快在全世界传播。

(二)足球的发展

1.技战术发展

第二次世界大战结束之后,随着足球运动的普及,技术水平也在迅速提高,其发展大致经历了三次重大变革过程。

第一次是在1953年,由于现代足球起源地英国,为保持“足球王国”的霸主地位,向刚刚获得第15届奥运会冠军的匈牙利队发出挑战,邀其到伦敦决一雌雄。匈队为迎接这场“世纪大战”,毅然对已统治国际足坛达20余年之久的“WM”阵形进行了革新,在保留M式防式的基础上,大胆首创“四前锋”制,以娴熟的技术结合锐利的进攻,两次以悬殊比分取胜90年在本土未遭败绩的英国队,一时引起世界足坛的轰动。

第二次是在1958年,由于巴西队在瑞典举行的第六届世界足球杯赛中,首先排出4—2—4阵形而一举夺得世界杯,再次推动了世界足球的发展进程,被誉为世界足球的第二次革命。4—2—4阵形既保留了“四前锋”制的攻势足球风格,又加强了后卫防守力量,为足球向全攻全守方向发展奠定了基础。

第三次是在1971年,由于荷兰队按“总体型”设计思想,首先采用“全攻全守”阵形,使他们连续三届夺得欧洲杯冠军。这种可根据赛场具体变化而决定攻防“机动性”的打法,不仅突破了按固定阵式布置战术的限制,也提高了队员随机应变的能力,使足球比赛变得更引人入胜,从而把现代足球又推向了一个新的里程碑。

2.组织发展

足球运动的组织是国际足球联合会,英文缩写为 FIFA。它成立于 1904 年 5 月 21 日,总部设在瑞士的苏黎士。最重要的国际性足球比赛是由国际足联主办的世界杯足球赛。首届世界杯足球赛于 1930 年在乌拉圭举行,规定业余与职业运动员均可参加,每四年举办一届,由各会员协会派出一支最强队参加,奖杯为冠军获得者的流动杯。至 1994 年已举办了 15 届世界杯赛(1942 年和 1946 年停办两届)。随着足球运动的日趋普及,国际足联组织也在不断发展,在芝加哥召开的第 49 届国际足联代表大会上,又有 14 个足协被接纳为新成员,国际足联现已拥有六个大洲的足联组织及 204 个成员。若以 1904 年算起,至今国际足联已选举过八位主席,现任主席是瑞士的布拉特。

三、现代足球运动的发展趋势

现代足球自 1863 年至今已有近 150 年的历史,从过去和现在看今后的发展趋势,大致可概括为以下三个方面:

(一)发展总趋势

1.攻守对抗日趋激烈

众所周知,足球运动的基本规律是集体的攻守对抗。对抗的激烈程度大体可分为三个阶段。

(1)冲击阶段(1863 ~ 1930 年)

此阶段尽管经历了不同的比赛阵形,但限于技、战术和身体训练水平,攻、守之间的对抗基本上局限于球的起、落处。

(2)分工阶段(1930 ~ 1974 年)

随着技、战术和身体素质训练水平的发展,特别是不同阵形的运用,攻守间的对抗较冲击阶段更为激烈。但由于队员场上分工,即各司其职,各负其责,尽管对抗的激烈程度大于冲击阶段,但也只是局限于局部位置上的对抗。

(3)全面化阶段(1974 年至今)

全面化足球在世界的兴起,目前还仅仅是开始阶段,而且发展也不平衡,但已显露出无限的生命力。由于技、战术水平的发展和运动员体能的增强,不论采用何种阵形,攻守对抗已呈现全场、全面的对抗,较之冲击阶段球在起、落点处的对抗以及分工阶段限于攻守位置上的对抗要激烈得多,而且会日趋激烈。目前足球运动的强对抗主要表现在下列一些方面:

①控球队员与防守队员之间的对抗,即攻守双方在争取与限制掩护球、带球过人、传球、射门时的对抗。

②攻守双方无球队员在争取和干扰对方接球、一次性传球、直接射门时的对

抗。

③攻守双方争取和阻挠二次进攻时的对抗，即射门不中，球从球门架上弹回或守门员脱手、击回以及射门被挡出来的球等攻守双方争取控球权或直接处理球时的对抗。

④攻守双方无球队员之间的对抗，即攻守双方在争取创造空当、利用空当和限制创造空当及抢占空当时的对抗等等。

2.攻守日趋平衡

(1)20世纪50年代前，足球比赛基本上以进攻为主，防守相对较弱，每场进球较多。

(2)20世纪60年代后，针对防守较弱的趋势而加强了防守，以扼制进攻的势头。

(3)20世纪70年代后，攻守逐渐趋于平衡，每场进球基本上稳定在一定范围内(见下表)。

历届世界杯赛进球数统计表(截至1994年)

届次	1	2	3	4	5	6	7	8	9	10	11	12	13	14	15
年份	1930	1934	1938	1950	1954	1958	1962	1966	1970	1974	1978	1982	1986	1990	1994
比赛场数	18	17	18	22	26	35	32	32	32	38	38	52	52	52	52
进球数	70	70	84	88	140	126	89	89	95	97	102	146	132	115	141
平均进球	3.89	4.12	4.67	4.00	5.38	3.60	2.78	2.78	2.97	2.55	2.68	2.80	2.53	2.21	2.71

3.整体攻守速度日益加快

对抗是足球运动的基本规律。如何利用这个规律和驾驭这个规律呢？无疑，快速是对付对抗日趋激烈的重要手段之一。因为这样可以在进攻中减少身体的直接接触，争取更多的自由时间而取得主动权；在防守中可以有效地限制对方，增加直接对抗或干扰的次数，限制对方自由权，使自己立于不败之地。

4.运动员的竞技能力得到全面而同步的发展

足球运动员的竞技能力一般由七大因素组成，即技术、战术、素质、形态、机能、心理和智力等。现今的足球运动员必须具备这些因素，而且不能偏废某一方面，应得到全面而同步的发展。

5.球星的作用与整体融为一体

足球运动造就了球星，而球星推动了足球运动的发展。因此，球星的作用不是在减弱，而是在加强。现今球星的特点，一是球星是建立在集体力量基础上的，与集体融为一体；二是球星的技术更为简练、实用。而过去那种为取悦观众的球星个人表演时代已经结束。

(二)技术发展主要趋势

现今足球运动员的技术发展趋势,归纳起来大体有四个方面:

(1)技术既全面又有特长。

(2)技术与速度融为一体。

(3)技术熟练且技巧性高。

(4)技术表现了高度的合理性、准确性、力量性和实用性。

(三)战术发展的主要趋势

(1)严密的快速整体的攻守战术在兴起。

(2)攻守转换战术备受重视,且快速。

(3)位置排列尚未消失,但阵形更加灵活。

(4)二、三线队员进攻战术发展迅速。

(5)定位球进攻战术日显威力。

四、足球基本技术

足球技术是指运动员在比赛中,运用身体的合理部位所做的各种动作方法的总称。足球技术是组织与实现战术的前提,是战术的基础。现代足球运动正朝着全攻全守总体型打法方向发展,战术的不断变革与创新,必将使技术的内容更加丰实,难度也相应提高。

要提高足球技术水平,运动员就必须全面学习,熟练掌握各种技术动作,扎扎实实地训练基本功,这样才能为技术运用打下坚实的基础。技术运用必须紧密结合实践。必须在训练和比赛的反复实践中掌握技术,这样才能适应日趋紧张激烈的现代足球比赛。

(一)踢球技术

足球踢球技术是指运动员有目的地运用脚的不同部位将球击向预定的目标。踢球技术主要运用于传球和射门。足球技术动作方法很多,但其动作过程都是由助跑、支撑、摆腿、击球和随前动作五个部分组成,其中还有踢球力量。

1.助跑

助跑是指运动员在踢球前的几步跑动。它的作用是使身体获得一定的前移速度并能调整人与球的位置、关系,以利于支持脚处于正确的位置和增加击球力量。助跑最后一步,步幅应适当加大,为增大踢球的摆幅、制动身体前冲和提高踢球的准确性创造了有利条件。助跑分直线和斜线两种,助跑方向和出球方向相同的称直线助跑;助跑方向和出球方向成交叉的称斜线助跑。

2.支撑

支撑是指在踢球过程中支持脚的力量、踏地方法、足尖方向和维持身体平衡的动作。它的作用主要是移动身体重心,维持身体平衡,使踢球腿得以协调发力。

3.摆腿

摆腿是指踢球腿的动作而言。击球力量的大小是由多方向因素所决定的,但主要是取决于踢球腿的摆动。踢球腿的摆动方法有两种:一种是在跨步支撑的同时,大腿后引、小腿后屈前摆时以髋关节作轴,大腿带动小腿的摆动击球;一种是在跨步支撑时积极送髋,大腿前顶,小腿后屈,以膝关节作轴快速前摆小腿击球。

4.击球

击球是踢球动作的核心。助跑、支撑和摆腿等动作的完成都是为了保证准确的击球。它包括击球时间、击球点和在击球刹那的动作表现。

5.随前动作

踢球的随前动作,是要求脚与球接触时踢球腿仍以触球时的同样摆动速度继续前摆和送髋。球是弹性体,用脚踢球时脚与球并不是触到即离开,而是经过一个时间,尽管其时间极短。

6.踢球准确性

对踢球准确性的分析:足球是一个圆形的弹性体。当击球的作用力通过球心时,球只产生平动并沿着作用力的方向直线运行。由于空气的阻力和球的重量,运行速度逐渐减弱。出球准确与否,主要取决于击球点(击球的部位)作用力的方向(摆腿的方向),击球作用力的大小(摆腿的幅度和速度)。

击球点在球的后中部,作用力通过球心,作用力方向是朝着正前方,踢出的球则向前平直运行。

击球点在球的后下部,作用力通过球心,作用力方向朝着斜上方,踢出的球则偏高。

击球点在球的右手侧,作用力通过球心,作用力方向是由右后上方向左前方,踢出的球则向左前方运行。

击球点在球的后上方,作用力通过球心,作用力方向是由后上方向前下方,球则会“卡壳”或出球无力。

踢球的方法很多,主要有脚内侧踢球、脚背内侧踢球、正脚背踢球、脚背外侧踢球。踢球方法的选择取决于你和队友之间有无畅通的传送通道以及你需要传球的距离。最准确的传球方式是将球沿地面直接传到最易得到球的队友的脚下。然后,当防守队员在途中阻挡时,只能用切割、弧线及高空的传球方法使球曲线绕过或越过防守队员。

1.脚内侧踢球:俗称脚弓踢球。笔者认为脚弓的说法不够准确,说脚内侧比较合适。它是脚内侧部位踢球的一种方法,特点是脚与球接触面积大,出球准确平稳,且易于掌握。但由于踢球时要求大腿前摆到一定程度时需要外展且屈膝,故大腿与小腿的摆腿都受到限制,因此出球力量相对较小。

(1)脚内侧踢定位球:直线助跑,支撑前的最后一步稍大些,支撑脚站在球的侧面约 15 厘米处,支撑腿膝关节微屈。在支撑脚着地时,踢球腿大腿带动小腿由后向前摆动,在前摆的过程中大腿外展,当膝关节的摆动接近球的正上方时小腿做爆发式摆动,在触球前将脚跟送出使得脚内侧部位所形成的平面与出球方向垂直,踢球脚鞋底与地面平行,脚尖微微翘起,踝关节功能性地紧张使脚型固定,触球后身体跟随移动,髋关节向前送。

(2)脚内侧踢空中球:根据来球速度和运行轨迹及时移动到位,踢球腿大腿抬起并外展,小腿屈并绕额状轴后摆,利用小腿绕额状轴由后向前摆动,当摆至额状面时与球接触,击球的中部。

(3)脚内侧踢各种方向来的地滚球时应考虑:

A:脚触球瞬间,支撑脚与球的相对位置能否保证与踢定位球时基本相同。

B:出球方向应考虑球与脚接触时的入射角及球运行的速度。

C:由于来球方向不同,踢球腿摆动多数依靠小腿爆发式的摆动。

(4)脚内侧踢反弹球:根据来球落点及时移动到位,支撑脚的站位与球的落点应保持踢定位球时的相对位置。踢球腿摆动与踢定位球时相同。在球着地时刚弹离地面的瞬间用脚内侧击球的中部。

2.脚背内侧踢球:是用大脚趾及第二脚趾以上的脚背内侧部位击球。踢球时脚背绷直,脚背内侧踢球。若踢地滚球,踢球的后中部,踢球腿向前摆;若踢过顶球,踢球的后下部,踢球腿向前上方摆动;如罚任意球,则踢球的后侧部(即用脚内侧"削球"),踢球腿向侧前摆。

3.正脚背踢球:踢定位球时,直线助跑,支撑脚踏在球的侧方约半脚处,脚尖正对出球方向,踢球脚脚背绷直,保持头部和膝部在球的上方,用脚的鞋带部位击球的后中部。

4.脚背外侧踢球:踢定位球时,助跑、支撑脚的位置和踢球腿的摆动与正脚背踢球的动作一样,只是在踢球腿前摆时,膝关节向内转动,脚趾内扣,脚外侧基本与地面垂直,用脚外侧部位击球的后中部。

(二)接球

球的本身是有弹性的。如果我们对着棉被踢球,球碰到棉被后,棉被会随球的前冲力后移,因而使球的前冲力得到缓冲;如果我们对着墙踢球,球触墙后会根据墙的不同角度反弹到不同的地点。人体不像棉被那样柔软,也不像墙壁那样坚硬,我们可以通过接球部位的后撤以缓解来球的冲力。

接球的方法很多,一般常见的接球方法有:脚内侧接球、大腿接球和胸部接球。接球又分为接地滚球、接空中球和接反弹球。

脚内侧接球

脚内侧接地滚球时,正对来球,转动脚使脚内侧对准来球。当脚与球接触的刹那开始后撤,将球停在下一个动作需要的地方。

脚内侧接反弹球时，正对来球，支撑脚踏在球的落点的侧前方，当球刚落地反弹时，用脚内侧将球压住。

脚内侧接空中球时，根据球的飞行路线，将接球腿屈膝抬起，用脚内侧对准来球，当球接触脚时开始后撤，带球向下移动。

大腿接球

大腿的表面比较平，面积较大，而且肌肉也比较柔软，即使基本功不太好的学生掌握起来也难度不大，这有利于他们建立踢好球的信心。

大腿适于提高球和大腿高度的地平球。

动作要领：大腿接球的关键动作是面对来球提前抬腿，在大腿与球接触的刹那，大腿迅速回撤，这样就可以轻松地将球接在脚下。

胸部接球

胸部面积大，有弹性，位置高，能接高球与齐胸高的平球。

动作要领：面对来球，两脚开立，两臂自然张开，下巴内收，接球时，蹬地挺胸，上体后仰，将球向上弹起并落于体前。如果来球比较低平，则收腹含胸，将球向下挡压。

(三)运球

运球是足球运动的基础，是运动员在跑动中，用脚的推拨动作有目的地使球保持在自己控制范围内而做的连触球动作，是运动员运用合理的运球动作越过对手的动作。

运球时，由于运球脚完成推拨球动作，破坏了连续跑动的结构和习惯性平衡，必然会影响人体位移速度。所以，当比赛中需要快速动球推进，前方又没有对手阻挡时，就不必要每一周期运球脚都推拨一次球。可以触球一次，快跑几步，再触球一次，这时推触球的力量就可以大些。做到球快人也快。

运球时，采用脚背内侧和脚内侧推拨球，又如采用脚背正面、脚背外侧能同时跑的动作协调起来。因为脚背正面和外侧前摆触球后，运球脚很自然地过渡到踏地支撑后蹬。所以，当比赛中需要快速推进时，应采用脚背正面或外侧触球，甚至脚尖捅球的方法。

运球过人时，运球脚很难再起到蹬地起动的作用，因此，运球脚的主要任务是完成拨、拉、扣、挑等动作。支撑脚采用爆蹬地的方向和时间同运球脚触球的方向和时间相适应。

脚内侧和脚背正面接触球的面积，相对比其他部位大，因此推拨球时，容易掌握球运行的方向。

运球脚触球的部位和作用力的方向不同，其球运行的方向也不同。采用脚内侧触球的侧部，球向侧运行；采用脚背正面触球的后部，球向前运行；采用脚背内侧触球的侧后方，球向侧前方运行；采用脚背外侧触球的后方或侧后方，球向前或向侧前方运行。一般直线运球采用脚背正面或外侧,曲线运球采用脚背内侧或外侧。

运球脚触球的作用力不通过球心时,球体产生旋转。当球刚离脚产生旋转时,速度很快。但由于流体力学的原理,球上沿空气流速快,球下沿空气压力大,且需克服地面摩擦力,球速很快减慢。运球时,往往为了不使球触离太远,常采用回旋触球方法。当球产生侧旋时,不仅球速有所减慢,而且球由直线运行变成弧线运行。运球时,往往为了改变球的运行方向,常采用侧旋触球方法。

在运球过人过程中,拨、拉、扣、挑的动作等动力因素,都可突然改变运行的方向,即改变球的位置,使对手虽有可能触到球,但又不能先于运球人触到球。

运球技术动作方法很多,但每一种动作过程都是由跑动和推拨球动作这两个环节结合在一起而成的。

运球一般是由支撑脚踏地后蹬、运球脚前摆触球和运球脚踏地支撑三个阶段组成。

1.支撑脚踏地后蹬

踏地后蹬的目的,一是推动人体重心前移,二是支撑身体平衡使运球脚能离地提起完成推拨球动作。支撑脚尽量缩短支撑时间,积极后蹬前摆,可以加快跑动速度。

2.运球脚前摆触球

前摆触球的目的,一是给球作用力使球产生位移,二是不断调节触球力量、部位、方向和触球时间,更好地控制运救路线,协调其与跑运速度的关系。

3.运球脚踏地支撑

踏地支撑的目的,一是运球脚在完成推拨动作后,立即踏地保持身体平衡,二是运球脚由踏地支撑转换到后蹬,同样是为了人的身体产生位移。

在运球过程中,支撑脚踏地后蹬是决定跑动速度的主要环节,运球脚前摆触球是控制球运行的关键。

常用的运球方就有脚背正面运球、脚背内侧运球、脚背外侧运球和脚内侧运球等。

1.脚背正面运球

脚背正面运球多在越过对手之后,前方纵深距离较长,仍需要快速运球前进的情况下使用。

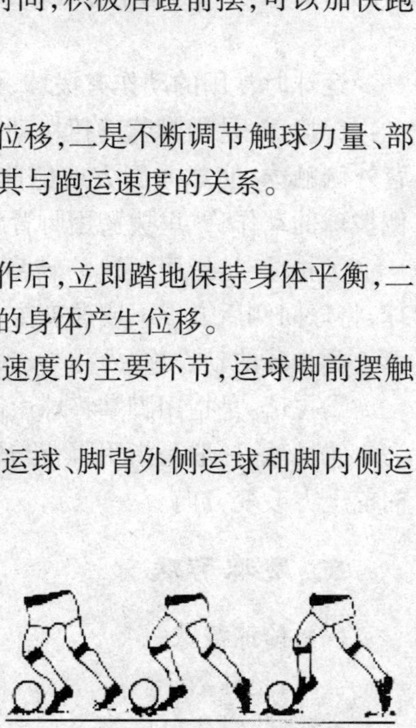

图 7－30

动作要领:跑动时,身体自然放松,上体稍前倾,两臂自然摆动,步幅不宜过大。运球脚提起时,膝关节弯曲,脚跟提起,脚尖下指,在迈步前伸脚着地前,用脚背正面向前推拨球前进。

2.脚背外侧运球

动作要领:跑动时身体自然放松,上体稍前倾,两臂自然摆动,步幅要小些。运球脚提起时,膝关节弯曲,脚跟提起,脚尖稍内转,在迈步前伸脚着地前,用脚背外侧向前推拨球,球直线运行。向前侧推拨球,球曲线或弧线运行。

图 7－31

3.脚背内侧运球

动作要领:跑动时身体自然放松,上体稍前倾并稍向运球方向转动,两臂自然摆动,步幅要小些。运球脚提起时,膝关节弯曲,脚跟提起,脚尖稍外转,在迈步前伸脚着地前,用脚背内侧向前侧推拨球,球向前侧曲线或弧线运行。

图 7－32

4.脚内侧运球

运作要领:运球时,支持脚稍向前跨,踏在球的前侧方,膝关节稍弯曲,上体前倾并向里转。随着身体的向前移动,运球脚提起,用脚内侧推球的后中部。

图 7－33

运球时常用的动作有拨球、拉球、扣球、挑球等。

①拨球:是用脚腕的扭拨动作,以脚背内侧或脚背外侧触球,使球向侧方或侧前方运动。用脚背内侧拨球的动作称"里拨",用脚背外侧拨球的动作称"外拨"。

②扣球:是指用突然的转身和脚腕急转扣压动作以脚背内侧或脚背外侧触球,将球向侧后方停下或改变方向运行。用脚背内侧扣球的动作称"里扣",用脚背外侧扣球的动作称"外扣"。

③拉球:是指用脚掌将球由前向后或由左(右)向右(左)拖拉球的动作。

④挑球:一般是指用脚背与脚尖翘起上挑的动作或用脚背上撩的动作,使球向前上方改变方向。

五、足球游戏

(一)传球截球

器材:足球数个。

方法:将学生分成 6－8 人一组,各组学生面向内围成一个圆圈,间隔 3 米,其中的一人持球。选一人为追截者,站在圈内。游戏开始,圈上的人相互用脚传球,而追截者则用脚去追截。只要脚触及球,就算追截成功,与失球者交换,游戏继续进行。

规则：1．球刚传出，就被追截者追截，由传者负责；球已传出，由于接球者动作太慢而失球，则由接球者负责。

2．追截者不能用手拦球。

（二）踢球追球

器材：2个足球。

方法：将学生分成人数相等的两个队，分别站在足球场中线的两端，中线与中圈的两个交叉点上各放一个足球，甲乙2队各出一人，站在本方球后3米（画一个标记）。教师发令后，2人助跑将球大脚踢出，踢后立即转身前跑，捡回对方踢出的球放归原处，谁先完成谁得1分，然后换人上场，游戏继续进行。

规则：1.教师发令后才允许前跑踢球。

2.捡球后，不许用脚踢回，而要由捡球队员亲自放回原处。

（三）运球接力

器材：2个足球。

方法：以下两种方法可任选一种。

1．圆形运球接力。画一直径8米－10米的圆，再通过圆心画一条伸出圆弧0.5米的直线，将学生分成人数相等的两个队（每队8－12人），分别站在圆内直线的两端。游戏开始，各队排头带一足球站在圆外的直线后，面向逆时针方向。教师发令后，立即用脚沿逆时针方向运球，绕圆一周后，将球交本队第二人继续做，直至全队做完为止，先完成的队为胜。

2．绕竿运球接力。画一条起点线，将学生分成人数相等的两个队，成纵队站在起点线后；排头脚下放一个足球，两队间隔4米；在两队正前方，每隔3米插一支标枪，共插5支。教师发令后，各队排头以脚运球成“之”字形绕标枪前进，绕过最后一支标枪，回头再绕标枪运回来，将球交给第二人继续做，直至全队做完为止，先完成的队为胜。

（四）颠球接力

器材：足球4个。

方法：将学生分成人数相等的四个队，每个队占一个方向，面向内站成正方形。每队派一人做裁判，交叉到其他队统计颠球数字。游戏开始，各队队员依次到正方形区域内用脚颠球，到球落地为止，裁判员统计各队颠球总数，颠球多的队为胜。

规则：每人颠至球触地或手、臂接触球停止统计。

（五）带球踢球

器材：每人一个足球。

方法：画一个直径20米的圆圈，将学生分成人数相等的两个队，每人带一个足球分散在圆圈内。教师发令后，两队队员一边带球，一边伺机将对方队员的球踢出圈外,同时保护自己的球不被别人踢走。失球的队员退出圈外。

规则:1. 不许相互推拉或撞人。

2.球被踢出圈外的队员不能再去踢对方的球,如双方的球同时被踢出,则2人都退出圈外。

教学建议:失球的队员也可在圈外跑一圈之后再进圈。

第八章 健美操

第一节 健美操基本知识

一、健美操的概念

健美操是以人的身体锻炼、塑造人的健美体形为目的,全面发展人的身体素质,融体操、舞蹈、音乐为一体的体育项目。它以独特的锻炼价值和魅力,深受学前教育专业学生的喜爱。目前,在我国,健美操已是学校体育的重要课程内容之一。

二、健美操的分类

健美操属于体操大项的范畴。目前,健美操的分类方法繁多,一般归纳起来可分为:大众健美操、竞技健美操和表演健美操三大类(见下图)。

三、健美操的特点

每一种运动项目都有其自身的特点。在选择某一运动项目进行锻炼时,必须考虑到它的特点,才能有意识地发挥其功能。健美操具有如下特点,有助于实现幼儿教师培养的目标。

第一,健美操是以健身为基础,融体操、舞蹈、音乐于一体,是体现"健、力、美"的运动项目。

健美操是把形体美、姿态美、动作美和精神美结合起来的运动项目,是能体现形体、姿态、动作、外在美的训练,它注重美的欣赏、美的情操和内在美的培养,是一项深受学生们喜爱的、促进人"健、力、美"的锻炼项目。

第二,健美操是按人体解剖部位,为达到身体匀称、协调、健美的发展而进行设计与编排的成套动作。因为健美操是按人体解剖部位设计的,因此动作活泼多样,造型美观,并包括许多小关节的活动,结构可起伏变化、流畅,可以有针对性地对人体的局部或整体进行锻炼,具有很大的实用性。

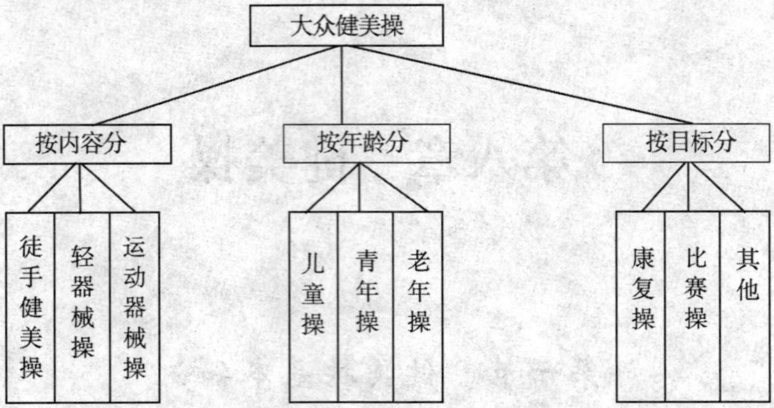

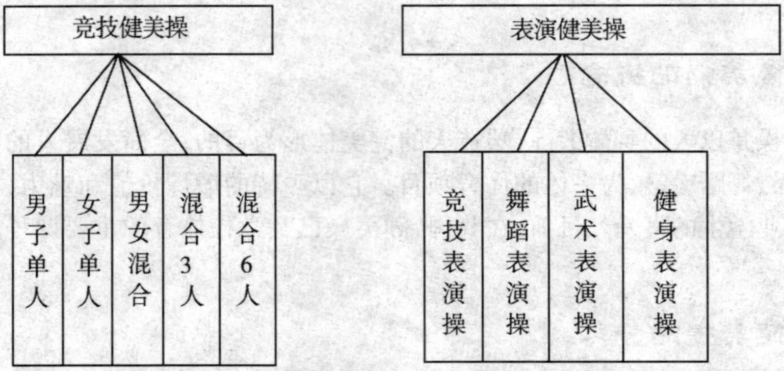

第三,健美操的动作一方面有舞蹈动作,另一方面又有按体操的规律再造的,是按照锻炼身体的需要创编的。

健美操融合了体操与舞蹈的动作,但又不是单纯的舞蹈。因为国外的健美操与节奏强烈的、具有迪斯科舞蹈动作相组合,因此有人把健美操认为是迪斯科舞蹈,这是不准确的。健美操是操而不是舞,即使是迪斯科舞蹈健美操,那也是操化了舞蹈动作,而并非舞蹈。

第四,健美操必须有节奏鲜明的、具有韵律感的音乐相伴奏,一般不含有歌词。由于节奏鲜明、铿锵有力,使人一听到音乐,就产生跃跃欲试、情绪振奋的感觉。健美操的动作与音乐是相辅相成的。在创编一套健美操时,有的是根据音乐节奏和韵律创编动作的,也有的是创编了动作再配音乐的,是根据动作节奏的内涵创编音乐的,关键是两者必须协调一致。音乐不是外加或可有可无,而是与动作浑然一体的,是健美操很重要的一部分。

作为职业学院体育课程中的健美操,虽然具有学生个人的健身性、教育性功能,同时也具有专业性和工具性特点,也称“示范性”,但是,它与竞技健美操在技术难度和生理负荷等方面是不相同的。

四、健美操的功能

健美操是根据教学目标构建的，即以目标统领内容。但是，作为体育项目的功能是多方面的，不可能把所有的功能都作为目标，所以要有针对性地选择其中的某些功能作为健美操的教学目标。学前教育专业健美操的意义与功能有以下三点：

丰富教学内容，提高身体素质。学前教育专业健美操课的开设和教学，丰富了学前教育专业体育教学的内容，可活跃课堂气氛，调动学生学习健美操的积极性，满足学生的生理和心理的需要，促进体育教学质量的提高和学生身体的正常发育，全面地发展身体的协调性、柔韧性、力量、耐力等身体素质。

丰富课外活动，陶冶美的情操。健美操的学习可以丰富和活跃学校的课外活动和文化生活。学生们都非常喜欢健美操运动，积极地参与，特别是课间操的锻炼，学生们通过健美操的学习，都能自己创编各种类型的健美操，并能勇敢地站在讲台上进行讲解、示范，组织学生一起锻炼，为学校的体育生活增添新的气息和内容，注入新的活力。这也为将来从事幼儿教育工作奠定了良好的功底。

提高就业能力，培养优秀的幼儿教师。作为一名幼儿教师，要想拥有一个优美的身体姿态，就应该学会塑造自己的形体美和动作美，并应有表现的能力。通过健美操的学习，不但可以达到以上的目的，还能陶冶情操，进一步展示当代大学生的健康美和动作美及时代美。

你知道吗

女性健美的标准有哪些

1.有足够充沛的精力，能承受平日繁重的工作压力。
2.处事乐观，态度积极，乐于承担责任和帮助别人。
3.善于休息，睡眠好。
4.应变能力强，能适应外界环境的各种变化。
5.体重适当，身材匀称。
6.有抵抗一般性疾病的能力。
7.眼睛明亮，反应敏捷。
8.牙齿清洁，颜色正常。
9.头发光泽，无头皮屑。
10.肌肉、皮肤有弹性。

常做健美操有什么好处

1. 培养正确优美的体态，使你的上体正直，挺胸收腹，拔颈、肩平，两臂自然下垂，形成一个自然又规范的身体姿势、风华正茂的气势。

2. 提高神经系统对运动器官的支配，发展动作的协调性。

3. 发展身体的协调性和关节的灵活性。

4. 长期不懈地做健美操，就能增长耐力，增强呼吸系统的功能，从而提高供氧能力。

5. 伴有音乐的健美操练习会使你保持心情舒畅。

第二节　健美操的基本动作

一、手型

合掌：也叫基本手型。

开掌：五指分开，手指有力。

屈指掌：也叫“虎”掌，一般青少年操中用的得较多。

拳：五指屈握，大拇指在外。

花掌：也称“西班牙手指”，手腕内旋，五指伸开，小手指内扣。

合掌　　分掌　　拳

图 8－1　基本手型

二、基本步伐

基本步伐是健美操动作中的最小单位，是组合动作与成套动作的基础。

1.踏步：挺胸收腹，身体紧张起来，膝盖有弹性，尽量抬高；脚踝关节前脚掌着地过渡到全脚掌；手臂摆动起来。

2.走步：按踏步要求向前、后移动。

3.并步：向侧移动，膝关节屈，要有弹性。

4.后交叉步：侧并步两次，一脚向另一脚后交叉。脚后跟先着地。

5.后踢腿:两脚开立比肩宽,向后踢腿,脚后跟尽量向臀部方向踢,另一腿稍屈。

6.漫波步:一脚向前点一下,另一脚原地踏步,然后前脚向后踏点地。

三、身体动作

头部动作:屈(前、后、左、右)、转(左、右)、绕(左、右)、绕环(左、右)。

肩部动作:提沉肩(单肩、双肩)、绕肩(前绕、后绕)、绕环(前绕、后绕)。

上肢动作:举(臂前举、侧举、上举、侧上举、单臂下举、单臂侧上、侧下举等)。

屈:臂体前屈、体后屈、体侧屈、胸前屈、头后屈等。

伸:臂前伸、侧伸、侧上伸、侧下伸等。

摆:前摆、后摆、侧摆、上摆、屈伸摆、波浪摆。

绕:前绕、后绕、侧绕、上绕等。

绕环:前绕环、后绕环、侧绕环、上绕环、下绕环、并步绕环等。

振:振臂、振胸等。

胸部运动:含、挺、移胸(含胸、挺胸、左右移胸)。

腰部运动:屈(前屈、后屈)、转(左、右、后转)、绕(左、右绕)、绕环(左、右绕环)。

髋部运动:顶髋(前、侧)、提髋(前、侧、后)、摆髋(左、右)、绕髋(左、右)。

下肢运动:步法(踏步、走步、“v”字步、点步、并步、跑跳步、踏跳步等);跳法(开合跳、抬腿跳、踢腿跳、弓步跳、弹踢跳、各种模仿跳等)。

动作提示

1.做头部运动时,颈部要保持放松。

2.做肩部运动时,提肩要紧张,沉肩要放松。

3.做上肢运动时,上举肩加紧,侧上举肩打开,侧平、前举时要稍低肩。

4.体侧屈时,上体要在一个平面上。

5.伸、摆、绕肩时,要以肩关节为轴,肩关节要放松。

6.胸部运动,含胸要稍低头,挺胸时要收腹。

7.做跳跃时,要轻松,脚跟保持下落地。

第三节　健美操组合动作

健美操的组合动作是在基本动作的基础上发展的,组合动作是成套动作的基础,成套动作就是由几个以上的组合动作编排而成的,组合动作的编排有左右对称的,也有不对称的,这主要是根据创编的目标而定。下面介绍三组组合动作供参考。

一、手臂动作组合

手臂动作组合(4 * 8 拍)时通过手臂各方位的动作及方向的控制,使手臂的基本动作得以熟练与巩固,为将学习的各种类型的健美操奠定基础。动作方法如下:

第一个八拍动作:

1 – 2 两腿直立,同时两臂侧平举。

3 – 4 两臂上举。

5 – 6 左臂侧上举,同时右臂侧下举(眼看左手)。

7 – 8 两臂侧下举(眼看左方)。

第二个八拍动作:

1 – 2 两臂摆至侧上举(稍抬头)。

3 – 4 两臂经头上交叉向下绕环(稍含胸低头)。

5 – 6 两臂摆至左臂侧下举,右臂侧上举(眼看右手)。

7 – 8 还原成直立。

第三、四个八拍同第一、二个八拍动作,但方向相反。

二、姿态组合动作

姿态组合(6 * 8 拍)是由几个动作的造型所组成的一套简单易学的组合动作,整套动作体现了身体姿态与造型结合的美感,特别是动作的衔接由柔到刚的过渡,表现动作的美和姿态的美,它是用来训练形体的最好内容,动作如下:

第一个八拍动作:

1 – 2 身体左转 45 度,左腿前伸脚尖点地,同时两臂缓缓抬起成二位。

3 – 4 两腿经屈膝重心前移(右脚点地),同时左臂成七位,右臂成三位。

5 – 6 右腿向前一步成弓步,同时两臂经后向前摆至前斜上举(眼看前上方)。

7 – 8 两臂做手臂波浪一次。

第二个八拍动作:

1 – 2 左腿稍屈膝,重心后移,右腿伸直直脚点地,同时两臂打开。

3 – 4 上体前倾,同时两臂依次波浪。

5 – 8 重心前移,右脚点地,同时右肩带动两臂缓缓摆至三位(眼看右方)。

第三个八拍动作:

1 – 2 左脚侧出一步,同时右腿稍屈膝,两臂经头上交叉摆至体前交叉。

3 – 4 两臂侧摆,同时做侧波浪一次,上体向左侧屈(挺胸,眼看左方)。

5－6 重心左移，同时两腿直立，右脚点地，左臂摆至上举，右臂摆至前举。

7 身体向右转 45 度，同时两臂成七位。

8 右脚收回，同时两臂还原成一位。

第四、五、六个八拍同第一、二、三个八拍动作，但方向相反。

三、身体动作组合

身体动作组合是根据上下肢各部位动作，有规律地排列起来的一串组合动作。整套组合由三部分组成，动作简单易学，都是一些基本的动作，加上一些动作方向的变化和转体等动作组成。第一部分基本上是以伸展和姿态的造型为主的动作练习；第二部分伴有动作的方向变化以及转体的动作；第三部分是跳跃和整理的内容。本套组合可以用来锻炼身体，也可以用表演的形式出现，下面介绍具体动作方法。

第一部分动作：8 * 8 拍

第一个八拍动作：

1－4 左脚开始原地踏四步，同时两臂前后摆动。

5－6 左脚侧出一步，同时压脚跟弹动两次，两臂体前交叉摆动两次（稍含胸低头）。

7 右脚尖点地，同时左手叉腰，右臂侧上举（眼看右手）。

8 左脚收回，同时右臂经侧还原成直立。

第二个八拍同第一个八拍动作，但方向相反。

第三个八拍动作：

1－4 同第一个八拍的 1－4 动作。

5 左腿前伸，脚跟着地，同时右腿稍屈膝，两臂胸前击掌。

6 左腿后伸直立，脚尖点地，同时两手体后击掌。

7 左脚前出一步成弓步，同时重心前移，两臂侧上举（稍抬头）。

8 左脚收回，同时两臂经侧还原成直立。

第四个八拍同第三个八拍动作，但方向相反。

第五个八拍动作：

1－4 同第一个八拍的 1－4 的动作。

5 左脚侧出一步，同时左臂侧举，右手叉腰（眼看左手）。

6 左臂侧屈（手指触肩），同时头转正。

7 上体向右侧屈，同时左臂伸至上举。

8 左脚收回，同时左臂经侧还原成直立。

第六个八拍同第五个八拍动作，但方向相反。

第七个八拍动作（图 8－2）：

图 8－2

1－4 同第一个八拍的 1－4 的动作。

5 左脚侧出一步，同时两腿稍前屈膝，两臂侧平举。

6 两腿直立，同时上体左转 90 度，两臂侧屈。

7 左腿收回，同时两腿稍屈膝，两臂胸前屈（左臂下，右臂上）。

8 两腿直立，同时两臂还原体侧。

第八个把拍同第七个八拍动作，但方向相反。

第二部分动作：8＊8 拍

第一个八拍动作（图 8－3）：

图 8－3

1 左脚侧前一步（走 V 字步），同时左臂侧平举。

2 右脚侧前一步（走 V 字步），同时右臂侧平举。

3 左脚退回原位，同时左臂还原体侧。

4 右脚退回原位，同时右臂还原体侧。

5－8 同 1－4 动作，但方向相反。

第二个八拍动作（图 8－4）：

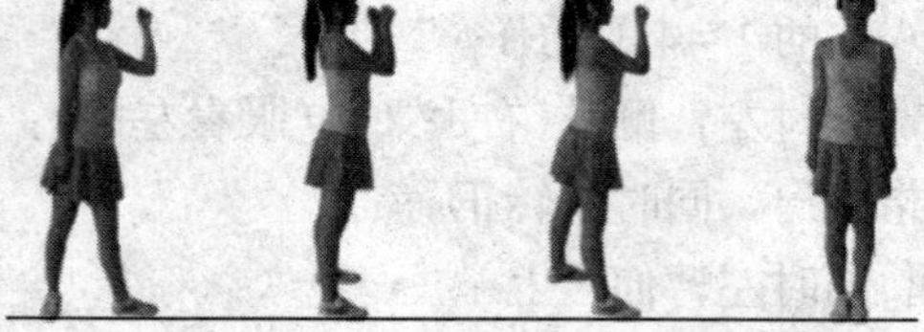

图 8－4

1 左脚侧前一步（走 V 字步），同时身体向左转 90 度，左臂胸前立屈（握拳）。

2 右脚侧前一步(走 V 字步),同时右臂胸前立屈。

3 左脚退回原位,同时左臂还原体侧。

4 右脚退回原位,同时右臂还原体侧,身体转正。

5－8 同 1－4 动作,但方向相反。

第三、四个八拍同第一、二个八拍动作,但方向相反。

第五个八拍动作(图 8－5):

图 8－5

1 左脚前出一步,同时两腿稍屈膝,两手叉腰。

2 右腿侧伸,脚尖点地。

3－4 同 1－2 动作,但方向相反。

5 左脚后退一小步,同时稍屈膝。

6 左腿伸直,同时右腿稍屈膝,脚尖在左脚旁点地,左臂肩侧屈,右臂体侧屈,髋向前转动。

7－8 同 5－6 动作,但方向相反。

第六个八拍动作(图 8－6):

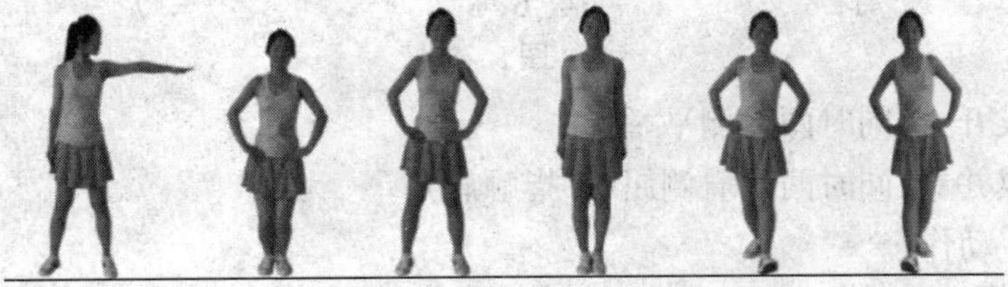

图 8－6

1－2 左脚向侧一步,同时左臂侧上举,头向左转(分指掌)。

3 两脚小并跳一次,同时两手叉腰。

哒两脚开跳一次。

4 两脚并跳一次。

5 左脚前伸脚跟着地,同时右腿稍屈膝。

6 左脚收回,同时两腿直立。

7－8 同 5－6 动作,但方向相反。

第七、八个八拍同第五、六个八拍动作，但方向相反。

第三部分动作：12＊8 拍

第一个八拍动作（图 8－7）：

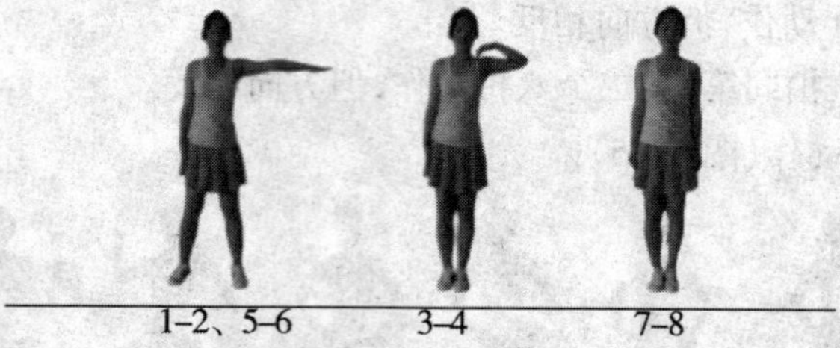

图 8－7

1－2 跳成左右开立一次，同时左臂侧举。

3－4 跳成并立一次，同时左臂肩侧屈（手指触肩，眼看前方）。

5－6 同 1—2 动作。

7－8 跳成还原直立。

第二个八拍同第一个八拍动作，但方向相反。

第三个八拍动作（图 8－8）：

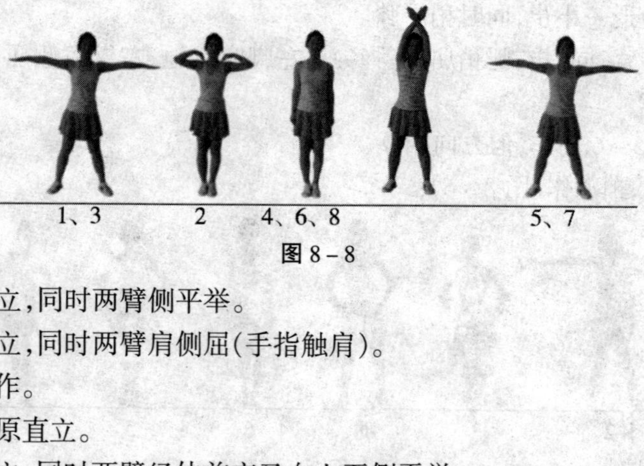

图 8－8

1 跳成开立，同时两臂侧平举。

2 跳成并立，同时两臂肩侧屈（手指触肩）。

3 同 1 动作。

4 跳成还原直立。

5 跳成开立，同时两臂经体前交叉向上至侧平举。

6 同 4 动作。

7 同 5 动作。

8 跳成还原直立。

第四个八拍同第三个八拍动作，但方向相反。

第五个八拍动作（图 8－9）：

1 左腿屈膝 90 度，同时两手叉腰。

2 两腿跳成并立。

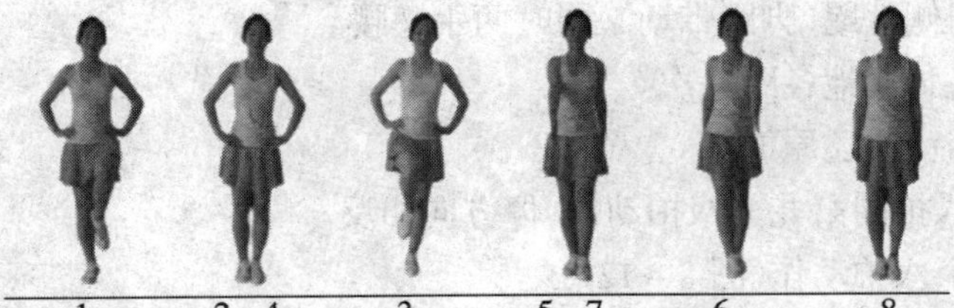

图 8－9

3 同 1 动作，但换右腿抬。

4 同 2 动作。

5 跳成左腿前、右腿后落地，同时左臂后摆、右臂前摆。

6 同 5 动作，但方向相反(换跳一次)。

7 同 5 动作。

8 跳成直立。

第六个八拍动作(图 8－10)：

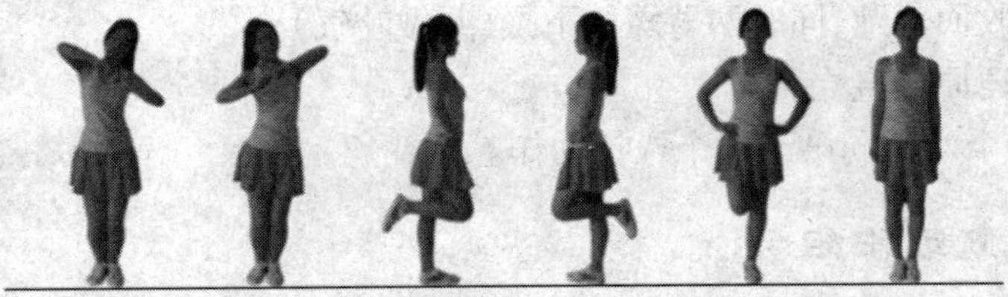

图 8－10

1－2 向左并步小跳一次，同时两臂胸前平屈(握拳，上体稍向左倾)。

3－4 同 1－2 动作，但方向相反。

5－7 向左转踢腿跳三次，同时两手叉腰。

8 跳成还原直立。

第七、八拍同第五、六个八拍动作，但方向相反。

第九个八拍动作(图 8－11)：

图 8－11

1－4 左脚开始原地踏步，同时两臂前后自然摆动。

5 左脚向前踹踢(脚跟带动)，同时两臂前摆。

6 左脚向侧踹踢(脚跟带动),同时两手叉腰。

7 哒左右脚原地各踏一次。

8 左脚踏一次还原成并立。

第十个八拍同第九个八拍动作,但方向相反。

第十一个八拍动作(图 8 – 12):

图 8 – 12

1 – 4 左脚开始原地踏四步,同时两臂前后自然摆动。

5 – 6 左脚侧出一步,同时两腿起踵,两臂摆至侧平举(并做深吸气)。

7 左脚收回落踵,同时两臂缓缓下摆(并做吐气)。

8 两臂还原成直立。

第十二个八拍同第十一个八拍动作。

四、跳跃动作组合

(一)动作组合方法一:8 * 8 拍

第一个八拍动作(图 8 – 13):

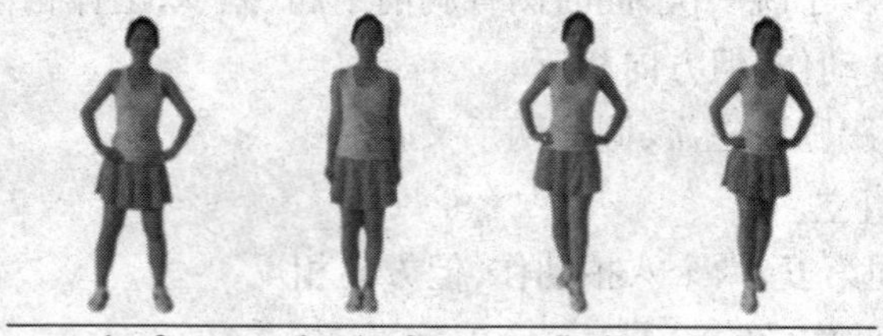

图 8 – 13

1 跳成开立,同时两手叉腰。

2 跳成并立。

3 – 4 同 1 – 2 动作。

4 跳成左腿前、右腿后落地。

6 两腿前后交换跳一次。

7 再交换跳一次。

8 跳成还原直立。

第二个八拍同第一个八拍,但方向相反。

第三个八拍动作(图 8 – 14):

1 – 4 同第一个八拍的 1 – 4 动作。

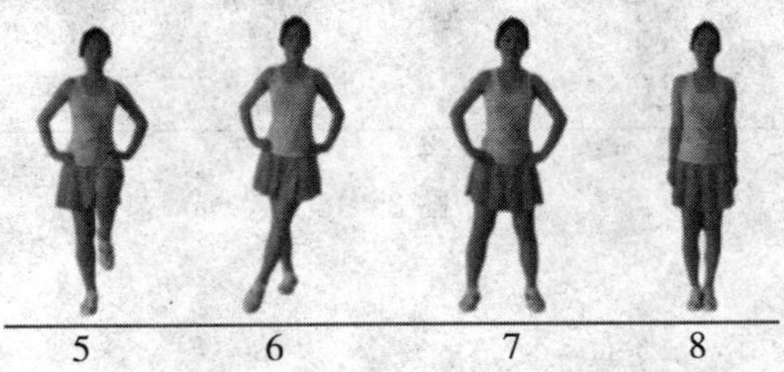

图 8 – 14

5 左腿屈膝 90 度抬起跳一次。

6 跳成左腿前交叉落地。

7 跳成分腿落地。

8 跳成还原直立。

第四个八拍同第三个八拍动作,但方向相反。

第五个八拍动作(图 8 – 15):

1 – 4 同第一个八拍的 1 – 4 动作。

图 8 – 15

5 跳成左腿侧伸脚跟着地,同时右腿稍屈膝,两手叉腰。

6 跳成两腿并立。

7 左腿侧前跳踢一次。

8 跳成直立。

第六个八拍同第五个八拍动作,但方向相反。

第七个八拍动作(图 8 – 16):

1 – 2 同第一个八拍的 1 – 2 动作。

3 两腿稍屈膝向前小跳一次。

4 两腿稍屈膝向后小跳一次。

5 两腿稍屈膝向左小跳一次。

6 两腿稍屈膝向右小跳一次。

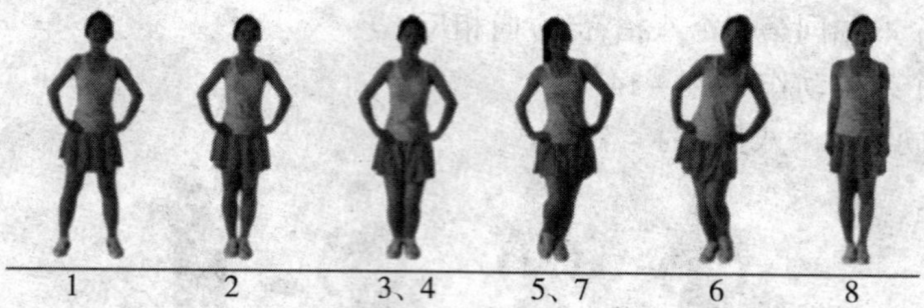

图 8－16

7 同 5 动作。

8 跳成还原直立。

第八个八拍同第七个八拍动作,但方向相反。

(二)动作组合方法二:8＊8 拍

第一个八拍动作(图 8－17):

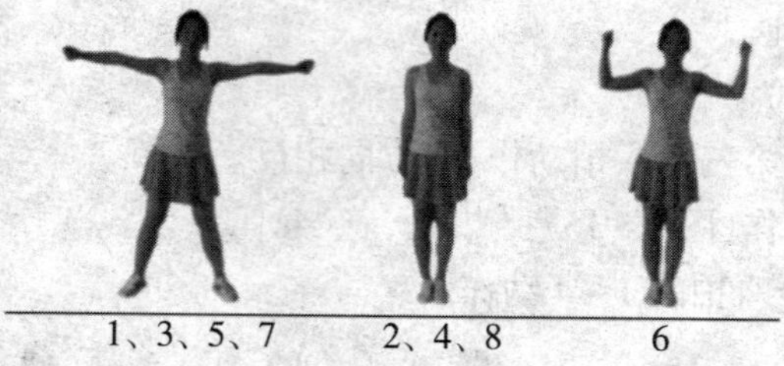

图 8－17

1 跳成两腿开立,同时两臂侧平举(手握拳)。

2 跳成还原直立。

3－4 同 1－2 动作。

5 同 1 动作。

6 跳成并立,同时两臂侧屈。

7 同 5 动作。

8 跳成还原直立。

第三个八拍动作(图 8－18):

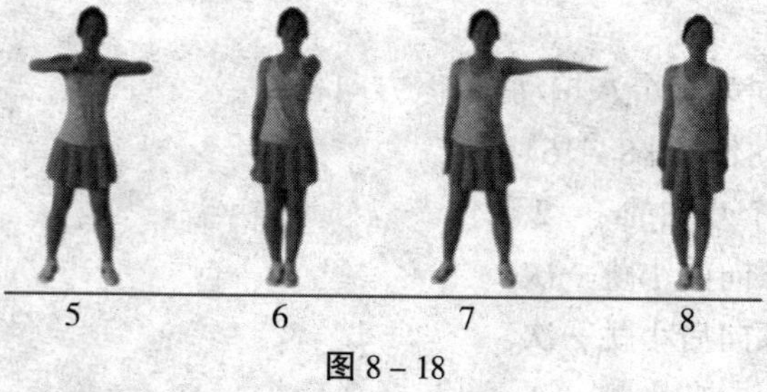

图 8－18

1－4 同第一个八拍的 1－4 动作。

5 跳成分腿开立,同时两臂胸前平屈(五指并拢,掌心向下)。

6 跳成并立,同时左臂前平举,右臂还原。

7 跳成开立,同时左臂侧平举。

8 跳成还原直立。

第四个八拍同第三个八拍动作,但方向相反。

第五个八拍动作(图 8－19):

图 8－19

1－4 同第一个八拍的 1－4 动作。

5 跳成两腿开立,同时两臂胸前平屈。

6 跳成并立,同时两臂前平举。

7 跳成开立,同时两臂侧平举。

8 跳成还原直立。

第六个八拍同第五个八拍动作,但方向相反。

第七个八拍动作(图 8－20):

图 8－20

1－4 同第一个八拍的 1－4 动作。

5 跳成开立,同时两臂前平举。

6 跳成并立,同时两臂侧平举。

7 跳成开立,同时左臂上举,头向右转,右臂还原体侧。

8 跳成还原直立。

第八个八拍同第七个八拍动作,但方向相反。

动作组合方法三:8＊8 拍

第一个八拍动作(图 8－21):

1 左腿跳一次,同时右腿向前弹踢一次,两臂前摆。

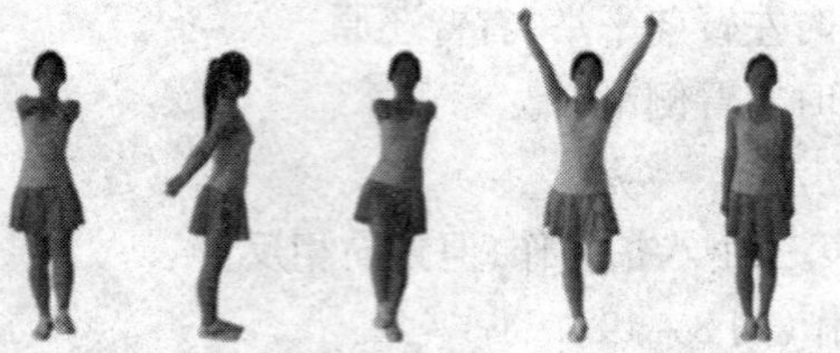

1　2、4　3　5、7　8

图 8－21

2 跳成直立，同时两臂向后摆动。

3－4 同 1－2 动作，但换腿弹跳一次。

5 左腿向前跑跳一次，同时两臂摆至侧上举。

6 换腿后踢一次，同时两臂摆至体侧（伸腕）。

7 同 5 动作。

8 跳成还原直立。

第二个八拍同第一个八拍动作。

第三个八拍动作（图 8－22）：

1–2　3　4　5　6　7　8

图 8－22

1－2 两腿稍屈膝小跳两次，同时两臂体前立屈（稍含胸低头）。

3 两腿跳成开立，同时两臂侧平举。

4 跳成左腿前、右腿后落地，同时两臂体前交叉。

5 跳成开立，同时向右转体 180 度，两臂侧平举。

6 跳成还原直立（背对前方）。

7 两腿稍屈膝跳一次，同时左转体 90 度，两臂胸前平屈向外交替绕环。

8 跳成还原直立，同时身体转正。

第四个八拍同第三个八拍动作，但方向相反。

第五个八拍动作（图 8－23）：

1－2 左脚向左并步点地跳一次，同时右臂上举（头左转）。

3 同 1－2 动作，但方向相反，4 拍还原。

5 跳成左腿前伸脚跟着地，同时右腿稍屈膝，两臂摆至前平举（握拳）。

6 跳成还原直立。

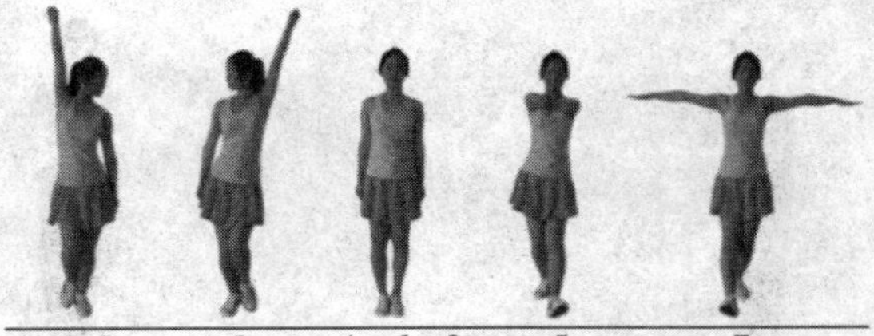

图 8－23

7 同 5 动作，但方向相反，两臂摆至侧平举。

8 跳成还原直立。

第六个八拍同第五个八拍动作，但方向相反。

第七个八拍动作（图 8－24）：

图 8－24

1 左脚跳一次，同时右腿屈膝 90 度抬起，左臂前举，右臂体前绕至上举（身体转 45 度）。

2 跳成还原直立。

3－4 同 1－2 动作。

5 左脚跳一次，同时右腿后踢一次，向右转体 90 度，左臂肩前屈，右臂向下摆至斜下举（握拳）。

6 同 5 动作，但方向相反，再向左转体 90 度。

7 同 5 动作，但身体再向左转体 90 度。

8 跳成还原直立，同时身体转正。

第八个八拍同第七个八拍动作，但方向相反。

第四节　大众健美操组合动作

一、大众健身操一级

组合（一）动作要领：1－8：原地踏步，右脚先。（如图 8－25）

1、3、5、7　　2、4、6、8

图 8－25

2－8、3－8:1－4 向前走步,两臂自然摆动。5－8 向后走步,两臂自然摆动。(如图 8－26)

(二) 1、3　　2　　4、8　　5、7　　6

图 8－26

4－8:1－2 屈膝半蹲,两手握拳,两臂胸前屈。3－4 屈膝半蹲,两手握拳,两臂胸前平屈。5－8 同 1－4。(如图 8－27)

(四)　　1、5　　2、4、6、8　　3、7

图 8－27

组合(二) 1－8:1－2 右脚向右做并步,两臂由体侧抬至胸前平屈。3－4 向左并步,手臂同 1－2。5－8 同 1－4。(如图 8－28)

2－8:1－4 连续向右两个侧并步,手臂上举两次。5－8 连续向左两个侧并步,手臂动作不变。(如图 8－29)

3－8:1－4 向右交叉步,两臂在体前交叉后伸出。5－8 向左交叉,两臂动作不变。(如图 8－30)

4－8:1－4 同前一八拍。5－6 右腿后踢腿,两臂由前平举收到腰间抱拳。7

-8 左腿后踢腿,手臂同 5-6。(如图 8-31)

图 8-28

图 8-29

图 8-30

图 8-31

组合(三)1-8:1 右脚向前一字步,两臂前平屈。2 左脚在右脚侧点地。3 右腿向后撤步点地,两臂侧平举。4 左腿在右脚侧点地。5-8 同 1-4。(如图 8-32)

图 8－32

2－8:V 字步。1 右臂侧平举。2 左臂侧平举。3－4 两臂胸前交叉抚肩。5－8 同 1－4。(如图 8－33)

图 8－33

3－8:1－2 向右并脚跳,右臂侧平举,左臂肩上侧屈。3－4 向左并脚跳,左臂侧平举,右臂肩上侧屈。5－8 同 1－4。(如图 8－34)

图 8－34

4－8:1－2 两脚开立,下蹲、立起,左手向右 45 度冲拳,右手腰间抱拳。3－4 身体左转 90 度,动作同 1－2 方向相反。5－6 两脚开立,屈膝半蹲,两手扶膝。7－8 两手击掌两次,右脚收回并与左脚。(如图 8－35)

组合(四)1－8:原地跑跳步。右脚先。(如图 8－36)

2－8:1－2 原地跳起两脚分开,两臂体前至侧平举。3－4 原地并脚跳,两臂收于体前交叉。5－8 重复 1－4 动作两次,节奏加快。(如图 8－37)

3－8:1 右脚前迈,两臂前平举。2 左腿提膝前屈,低头两臂体前屈。3 左腿放回,两臂前平举。4 右脚撤回并拢,两臂体侧屈。5－8 同 1－4。换方向。(如图 8－38)

（四） 1、3　　2　　4　　5–6　　7–8

图 8 – 35

（一）　　1、3、5、7　　2、4、6、8

图 8 – 36

（二）　1–2、5、7　　3–4、6　　8

图 8 – 37

（三） 1、3　　2　　4、8　　5、7　　6

图 8 – 38

4 – 8:1 – 2 右脚跟前点地,两臂体前屈。3 – 4 左脚跟前点地,两臂体前屈。5 – 6 右脚脚尖右侧点地,两臂由体前摆至体侧。7 – 8 同 5 – 6。(如图 8 – 39)

(四) 1　2、4、8　3　5、7　6

图 8－39

二、大众健身操二级

组合(一)1－8:1 上右脚,右臂屈肘抬至胸前平屈。2 上左脚,右臂不动,左臂屈肘抬至胸前平屈。3 退右脚,两手击掌。4 退左脚,两手垂至体侧。5－8 身体右转 45 度,重复 1－4 拍动作。(如图 8－40)

(一) 1　2　3　4　5　6　7　8

图 8－40

2－8:1－4 向前走四步,第四拍左脚在右脚边点地。1 两臂前平举。2 两臂屈肘于体侧。3－4 重复 1－2。5－8 向后退四步,手臂动作同 1－4。(如图 8－41)

(二)　1、3　2　4　5、7　6　8

图 8－41

3－8:身体左转 45 度,恢复原方向。V 字步。1 右臂屈肘至头颈后。2 右臂不动,左臂屈肘至头颈后。3－4 手臂放下至体侧。5－8 重复 1－4 动作。(如图 8－42)

4－8:1－4 向右后交叉步。1 两臂屈肘至前平举。2 屈肘至体侧。3－4 重复

（三） 1、5 2、6 3、7 4、8

图 8－42

1－2 动作。5－6 向左侧并步，两臂屈肘至胸前平屈。7－8 向右侧并步，上肢动作同 5－6。（如图 8－43）

（四）1、3 2 4、8 5 6 7

图 8－43

组合（二）1－8：1－2 右、左脚依次向右斜前方、左斜前方迈步，两臂屈肘自然摆动。3－4 左右摆髋各一次。3 双臂屈肘由下经右侧向斜上摆动。4 双臂屈肘由下经左侧向斜上摆动。5－6 同 3－4。7－8 右、左脚依次退回原位。8 身体向右转 45 度，两臂屈肘自然摆动。（如图 8－44）

（一） 1 2 3、5 4、6 7 8

图 8－44

2－8：1 向前出右脚，出左拳，右臂屈肘至体侧。2 向前踢左腿，出右拳，左臂屈肘于体侧。3－4 重复 1－2。5－8 同 1－4。（如图 8－45）

3－8：身体左转 45 度，恢复原方向。1－4 向右侧后交叉步，两臂自然打开至侧平举，收回到体前交叉。5－6 左腿向左后方撤步成弓步。6 收回，两臂由胸前

图 8－45

屈肘伸摆至左下方。7－8 动作同 5－6，方向相反。（如图 8－46）

图 8－46

4－8:1－4 左腿吸腿跳两次。1、3 两臂胸前平屈，两手握拳，拳心向下。2 双臂上举，双手开掌，掌心向前。4 双臂还原至体侧。5－8 同 1－4，动作方向相反。（如图 8－47）

图 8－47

组合（三）1－8:1－4 向右侧并步跳一次。4 时身体向右转 90 度。1－3 双手握拳，双臂逆时针环绕一圈。4 双臂屈肘收至身体右侧。5－8 向左侧并步跳一次，双手握拳。5－7 双臂顺时针绕环一圈。8 双臂屈肘收至身体左侧。（如图 8－48）

2－8 同 1－8，方向相反，回原位。

3－8:1－4 右脚开始做漫步。1－2 双臂前上举屈伸两次，双手握拳，拳心朝前。3－4 双臂由上经前至下，双手握拳。5－8 同 1－4。（如图 8－49）

4－8:右脚向右斜前方迈一步，左腿吸腿四次。双手握拳，1、3、5、7 双臂前上

（一） 1 2 3 4 5 6 7 8

图 8－48

（三） 1、5 2、6 3、7 4、8

图 8－49

举，拳心朝前；2、4、6、8 双臂屈肘收于腰间，拳心朝下。（如图 8－50）

（四） 1、3、5、7 2、4、6、8

图 8－50

组合（四）1－8：1－4 右脚开始向前走四步。两臂屈肘于体侧前后自然摆动，双手握拳。5－6 右腿向前弹踢腿一次，双臂前举，双手屈掌。7－8 左腿向前弹踢腿一次。上臂动作同 5－6。（如图 8－51）

2－8：1－2 右脚向右斜后方侧并步跳一次。1 双臂侧平举，双手立掌。2 双手胸前击掌一次。3－4 左脚向左斜后方侧并步跳一次。上肢动作同 1－2。5－8 同 1－4。（如图 8－52）

3－8：1－2 右脚向侧迈一步成摆腿跳。右臂侧上举，左臂侧平举，双手并掌，掌心向下。3－4 左脚向右斜前方做漫步，两手叉腰。5－8 同 1－4，动作方向相

图 8 – 51

图 8 – 52

反。（如图 8 – 53）

图 8 – 53

4 – 8:1 – 2 右脚向侧迈一步，左腿后屈腿一次，两臂体侧屈肘前后摆动。3 – 4 左脚向侧迈一步，右腿后屈腿一次，两臂体侧屈肘前后摆动。5 – 8 右脚向侧迈一步，左腿后屈腿两次，两臂体侧屈肘前后摆动。（如图 8 – 54）

三、大众健身操三级

组合(一)1 – 8:1 – 2 向右侧并步。2 时向右转，双臂经胸前平屈下压。3 – 4 向左侧并步，手臂同 1 – 2。5 – 8 同 1 – 4，方向相反。（如图 8 – 55）

2 – 8:1 – 3 右脚向前走三步，双臂屈肘前后自然摆动。4 左腿吸腿一次，双手在胸前击掌一次。5 – 8 同 1 – 4，方向相反。（如图 8 – 56）

3 – 8:1 – 4 右脚向前一字步。1 右臂上举，手握拳，拳眼向后。2 左臂上举，手

（四） 1、3、5 2、6、8 4 7

图 8－54

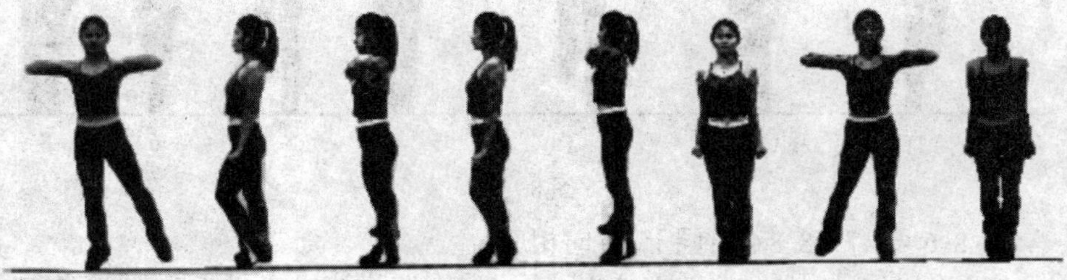

（一） 1 2 3 4 5 6 7 8

图 8－55

（二）1、3 2 4 5、7 6 8

图 8－56

握拳，拳眼向后。3 双臂屈肘，拳眼对双肩。4 还原。5－8 同 1－4。（如图 8－57）

（三） 1、5 2、6 3、7 4、8

图 8－57

4－8:1－4 右脚向后一字步。1、3 双臂侧平举,双手掌心向下。2 双臂在头顶上方交叉,掌心朝前。4 双臂在体前交叉,掌心向后。5 右脚向前迈一步,两臂自然摆动。6 左腿吸腿一次。7 左腿后退一步。8 右脚并于左脚,两臂还原体侧。(如图4－58)

图 8－58

5－8、6－8、7－8、8－8:同上,方向相反。

组合(二)1－8:1－4 向右交叉步。4 时向右转 90 度。1、3 手臂上举,双手掌心向前。2、4 双臂还原体侧。5－8 向左交叉步。8 时向右转 90 度。1、3 手臂侧平举,双手掌心向下。6 双臂体前交叉。8 双臂还原体侧。(如图 8－59)

图 8－59

2－8:同 1－8。(如图 8－60)

3－8:1－4 右脚向右斜前方迈一步,左腿吸腿两次。1、3 双臂前上举,双手拳心向下。2、4 双臂屈肘拉回至腰间。5－8 同 1－4,方向相反。(如图 8－61)

4－8:1－2 右脚向右斜后方侧并步一次。2 时身体左转 45 度。1 双臂侧平举,双手并掌,掌心向下。2 双臂胸前交叉。3－4 同 1－2,方向相反。5－6 同 1－2。7 左脚侧点地一次,两臂侧平举,双手掌心向下。8 左腿后屈腿一次,两臂胸前交叉。(如图 8－62)

5－8、6－8、7－8、8－8:同上,方向相反。

组合(三)1－8:1－4 右脚向左斜前方作满波步。1－2 双臂侧上举,双手掌心向前。3－4 双臂屈肘拉回至腰间,双手拳心向上。5－8 同 1－4,方向相反。(如

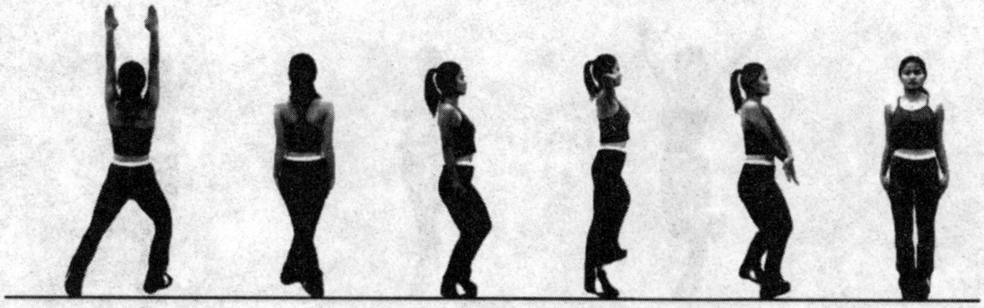

图 8 - 60

图 8 - 61

图 8 - 62

图 8 - 63）

2 - 8:1 - 2 右脚向前迈一步，左腿吸腿一次，同时，身体向右转 90 度。1 双臂屈肘前后自然摆动。2 双手胸前击掌。3 - 4 同 1 - 2，动作相反。5 - 8 右脚开始向右后转弯走四步，双臂屈肘，前后自然摆动。（如图 8 - 64）

3 - 8:1 - 4 右脚做 V 字步，3 时身体向右转 90 度面对前方。1 右臂侧上举，掌心向前。2 左臂侧上举，掌心向前。3 双臂胸前交叉，双手握拳搭于肩上。4 还原。5 - 8 同 1 - 4。（如图 8 - 65）

4 - 8:1 - 2 右脚向侧迈一步，左腿后屈腿一次，两臂体侧屈肘前后摆动。3 - 4

图 8 - 63

图 8 - 64

图 8 - 65

同 1 - 2,动作相反。5 - 6 同 1 - 2。7 - 8 左腿后交叉一次,两臂体侧屈肘前后摆动。(如图 8 - 66)

5 - 8、6 - 8、7 - 8、8 - 8:同上,方向相反。

组合(四) 1 - 8:1 - 2 身体向右转 90 度,右脚向前做小马跳。左臂上举,右臂下举,双手握拳。3 - 4 身体向右转 180 度,动作同 1 - 2,方向相反。5 - 6 右脚向后做小马跳,动作同 1 - 2。7 - 8 身体右转 180 度,动作同 5 - 6,第 8 拍身体面向前方。(如图 8 - 67)

2 - 8:1 - 2 右脚向右做侧并步跳,双臂侧平举,双手并掌,掌心向下。3 - 4 左脚向前做漫步,两臂屈肘于体侧前后自然摆动。5 - 6 同 1 - 2,方向相反。7 - 8 右

（四） 1、3、5 2、6 4 7–8

图 8－66

（一） 1–2 3–4 5–6 7–8

图 8－67

脚向后做漫步，右臂体前屈肘，手握拳，左臂体侧摆动。（如图 8－68）

5–6 7–8

图 8－68

3－8：1－4 右脚向前弹踢腿跳前交叉，1、3 左臂前举，右臂侧平举，双手掌心向下。2 双臂胸前交叉，双手握拳搭在双肩上。4 还原。5－8 同 1－4，方向相反。（如图 8－69）

图 8－69

4－8:1－2 右脚向侧迈一步接举腿跳。双臂上举,双手掌心向前。3－4 左腿向后做漫步,双臂屈肘拉回至腰间,双手拳心向上。5－6 向左侧并步一次,两臂体侧屈肘前后摆动。7－8 同 5－6,动作相反。(如图 8－70)

图 8－70

5－8、6－8、7－8、8－8:同上,方向相反。

四、组合动作学习评价表

内容 标准	学习方法	动作表现	音乐节奏
优	学习很努力,有很好的学习方法,能主动帮助同学共同进步,并能进行评价。	有强烈的表现欲望,能表现出自己的风格与特点,有良好的心理素质。	对音乐的接受力很强,动作与音乐能协调地配合,表现出动作与音乐的美。
良	对健美操学习产生了兴趣,并愿意同大家一起学习和掌握,有自己的见解。	有一定的表现力,愿意在同学们面前表现自己,并能鼓动别人一起参与。	有一定的音乐节奏感,能在音乐的伴奏下与动作自如地配合完成。
及格	有参与学习的欲望,但不能自觉地完成任务,缺乏学习方法的研究。	由于性格的原因,使自己不敢表现,没有自信,但在同学们的鼓励下能够完成。	在同学们的帮助提示下,能在音乐的配合中完成组合动作,但不能独立完成。
不及格	对学习健美操没有多大的兴趣,学习方法不当,感到学习吃力。	动作不协调,上下肢无法配合,心理素质差,导致组合动作无法完成。	音乐节奏感差,只能在同学或是教师的提示下做单个动作,无法与音乐配合。

知识窗

做健美操时注意的饮食问题

1. 在练习的过程中，最好不要饮大量的水，休息时可以少量、多次补充水分，但水温不宜过凉。

2. 做健美操前，不宜吃过多的甜食或含淀粉过高的食物。

3. 睡觉前1－2小时也不宜进行健美操练习，它会使你大脑兴奋，无法尽快地进入睡眠状态，从而导致休息不好，影响第二天的学习效果。

4. 长期的少食多餐、慢速进食，不仅会使你保持健康的身体，还会使你拥有一个苗条健美的体形。

第五节　幼儿健美操

一、幼儿卡通操

幼儿卡通操是根据幼儿的身心特点所创编的一套有趣的节奏操。本套操共有七节动作，整套动作简单易学，贴近幼儿，突出上肢的控制力。通过练习，培养幼儿的节奏感、韵律感，同时加强组织纪律，控制自己的行为。下面介绍动作。

上肢运动：2×8拍

第一个八拍动作（如图8－71）：

1 左脚侧出一步，同时两臂胸前平屈。

2 两臂肩侧屈（掌心相对）。

3 两臂侧上举。

哒两臂侧平举（掌心向下）。

4 左腿收回，同时两臂还原体侧。

5－8同1－4动作，但方向相反。

第二个八拍同第一个八拍动作，但方向相反。

四肢运动：2×8拍

第一个八拍动作（如图8－72）：

1 左臂前举（立掌）。

2 两腿稍屈膝下蹲。

3 两腿直立，同时左臂肩侧屈，右臂侧平举（头右转）。

哒连发推稍屈膝，同时左臂侧平举，右臂侧屈。

1　　2　　3　　哒　　4

图 8－71

4 两腿直立,同时两臂还原体侧。

5－8 同 1－4 动作,但方向相反。

1　　2　　3　　哒　　4

图 8－72

第二个八拍同第一个八拍动作,但方向相反。

(三)踢腿运动:2×8 拍

第一个八拍动作(如图 8－73):

1 左腿前踢,同时左臂侧举,右臂平举。

2 还原成直立。

3 左腿侧踢,同时左臂前平举,右臂侧平举。

哒两腿稍屈膝下蹲,同时两手背后。

4 两腿直立,同时两臂还原体侧。

5－8 同 1－4 动作,但方向相反。

第二个八拍同第一个八拍动作,但方向相反。

1　　2　　3　　哒　　4

图 8－73

(四)体侧运动

第一个八拍动作(如图 8-74):

1 左脚侧出一步,同时左臂肩侧屈。

2 右臂肩侧屈。

3 两臂侧平举。

哒上体向左屈,同时左臂胸前平屈。

4 左腿收回,同时两臂还原体侧。

5-8 同 1-4 动作,但方向相反。

第二个八拍同第一个八拍动作,但方向相反

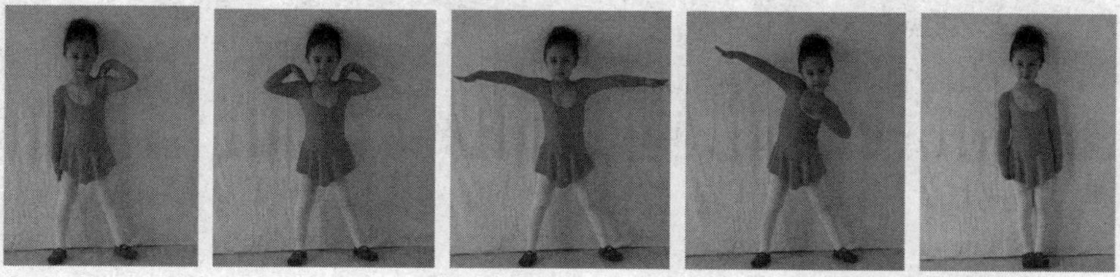

1 2 3 哒 4

图 8-74

(五)体转运动:2×8 拍

第一个八拍动作(如图 8-75):

1 左腿侧出一步,同时左臂侧绕环。

2 左手叉腰,同时右臂肩侧屈(头转 45 度)。

3 同 1 动作。

哒身体向左转体,同时左臂侧平举,右臂胸前平屈。

4 左腿收回直立,同时两臂还原体侧。

5-8 同 1-4 动作,但方向相反。

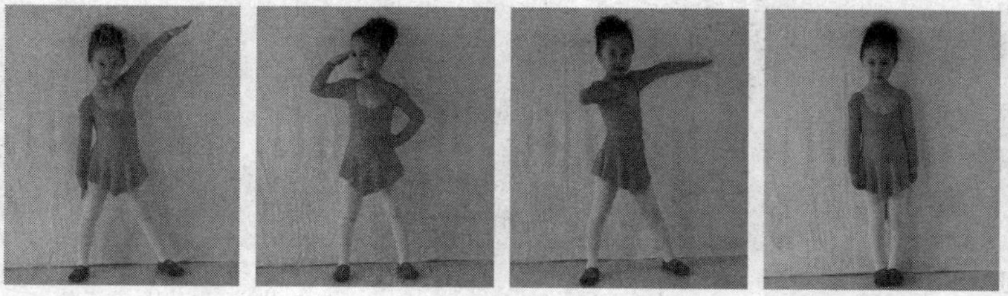

1、3 2 哒 4

图 8-75

第二个八拍同第一个八拍动作,但方向相反。

(六)腹背运动:2×8 拍

第一个八拍动作(如图 8-76):

1 左脚侧出一步,同时两臂胸前立屈(握拳)。
2 上体前屈,同时两臂下伸,手触左腿。
3 两手触地。
哒上体直立,同时两臂侧上举。
4 还原成直立。
5-8 同 1-4 动作,但方向相反。
第二个八拍同第一个八拍动作,但方向相反。

1　2　3　哒　4

图 8-76

(七)跳跃运动:4×8 拍
第一个八拍动作(如图 8-77):
1 跳成开立,同时两臂侧平举。
2 跳成开立,同时左臂上举(头向右转)。
3-4 同 1-2 动作,但方向相反。
5 左腿前踢,同时两臂前平举(掌心相对)。
6 跳成直立,同时两臂上举。
7 同 5 动作,但方向相反。
哒跳成开立,同时两臂侧平举。
8 跳成还原直立。

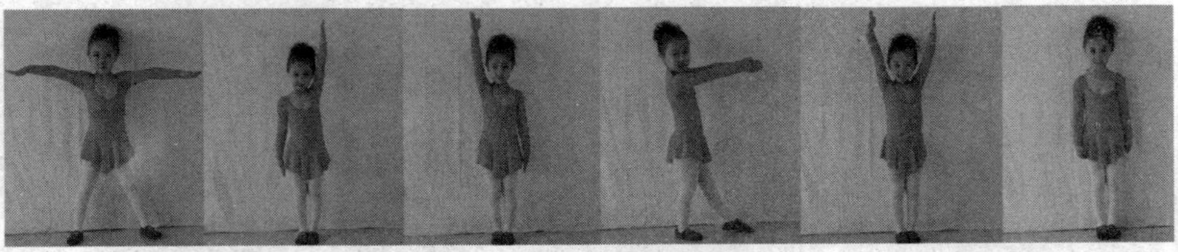

1、3　2　4　5、7　6　8

图 8-77

第二个八拍同第一个八拍动作,但方向相反。
第三、四个八拍同第一、二个八拍动作,但方向相反。
二、幼儿毛毛球操
毛毛球活动操是用一种编织绳制作而成的一种轻器械。在幼儿手持毛毛球做操的过程中，激发幼儿小肌肉群力量及幼儿手持毛毛球做操的能力。整套操包括头、颈、肩、肘、上肢、下肢、屈伸、环绕、踢腿、跳等。通过学习，培养幼儿的协调能力。这套操可以独立做，还可以以表演的形式出现，本套操共10大节，20小节动作，具体方法如下。

准备运动：6×8拍

第一个八拍动作(如图8－78)：

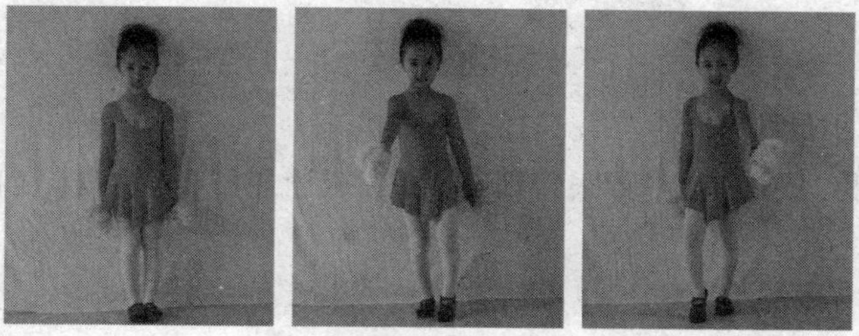

预备姿势　　1、3、5、7　　2、4、6、8

图8－78

1－8左脚开始踏步，双手持球，直臂摆臂。

第二个八拍同第一个八拍动作。

第三个八拍动作(如图8－79)：

1－4左脚开始踏步，同时两臂胸前平屈，两手持球抖动。

5－6两脚原地不动，稍屈膝下蹲，同时两臂侧平举，两手持球抖动。

7－8两腿直立起踵，同时两臂侧上举。

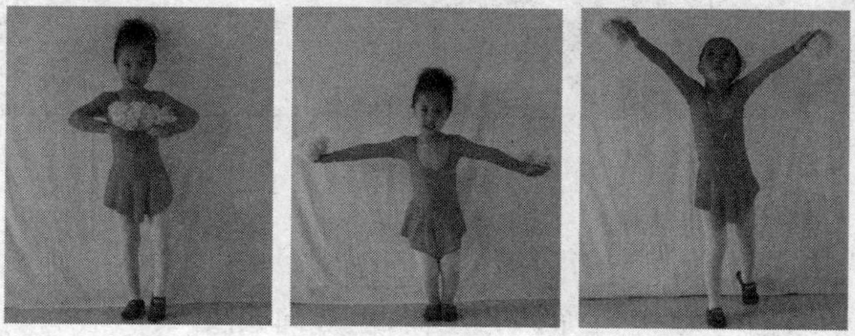

1–4　　5–6　　7–8

图8－79

第四个八拍同第三个八拍动作，但方向相反。

第五个八拍动作(如图8－80)：

1－4两脚压脚跟弹动四次，同时两臂前平举双手向左绕球(一拍一动)。

5－7两脚压脚跟再弹动三次，同时两臂前平举，两手击球三次。

8还原成直立。

第六个八拍同第五个八拍动作，但方向相反。

(二)伸展运动：4×8拍

1–4　　5–7　　8

图 8－80

第一个八拍动作(如图 8－81)：

1 重心后移,成弓步,左脚跟着地,同时右腿稍屈膝,两臂摆至前平举,两手持球。

2 还原成直立。

3 左脚侧出一步,同时两臂侧平举,两手持球。

4 同 2 动作。

5－6 左腿后伸脚尖点地,同时重心移至右脚,两臂侧上举,两手持球抖动两次(眼看上方)。

7－8 还原成直立。

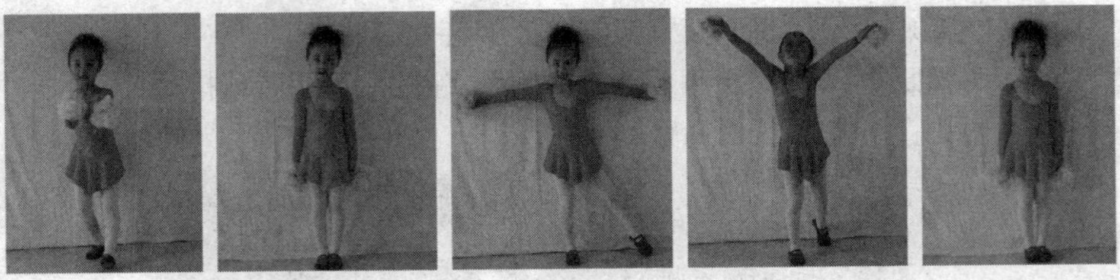

1　　2、4　　3　　5–6　　7–8

图 8－81

第二个八拍同第一个八拍动作,但方向相反。

第三、四个八拍同第一、二个八拍动作,但方向相反。

(三)肩部运动:2×8 拍

第一个八拍动作(如图 8－82)：

1 左脚侧出一步,脚尖着地,左臂肩侧屈,右臂自然下垂,同时右侧头,双手持球。

2 还原成直立。

3 同 1 动作,但方向相反。

4 同 2 动作。

5－8 左脚原地不动,右脚向右侧出一步成弓步,同时右臂直臂持球耸肩两次(两拍一动)。

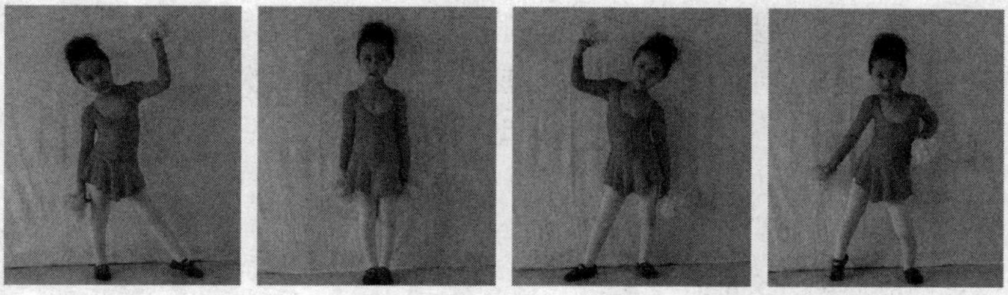

1　2、4　3　5-8

图 8-82

第二个八拍同第一个八拍动作，但方向相反。

(四)上肢运动:2×8 拍

第一个八拍动作(如图 8-83):

1 身体直立，左臂前平举，两手持球。

2 还原成直立。

3 两腿稍屈膝下蹲，同时左臂侧上举，右臂自然下垂，两手持球。

4 同 2 动作。

5-8 两脚压脚跟弹动四次，同时双手持球前平举，上下屈伸四次(眼看前方)。

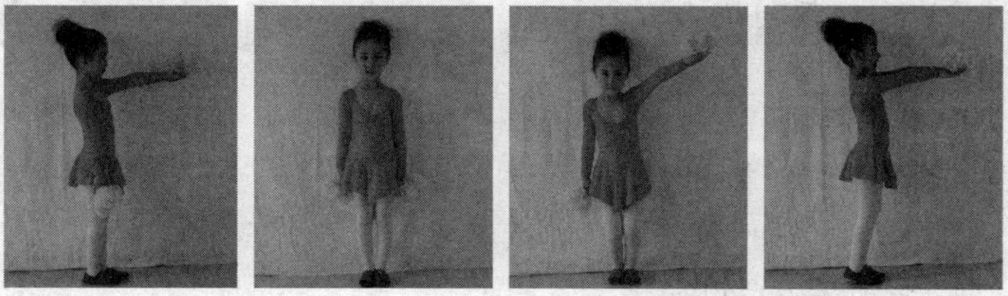

1　2、4　3　5-8

图 8-83

第二个八拍同第一个八拍动作，但方向相反。

(五)扩胸运动:2×8 拍

第一个八拍动作(如图 8-84):

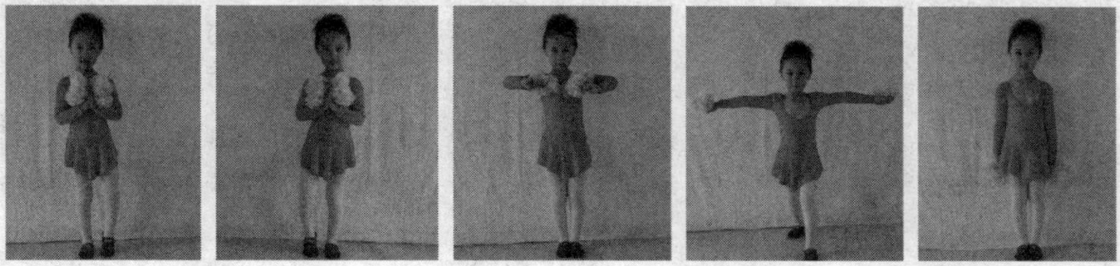

1　2　3-4　5-6　7-8

图 8-84

1－2 左脚开始踏步，同时两臂屈肘胸前击球两次。

3－4 两腿直立，同时两臂胸前平屈向外运动，扩胸一次。

5－6 左脚向前迈一步成前弓步，同时两臂侧平举，向后振胸两次。

7－8 两臂经前还原成直立。

第二个八拍同第一个八拍动作，但方向相反。

(六)体侧运动：2×8 拍

第一个八拍动作(如图 8－85)：

1－3 身体直立压脚跟弹动三次，同时两臂侧平举两手持球上下抖动。

4 左脚侧出一步，同时左臂肩侧屈手至头后，右臂体侧屈手至体后。

5 上体向右侧屈。

6－7 同 4－5 动作。

8 还原成直立。

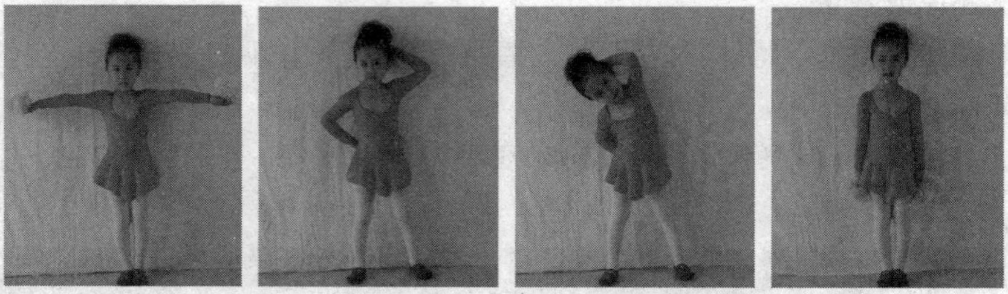

1–3　　4、6　　5、7　　8

图 8－85

第二个八拍动作(如图 8－86)：

1 左脚踏一步，同时右手击球左肩一次。

2 同 1 动作，但方向相反。

3－4 左脚侧出一步，同时两臂经下摆至侧平举。

5－6 上体向右侧屈。

7－8 还原成直立。

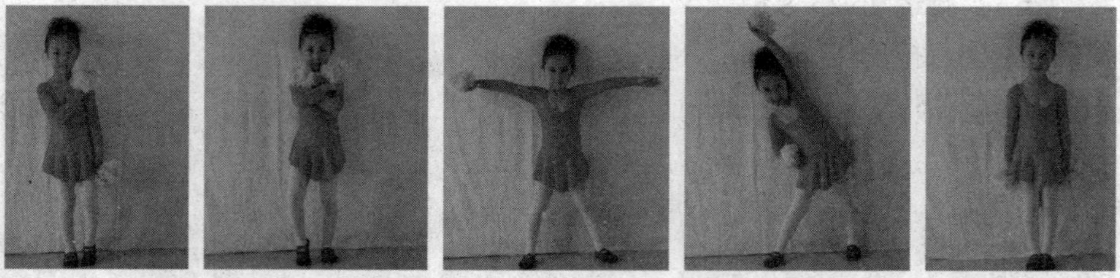

1　　2　　3–4　　5–6　　7–8

图 8－86

(七)体转运动：4×8 拍

第一个八拍动作(如图 8－87)：

1－2 两臂胸前平屈，两手持球胸前平屈，向外交替绕环。

3－4 左脚侧出一步，同时两臂肩侧屈。

5－7 两臂胸前平屈，同时身体向左右振动两次。

8 还原成直立。

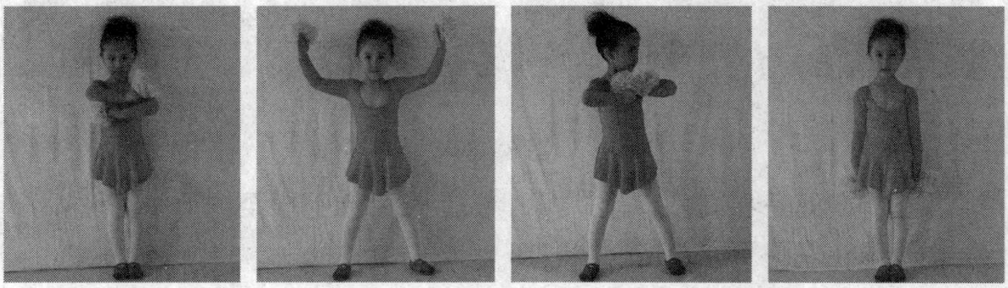

1–2　　3–4　　5–7　　8

图 8－87

第二个八拍动作（如图 8－88）：

1 左脚侧出一步，同时两臂前平举。

2 两腿稍屈膝，同时两臂胸前立屈。

3－4 同 1－2 动作。

5－6 左脚侧出一步，同时身体向左转 90 度，两臂侧上举。

7－8 还原成直立。

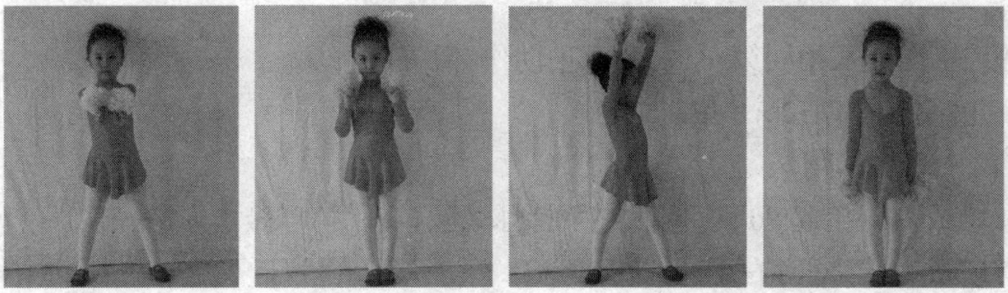

1、3　　2、4　　5–6　　7–8

图 8－88

第三、四个八拍同第一、二个八拍动作，但方向相反。

（八）腹背运动：4×8 拍

第一个八拍动作（如图 8－89）：

1－2 两臂经体前交叉向上摆至侧上举。

3－4 两腿稍屈膝下蹲，同时两臂头上交叉向下摆至侧下举。

5－7 两球敲击小腿外侧三次。

8 还原成直立。

第二个八拍动作（如图 8－90）：

1－2 两臂经体前交叉向上摆至侧上举。

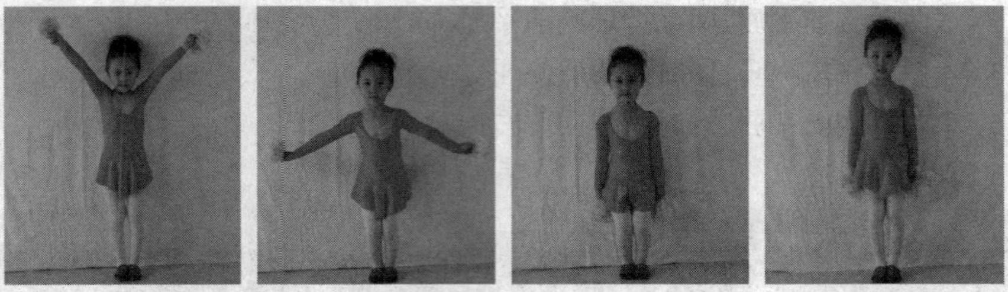

图 8 – 89

3 – 4 左脚向前一步成弓步,同时两臂头上交叉向下摆至侧下举。

5 – 7 两球在左腿下方敲击三次。

8 还原成直立。

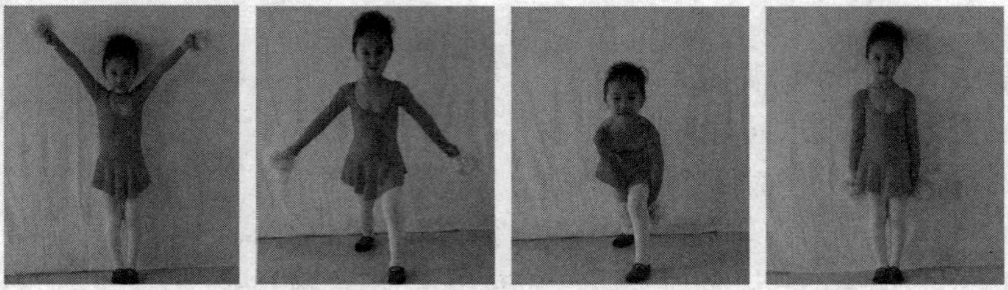

图 8 – 90

第三、四个八拍同第一、二个八拍动作,但方向相反。

(九)踢腿运动:2 × 8 拍

第一个八拍动作:

1 跳成左腿抬起 90 度,同时左手持球叉腰,右手持球敲击左膝一次。

2 跳成直立,同时右手还原。

3 – 4 同 1 – 2 动作,但方向相反。

5 跳成左腿前踢,同时两手叉腰。

6 跳成直立。

7 – 8 同 5 – 6 动作,但方向相反。

第二个八拍同第一个八拍动作,但方向相反。

(十)跳跃运动:4 × 8 拍

第一个八拍动作:

1 – 2 右腿屈膝后踢腿跳一次,同时左臂肩侧屈,右臂侧平举。

3 – 4 同 1 – 2 动作,但方向相反。

5 – 7 原地屈膝后踢腿跳 360 度,同时两臂侧上举抖动球三次。

8 还原成直立。

第二个八拍动作:

1-4 右腿开始稍屈膝,后踢腿跳一次;同时两臂前平举,上下抖动球一次(一拍一动)。

5-6 跳成分腿开立,同时两臂体前交叉向上摆至侧上举。

7-8 跳成还原成直立。

第三、四个八拍同第一、二个八拍动作,但方向相反。

(十一)整理运动:4×8 拍

第一个八拍动作:

1-3 左脚开始踏三步,同时左臂侧下举,右手持球,分别敲击肩、肘、腕部各一次。

4 右脚踏一步,同时两臂还原体侧。

5-8 同 1-4 动作,但方向相反。

第二个八拍动作:

1 左脚开始踏一步,同时右臂胸前屈,球击左肩一次。

2 同 1 动作,但方向相反。

3 左脚踏一步,同时左手击左腰部一次。

3 同 4 动作,但方向相反。

5-6 左脚开始踏两步,同时两手敲击腿外侧两次。

7-8 左脚开始踏两步,同时两臂前后摆动。

第三、四个八拍同第一、二个八拍动作,但方向相反。

(十二)小结

1.首先选好练习的对象(大、中、小班)、明确练习的目的(健身、表演、比赛)。

2.其次制作毛毛球,制作的球要坚固、耐用、颜色鲜艳,特别是球端的松紧带要适合幼儿使用(长短)。

3.教动作时,先让幼儿学会徒手动作,熟悉毛毛球的特性,再逐节掌握动作,最后连接整套动作。

4.待幼儿动作全部掌握后,再运用毛毛球,配合音乐进行完整动作练习。

易犯错误:

基本动作较差,做动作很吃力,幼儿没兴趣。

动作不熟,造成整套动作的混乱。

对毛毛球的性能不熟,因此,掌握和控制球的动作很困难。

纠正方法:

先教幼儿一些有关操的基本动作。细心教会幼儿每一节动作,熟练后进行成套动作的徒手练习,待动作熟练后再进行持球配音乐的练习。

多让幼儿手持毛毛球做基本动作练习,一方面激发幼儿的学习兴趣,另一方面培养控制能力。

音乐选择：

毛毛球操应选择节奏鲜明、欢快流畅的音乐伴随，但整套音乐速度不宜过快，要根据幼儿的年龄特点（大、中、小班）来确定音乐的速度。

（十三）评价

幼儿操的评价不能像对小学生、中学生或大学生那样进行评价，这里的评价应是以鼓励和激发幼儿积极参与毛毛球操的活动中，培养幼儿热爱体育，养成良好的体育锻炼习惯和良好的性格，发展思维能力、想象力、模仿力以及同伴合作的能力。为此，下面的评价表是给幼儿教师在毛毛球操的活动中对幼儿进行参考性的评价。

毛毛球操学习评价表

内容 标准	积极性	心理表现	合作情况
很好	能积极热情地参与到毛毛球活动操中，热爱体育活动，并能积极表现自己。	性格开朗，活泼好动，喜欢表现，想象力丰富，思维开阔。	愿意与小朋友合作，有自己的鉴赏力，能很好地配合老师和伙伴，完成做操任务。
好	愿意参加毛毛球操的活动，在老师的启发帮助下愿意表现自己。	通过练习，性格改变了许多，愿意表现自己。	毛毛球操的活动给自己创造了合作的机会，能同小朋友们一起学习。
有进步	通过学习，在各个方面都有了一定的进步，能参加活动。	通过学习，心理素质有所提高，特别是外在的表现。	通过学习，愿意和他人合作并能接受他人的意见。
一般	在帮助下能参与活动。	学习后心理表现不明显。	在启发教育下能与伙伴一起活动。

第九章 体育游戏

体育游戏是具有一定动作、情节和竞赛因素的一种独特形式的体育活动，其内容丰富多彩，形式生动，活泼多样，深受广大青少年、儿童和幼儿的喜爱。游戏是学校教育的重要组成部分，也是体育教学的重要内容和手段。游戏是学前儿童的基本活动，体育游戏是幼儿园体育的主要教材，因此，体育游戏是学前教育专业体育教学大纲中规定的重要内容之一。学前教育专业学生学习游戏教材则具有双重任务：锻炼学生身体；使学生了解和掌握幼儿园体育游戏教材和教学方法。

第一节 体育游戏基本知识

体育游戏主要是由各种走、跑、跳跃、投掷、越过障碍和各种对抗性练习等基本动作所组成的身体练习，是学生身体全面发展的重要手段之一。游戏的最大特点是能使人活泼愉快、情绪高涨，比其他身体练习更能引起学生的兴趣。在体育教学中，正确地组织和开展游戏活动，能充分调动学生参加活动的积极性和主动性，有利于帮助学生掌握和提高跑、跳、投等各项运动技能；有利于发展速度、灵敏、力量、耐力等身体素质；有助于发展注意力、记忆力、控制力，调动其思维活动的积极性，促进智力发展；并能培养朝气蓬勃、遵守纪律、团结互助的集体主义精神和机智、勇敢、果断、顽强等优良品质。

一、体育游戏的起源与发展

体育游戏源远流长，在人类社会初期就把它作为教育儿童的一种手段。家长常把自己的生活与劳动经验通过游戏的方式传授给孩子们。同时，孩子们也自发地对周围环境和成人的行为进行观察和模仿，做各种简单的、象征性的游戏。孩子们在结伴游戏中，还可受到友爱、合群等教育。远在荷马时代，斯巴达儿童就有了滚圈、木马、秋千等玩具。人们利用游戏对自己的后代进行生活、劳动等方面的技能教育。

我国原始社会末期，居住在大兴安岭一带过着游猎生活的鄂温克人，就利用“打熊”、“打虎”、“射雕”等游戏教给孩子们生活和生产的本领，并使其身体得到锻炼。抽陀螺，又称"打皮猴"，也是我国民间流传已久的儿童游戏。在1926年山西省夏县西阴村灰土岭出土的仰韶时期(5000多年前)文化遗址的文物中，曾发现一个陶制的陀螺，与现代儿童所玩的小陀螺形状基本相同。

此外，在我国敦煌壁画中也有游戏与舞蹈形象的图画。可见体育游戏起源于原始社会中生产力发展和教育的需要，有着悠久的历史。随着人类社会的不断进化，人们的生活和劳动方式以及生产和交通工具等，也在不断演变和进化，体育游戏也随之不断发展。人类最初只会跑、跳、追逐、角力，或模仿鸟飞、兽走、鱼游、刮风、下雨等生物与自然现象，做些极其简单的游戏，大都是徒手。后来随着社会的发展，游戏的内容也不断丰富起来，动作也更为复杂，如模仿狩猎、畜牧、耕种、建筑等活动，或模仿祭祀、膜拜神鬼、骑马、打仗等。大人对后代的游戏教育也越来越关注。当人类产生了语言之后，在儿童中就逐渐出现了带有说白、歌唱式的游戏了，在此基础上逐渐演变为当今小学、幼儿园的"唱游课"。

当人类有了文字之后，又逐渐出现了有故事情节和智力性的游戏(如猜谜、棋弈、填字组词、计算等)。游戏是随着时代的演进而翻新的。随着中外文化、教育的交流，国内外的许多民间游戏也得以相互传播。大凡好的游戏，总会世代相传而不衰。例如，在19世纪60年代，我国清朝同治年间的外交官张德彝，在游历各国漫长的日子里，记录整理了八部游记。其中用大量篇幅介绍、引进了60多则外国民间游戏，如"抽陀螺"、"打水漂"、"跳索"、"击鹄"、"猜影"、"玩石球"等，大都与我国民间儿童传统性游戏相类似。

进入20世纪80年代，随着我国体育事业的发展，游戏作为体育的重要手段之一，得到了广泛的传播，特别是在中小学、幼儿园的体育教学中，游戏被列为基础教材，成为对学生进行体育教育的重要内容。如今，不少公园、少年宫、俱乐部、儿童活动中心等文化娱乐场所，又出现了各种电子游戏，如电动玩具、飞船、飞车、模拟器等，表明当代信息社会科学技术的新发展。

所以说，在一定程度上，体育游戏也是社会进步和人类社会生活方式的反映。今后随着社会的不断发展，将会创造出更多、更好、更新颖的游戏。

二、游戏的分类

一般游戏可分为两大类，即发展智力的游戏(主要包括文字游戏、图画游戏、数字游戏等，大都属于文化娱乐)和发展体力的游戏(体育活动内容)两大类。幼儿游戏则根据游戏的教育作用可分为：

创造性游戏：角色游戏、结构游戏、表演游戏。

有规则的游戏：智力游戏、体育游戏、音乐游戏。

体育游戏也有各种不同的分类方法：

- 体育游戏的分类
  - 按组织形式
    - 不分队游戏
    - 分队游戏
  - 按人体基本活动技能和能力
    - 走的游戏
    - 跑的游戏
    - 跳的游戏
    - 投掷的游戏
    - 钻、爬、攀登游戏
    - 发展平衡能力的游戏
    - 球类游戏
  - 按发展身体素质
    - 速度游戏
    - 力量游戏
    - 灵敏游戏
    - 耐力游戏
  - 按运动负荷分类
    - 小运动负荷游戏
    - 中运动负荷游戏
    - 大运动负荷游戏
  - 其他
    - 室内游戏
    - 室外游戏
    - 民族、民间游戏

图 9－1　体育游戏分类

第二节　体育游戏范例

1.游戏:相反口令

目的:集中学生注意力,提高学生快速反应能力。

方法:听老师口令做相反动作。如:口令稍息时学生要立正,口令向左转时学生向右转。

规则:必须按相反口令做动作,否则为错误动作。

2.贴膏药

目的:培养学生快速奔跑能力。

方法:学生围成双层圆圈,左右间隔两臂。一人站圈内为追者,一人站圈外为被追者。被追者可利用圈上同学作掩护,也可沿圈外奔跑。如不想再跑,可用身体背部贴任意内圈游戏者前面,此时,追者须改追外圈游戏者。

规则:(1)手触到被追者即为追上,此时追者与被追者立即互换。

(2)被追者须在圈外奔跑,不得跑离圈外 3 米以上。

3.迎面追击

目的:培养学生快速反应、奔跑的能力。

方法:将学生分成人数相等的两队,以相距 2 米的距离面对面站立。规定一队为奇数队,一队为偶数队。比赛开始,老师喊数,奇数时,偶数队逃,奇数队追;偶数时,奇数队逃,偶数队追。在规定距离内抓到对手者为胜。

规则:(1)必须抓与自己相对的同学。

(2)被拍着的同学就要举手,遵守游戏规则。

4.打鸭子

目的:培养学生快速反应、身体活动的灵活性和准确性。

方法:将学生分成四组,每组约 12 – 13 人。三组同学手拉手围成圆圈把第一组同学围在圆圈内当“鸭子”。圆圈上的同学手持球。游戏开始,圆圈上的同学利用传球,击打圈内同学头部以下,被打到的同学要退出圆圈。圆圈内同学跑跳躲闪,尽量不让球打到自己。游戏以小组成员都被打下结束,换下一组进行。最后以在圈内坚持时间最长的组为胜队。

规则:(1)圆圈上的同学不能到圈内打鸭子。

(2)不能击打同学头部。

5.打脚腕

目的:提高脚步移动能力。

方法:游戏者两人一组,间隔距离以相互不干扰、碰撞为宜。教师鸣笛后,两人相互以单手拍打小腿以下的脚腕部位,同时尽量不让对方打中自己。每打中一次得一分,在规定时间内得分多者为胜利。

规则:打中小腿以上部位无效。

6.争人

目的:培养快速反应能力,发展速度素质。

方法:将学生分成人数相等的三队,第一、二队先站在起跑线前,第三队与两队相距 30 米。第一、二队按队形编号,第三队打乱编号,自己内定编号。游戏开始,第三队出一人到圆圈内,大声说出自己的号码,同号码的一、二队同学快速跑出,去拍圈内同学的手。先拍到的同学为争人成功,带同学回本队。第三队另一同学再在圆圈内继续。最后第三队人全部进行完毕,一、二队以哪队总人数多者为胜。三队交换位置继续进行。

规则:(1)圆圈内同学必须公正确认谁先拍到自己的手。

(2)必须站在线后起跑。

7. 角篮球

目的:提高传球熟练性及隐蔽性。

方法:将学生分成人数相等的两队,双方在中圈跳球开始。获球队进行传球配合，设法将球传给本方接球员，接球员在接球区接到球即得2分。守队则设法抢断球，转守为攻。在规定时间内得分多者为胜。

规则：(1)除接球员外任何人不得进入接球区。

(2)某方得分后，由对方在端线外发球。

8．游戏：跳篱笆

目的：培养学生跳跃能力。

方法：将学生分成人数相等的四队，各成两路纵队。各队学生蹲下相互握住内侧的手，成"篱笆"状。最后两名学生站在队尾。比赛开始，各队最后的两名学生依次用双脚跳过前面的"篱笆"，跳完后接着做"篱笆"，后面的同学依次进行，直到全队完成。以先完成的队为胜队。

规则：必须用双脚跳过。

9．游戏：挑战与应战

目的：发展学生的快速跑能力

方法：将学生分成两队，距离30米。由一队排头先到二队挑战，二队的队员必须把手伸出。一队排头击打谁的手，即为向哪位同学挑战，被挑战的同学必须迎战，去追一队排头。如果在一队排头回队前追上，一队的人归二队，站在迎战同学后面。如果没追上，二队同学归一队，站在排头后面。二队排头再向一队挑战。依次进行，最后以人数多的队为胜。

规则：要救回本队队员，必须向他前面的同学挑战。

10．游戏：熊、猎人、枪

游戏目的：增强学生敏捷反应素质，提高学生快速跑的能力。培养团队意识。

活动场地：在空旷的塑胶跑道上，长约60米，宽约20米，中间画一条中线，两端各画一条安全线，把长约60米、宽约20米的长方形二等分。

游戏方法：把学生分为人数相等的两队。可以一队为红队，另一队为蓝队，也可自己进行命名。各队选一个领头人。本队的领头人要和自己的队员们商量和规定，将"人"、"枪"、"熊"中任选一个，要求全队的人必须说得一致。听老师口令，两队一起做商量好的动作。按人→枪→熊→人的规律，输的队要快速转身跑，赢的队去追，在输的队返回本队安全线前被抓住的同学要到场外休息。游戏继续进行，三局后，看哪个队抓住的人多，哪队就为胜。

游戏规则：(1)在游戏过程中，被抓住的同学要到场地外休息。

(2)两队在商量"人"、"枪"、"熊"的时候要小声，不准探听另一队的决定。

(3)本队成员的想法要听领头人的，不准擅作主张。

11．体育游戏：通过封锁区

目的：提高快速跑能力，培养学生机智勇敢的品质。

方法：设置两条线，一条是起点，一条为终点，两条线之间是"封锁区"。选两名同学站在封锁区内当“狙击手”，其他人分成人数相等的四队横队站在起点线后。游戏开始，第一队的学生商量好通过封锁区的方法后，或同时或先后冲过封锁区，狙击手进行追拍，被拍到的同学自动站到封锁区两侧，然后是第二队依次通过，直至全体同学做完为止。最后以被拍中的人最少的队为胜。

规则：(1)通过的方法可依次通过，可全部一次通过，方法由各队自己定，但必须在教师发令10秒内通过。

(2)只要手触到，即为狙击成功。

12. 大渔网

目的：培养学生团结、协同一致的优良品质，发展奔跑和灵敏素质。

方法：规定篮球场为一个“池塘”，选出2名同学手拉手做“捕鱼人”，其余学生做“鱼”，在“池塘”里自由跑动。游戏开始，“捕鱼人”进入“池塘”，手拉手成“渔网”去捕“鱼”，凡是被捉到的同学就算被捕捉到的“鱼”，应立即与“捕鱼人”手拉手参加捕“鱼”，直到把所有的“鱼”全捕完或剩少数“鱼”为止。

规则：(1)“鱼”不能离开“池塘”，否则算被捉到。

(2)“捕鱼人”必须手拉手，渔网不能破，鱼可以在破渔网处逃走。

游戏变化：游戏可以变为“小渔网”，被捕到的“鱼”达到两个，即可脱离原来的“渔网”，成为一个新的“小渔网”去捕捉其他的鱼。

13. 传球比快

游戏目的：发展学生动作的协调性；培养学生的团体合作能力。

游戏准备：排球四个。

游戏方法：将学生分成人数相等的四队，纵队站立。每队排头手持一球。老师鸣哨比赛开始，各组的第一名同学从左侧（右侧、头上、胯下）传球给第二名同学，接着后者以同样方式传球给第三名同学，依次进行，传至最后一名同学，最后一名同学持球迅速跑至第一名同学身前，按上述方法传球进行，游戏直至原排头的第一名同学回到原位结束。以先完成的队为胜队。

规则：1.球必须经每一个同学的手向后传递。

2.必须按要求的方式传球。

14.游戏：钻大山

目的：增强学生力量素质，体会游戏的乐趣。

方法：请两名同学手搭手组成山洞，其余同学排成一路纵队，从山洞中穿过，同时念儿歌：“钻大山，钻大山，钻完大山，钻小山，你也钻，我也钻，钻来钻去乐翻天。”说完最后一个“天”字，搭山洞同学的手臂放下，锁住一名同学。搭山洞同学通过剪子包袱锤决定这名同学归哪一方。直到全部同学分成两组，开始拔河比赛，决出胜方。

规则：(1)学生要排成纵队，不能断开。

(2)说到"天",两名搭山洞的同学手才能放下。

15.龙头捉龙尾

游戏目的:练习学生躲闪跑,提高学生身体协调能力,增强身体灵敏素质。

游戏方法:将学生分成人数相等的两组,站成两路纵队。每队排头为龙头,排尾为龙尾,其余中间同学做龙身,每组相邻同学互相抱腰连在一起。游戏开始,龙头带领龙身、龙尾积极跑动,去追捉另一组的龙尾,同时要避免自己本组的龙尾被对方龙头捉到。在规定时间内,剩余人数多的一组为胜。

游戏规则:1.捉住的龙尾必须要自动退出场外。

2.龙身不能断开,如果断开,龙头可以捉断开的龙身。

16.室内游戏:传口令

游戏目的:培养学生灵敏的听力及记忆力,教育学生不可轻信传话。

游戏方法:老师将写好的话或对联内容让甲乙两队的第一人看过,让其记住,当听到开始口令,各队的第一人立即把话传给第二人,依次向后传,直至本队最后一人。最后以传话速度快且较准确的队为胜队。

游戏规则:(1)注意口令保密,传话只能两人听见。

(2)只许按顺序传,不能隔人传话。

17.室内游戏:撞球

游戏目的:集中学生精力,培养学生快速反应能力。

游戏方法:以全班同学的学号为球数,即一号即为一号球,五号即为五号球。老师任意点一名同学开始游戏,这位同学说:"我是×球撞12球。"12号同学要快速反映说:"我是12球撞35球。"35号同学要快速接上,若反应迟钝或说出没有的号则罚行纸令一次。

游戏规则:叫号的同学不能立刻反弹回去。

18. 室内游戏:不言明七暗七

游戏目的:培养学生的快速反应能力。

游戏方法:由一行的排头同学开始报数,按顺序往下传,学生遇到数字带7或7的倍数时不要报数,而应击掌一次。如出现错误,该报数时击掌,该击掌时报数,反应迟钝者罚自我介绍,如姓名,哪里人,喜欢什么体育活动。

游戏规则:独立报数,其他同学不许提示。

19.室内游戏:六人组字

游戏目的:培养学生随机应变能力,增强同学间凝聚力。

游戏方法:将学生分成若干小组,每组六人,由排头拿粉笔听老师命令开始后,快速向前跑到黑板前写下本组商定字的第一笔,再跑回将粉笔传给第二人,第二人在第一人基础上完成该字的第二笔,依次进行。以先完成的队为胜队。(字:亚、百、年、朱、后、乒、乓、买)

游戏规则:(1)后一名学生不得修改前一名同学的笔画。

(2)前一名同学跑回后一名同学才能出发。

20.室内游戏:猜猜谁是领头人

游戏目的:培养学生的观察能力。

游戏方法:选一同学做引导人来到讲台前,背对大家站好。老师另选一名同学做领头人,带领大家做动作。游戏开始后,老师让引导人回头观察,猜测谁是领头人。若猜对,引导人回座位,领头人上来做引导人;若三次都没猜对,引导人表演节目。

游戏规则:(1)其他同学不得暗示引导人。

(2)领头人要不断变换动作。

第三节　幼儿体育游戏指导与范例

幼儿园体育工作的“育体”任务是通过两条途径来完成的:一是体育活动(包括早操、体育课以及户外体育活动等常规锻炼方式);二是体育游戏。幼儿体育游戏是幼儿园体育活动中最重要的内容,它是以基本动作为主要内容,以游戏活动为形式,以增强幼儿体质为主要目的的一种活动。

一、幼儿体育游戏的指导方法

1. 游戏前的准备

(1)钻研教材,熟悉游戏的内容和目标。

(2)根据幼儿情况,考虑好开展游戏的具体步骤,包括怎样讲解(引导和示范)。

(3)选择和布置场地、场地标志、器材用具的安全、头饰、胸标的制作(可以和能力强的幼儿共同布置)。

(4)督促、检查和帮助幼儿整理服装、鞋子(脱去多余衣裤、手套、围巾等)。

(5)了解幼儿健康状况。

2. 游戏的进行

(1)游戏开始

A 组织带领幼儿进入游戏场地。

B 引出游戏内容、方法结果和注意事项。

用形象、生动的语言和好的方法吸引幼儿。语言简明扼要,生动形象;声音洪亮;讲解可结合示范进行(教师自己示范或请幼儿示范)。

C 分组和分配角色。

竞赛性游戏对各组幼儿的能力要搭配均匀,追逐游戏两人能力要相当。分组的方法一般有教师分配法、点将法、报数法、自由结合法等。主要角色由教师担任(中、大班也可由能力强的幼儿轮流担任)。

(2)游戏过程中

A 幼儿游戏,教师观察指导,调节幼儿运动负荷。

B 选用教师带领幼儿游戏或幼儿自己游戏等具体手段。幼儿游戏时,老师应采用全面与个别相结合的方式观察幼儿活动情况,运用适宜的鼓励、参与、帮助、保护等方法引导、纠正幼儿,使幼儿主动积极地参与到游戏中。

C 小结讲评。

对前段时间的游戏情况,教师可运用谈话、演示、讲评等方法,提出新的玩法和要求,或对游戏进行阶段性小结讲评,鼓励幼儿以较高兴趣继续游戏,进而达到调节运动负荷量或调整游戏的目的。

(3)游戏结束

A 放松活动。组织带领幼儿放松身心,使幼儿身心逐渐平静。

B 讲评活动。对幼儿游戏活动的表现进行全面与重点相结合的讲评(以鼓励为主),激发幼儿下次游戏的愿望。

C 整理器材。体育游戏结束后往往还需要进行的一项重要活动就是场地、器械和幼儿自身衣服的整理检查(整理场地与器材可让部分幼儿参与)。这种工作的指导有利于培养幼儿的责任意识和承担责任的能力,教师切不可贪图省事而省略了这一环节。

幼儿体育游戏指导技能训练自我评价表

标准	优秀	良好	及格	不及格
内容	游戏前准备好,游戏方法讲解清楚,层次分明,语言精练。游戏组织能力强。能对游戏中出现的问题及时、有针对性地小结。	游戏前准备较好,游戏方法讲解较清楚、明白。游戏组织能力较强。能对游戏中出现的问题进行小结。	游戏有准备,游戏方法讲解清楚,语言不精练。游戏组织欠灵活。简单小结。	游戏无准备,游戏方法讲解不清楚,游戏组织能力差。无小结。

二、幼儿体育游戏范例

1. 老狼老狼几点了(幼儿园小班游戏)

游戏目的:练习听信号快跑,提高幼儿快速反应能力,培养幼儿勇敢的品质。

游戏方法:请一个幼儿(老师)扮演老狼,其余幼儿扮小动物站在老狼后面。游戏开始,小动物和老狼从起点出发一起向前走,小动物边走边问:“老狼老狼几点了?”老狼回答:“×点了。”边走边问,直到老狼回答“天黑了”时,小动物赶快转身跑回起点。老狼追捉小动物不能越过起点线。

规则:(1)小动物与老狼边走边问,不能停留。

(2)老狼不能倒数时间,不能回头看。

(3)老狼回答时间时,不能回头看。

2. 猫抓老鼠(幼儿园小班游戏)

游戏目的:幼儿练习钻、爬、翻等动作,发展幼儿动作的灵敏性与协调性;培养幼儿动手的能力、友好合作的能力以及爱劳动的良好品质。

游戏方法:老师首先可以带幼儿一起布置场地。拱形门,垫子,由硬纸箱自制的“地道”,地道可以在中间或两头挖个大洞,在地道的另一端放下一些“小老鼠”。小老鼠可以用沙包代替。幼儿自愿分成两组,两组幼儿手臂上分别系上红色、黄色的布条代表红房子、黄房子的“小猫”。小猫们排成两队依次进行“猫抓老鼠”的游戏:钻过或者爬过障碍物,去捉拿小老鼠并把小老鼠放回自己的“家”中,下一个小猫再去抓小老鼠。最后比比看哪家的“小猫”捉的“小老鼠”多。

规则:(1)幼儿必须一个接一个不能抢,返回后必须站到队伍的后面。

(2)必须按道路走,一次只能捉到一只“小老鼠”。

3. 吹泡泡(幼儿园小班游戏)

游戏目的:练习一个跟着一个走,培养幼儿遵守规则的好习惯。

游戏方法:老师与幼儿手拉手围成一个大圆圈,沿逆时针方向边走边念儿歌:“吹泡泡,吹泡泡,吹成一个大泡泡。”念到“泡泡飞高了”,老师与幼儿一起两臂上举,念到“泡泡飞低了”,老师与幼儿蹲下,念到“泡泡变小了”,老师与幼儿手拉手一起向圈内跑,念到“泡泡变大了”,老师与幼儿手拉手一起向后跑,念到“泡泡破了”,老师与幼儿一起发出“啪”的声音,同时松手,两臂上举。当听到老师说“吹泡泡了”,幼儿和老师再次手拉手。

游戏规则:必须按老师发出的信号要求做动作。

4.老猫睡觉醒不了(幼儿园小班游戏)

游戏目的:提高幼儿轻轻走、轻轻跑的技能;培养幼儿对游戏的兴趣。

游戏方法:请老师扮演老猫,幼儿扮演小猫围着老猫蹲下。游戏开始,老猫假装睡着了,小猫一起轻轻念儿歌:“老猫睡觉醒不了,小猫偷偷往外瞧,小猫小猫爱游戏,轻轻走到外面去。”念完儿歌,幼儿才能轻轻走到场地周围藏起来,老猫听到小猫走开藏好后,睁开眼睛,四处看看说:“老猫睡醒四面瞧,我的孩子不见了,喵喵。”小猫听到老猫的叫声,才能“喵喵”地叫着跑回老猫身边。

游戏规则:(1)小猫必须念完儿歌才能离开,必须听到老猫的叫声才能赶回来。

(2)老猫只有等小猫走后才能睁开眼睛找小猫。

5.大皮球(幼儿园小班游戏)

游戏目的:练习双脚原地向上跳,培养幼儿参与游戏的兴趣。

游戏方法:地上画一个大圆圈,幼儿站在大圆圈上,老师带领幼儿沿着圆圈边走边念儿歌:"走走走,跟着老师走;走走走,跟着朋友走;走走走,走成一个大皮球。"念完后,幼儿站好转向圆心。教师到圆圈中间边拍皮球,边与幼儿念儿歌:"大皮球,真正好。拍一拍,跳一跳。拍得轻,跳得低。拍得重,跳得高。拍拍拍,跳跳跳。"在念儿歌时,幼儿要做相应双脚原地向上跳动作。教师说:"皮球漏气了!"幼儿蹲下,教师说:"皮球气足了!"幼儿起立。游戏继续进行。

游戏规则:幼儿要按老师说的儿歌节奏做双脚原地向上跳。

6.小孩小孩真爱玩(幼儿园小班游戏)

游戏目的:练习幼儿向指定方向跑。

游戏方法:教师与幼儿在场地中间,一起念儿歌:"小孩小孩真爱玩,摸摸这,摸摸那。"老师自己说:"摸摸××跑回来。"幼儿立刻跑向老师指定的地点摸一下然后快速返回老师身边。老师不断变化指定地点让幼儿进行练习。也可以变化口令"摸摸××(跳、走、飞、抓)回来"让幼儿练习。

游戏规则:一定按老师的口令练习,必须摸到才能回来。

7.小羊和狼(幼儿园小班游戏)

游戏目的:增强体质,提高幼儿快速躲闪和奔跑的能力,培养幼儿机智的品质。

游戏方法:请一个幼儿做大灰狼,老师做羊妈妈,其余幼儿做小羊。游戏开始,羊妈妈带领小羊们吃青草、喝水、做游戏,当听到老狼来了时,小羊要快点跑回自己的家。被抓到的小羊取消游戏一次。老狼走远以后,小羊继续出来游戏。

游戏规则:1. 大灰狼必须听老师说老狼来了才能出现。

2.小羊回到家大灰狼就不能追了。

8.乌鸦捉麻雀(幼儿园中班游戏)

游戏目的:训练幼儿动作敏捷和发展弹跳力,培养幼儿勇敢敏捷的优良品质。

游戏方法:在场地上画一个直径为2米的大圆圈。选1-2名幼儿扮乌鸦,站在大圈内,其余的参加者为麻雀,均在圆圈外。游戏开始,麻雀可沿圆圈线跳进跳出,乌鸦力争将跳进的麻雀捉住,被捉住者停止游戏。老师要鼓励扮演麻雀的幼儿勇敢地跳进跳出。

游戏规则:(1)麻雀必须双脚跳。

(2)乌鸦不得到圈外抓麻雀。

(3)凡被乌鸦用手拍到者,即为捉住。

9.爱护小树(幼儿园中班游戏)

游戏目的:练习幼儿听信号迅速反应,提高幼儿灵敏、协调的素质;培养幼儿对体育的兴趣和活泼开朗的性格。培养团队合作精神;教育幼儿应该爱护小树。

游戏方法:小朋友们先拉好小手,围成一个大圆圈。老师把小树放在中间,老师说:“因为风好大,小树快被吹倒了。所以请老师来站在圈内用手扶着小树。”小朋友们就要手拉手边走边念:小树小树,我们都爱护。这时扶树的老师随时叫一个小朋友的名字。如:“××请你来保护树。一、二、三!”说完就松开手,被叫到的小朋友就要马上跑上去扶住小树,两人交换位置。如果老师在叫小朋友扶树时,小朋友没扶到树就由老师接着扶树。老师要看哪个小朋友反应最快。

游戏规则:(1)扶树的小朋友叫名字时,声音要响亮、清楚,让大家都听得见。

(2)扶树的小朋友要在数完后才能松开小树。

10. 冰糕化了(幼儿园中大班游戏)

游戏目的:练习幼儿跑的能力、反应能力以及互助的团结精神。

游戏方法:选出一个幼儿(老师)扮抓人角色,其余幼儿在规定的场地内自由跑动。在即将被抓到的时候,幼儿说“冰糕”就原地不动,抓的人也不能抓他了,再去追其他人,定住的冰人需要其他组员解救他,拍拍他身体的某个部位,定住的冰人一定要说“化了”就可以自由活动了……如果在被抓到时,没有及时说“冰糕”,则角色互换,成为抓人角色。

游戏规则:(1)成为冰人,别人不拍你时不能动。

(2)当被别人解救时必须说“化了”才能跑动。

11.小镰刀割青草(幼儿园中大班游戏)

游戏目的:锻炼幼儿跑的基本能力和反应能力;培养幼儿集体合作的能力。

游戏方法:首先推荐三名小朋友,手攥手连在一起,老师带小朋友说儿歌:“小镰刀,割青草,割着谁,谁就跑。”剩下最后一位小朋友即为抓人者,去抓其他小朋友,其他小朋友快速在规定场地内跑动。当快抓到自己的时候,可以说“小镰刀”,并保持当前动作不动来保护自己,抓人的小朋友就不能再抓他。其他小朋友可以跑来拍他身体任何部位,同时说“割青草”,即表示这个小朋友又可以自由跑动了。如果在被抓到时,没有及时说“小镰刀”,则角色互换,成为抓人角色,开始抓小朋友。

规则:(1)必须在指定范围内活动。

(2)喊小镰刀之后就不能动了,违规就成为抓人角色。

12.两人三足

游戏目的:培养幼儿身体动作的协调性;让幼儿学会用口令的方法来指挥自己的脚步;培养幼儿的团体合作能力。

游戏准备:宽布若干条;羽毛球拍两个。

游戏方法:引发幼儿兴趣,老师:“有一个巨人长了两个身体三条腿,走起路来大摇大摆,那么也让我们的小朋友来试一下,好不好呀!”教师讲解游戏,并且示范:首先把靠在一起的两只脚绑住,变成"三只脚",并指导幼儿用口号"一二一二"来练习行走。游戏开始,将幼儿分成人数相等的两个队,幼儿两人一组并绑上布带做两人三足状并排站立,听老师下令,两队的小朋友手拿羽毛球拍走到终点然后返回交给下一组,看谁在最短时间内完成为胜者。提醒幼儿不要用力过猛,注意两人配合以免勒到。

13.小动物赛跑(幼儿园中大班游戏)

游戏目的:练习幼儿圆圈跑,发展幼儿下肢力量,培养幼儿的记忆力。

游戏方法:将幼儿分成三组,分别做"小兔、小马、小羊、小鹿",老师做大象公公,大家围成一个圆圈。游戏开始,小动物们一起说儿歌:"森林里真热闹,小动物来赛跑。大象公公当裁判,现在该谁来赛跑?"大象公公说:"小动物准备好,现在请小X来赛跑。"被叫到的小动物要迅速跑出绕圆圈外跑一圈回到原位,谁先回来谁为胜。

游戏规则:幼儿必须等老师说完才能跑出。

14.划船比赛(幼儿园中大班游戏)

游戏目的:发展幼儿耐力素质,增强身体协调能力,培养团结合作的品质。

游戏方法:场地上画两条相距5米的两条线,幼儿两人一组在起点线准备。两人面对面互相坐在对方伸出的脚面上,并抓住对方的两臂,形成"小船"状。游戏开始,通过两个幼儿身体的屈伸,让"小船"向前行进。先到达终点的一组为胜。

游戏规则:两名幼儿在游戏过程中臀部不能离开对方的双脚面。

15.炒黄豆(幼儿园中大班游戏)

游戏目的:发展幼儿身体的柔韧性,培养相互配合能力。

游戏方法:两个幼儿一组,面对面手拉手,一起边说儿歌边开合摆动手臂:"炒炒炒炒黄豆,炒完黄豆翻跟头。"当说到翻跟头时,两个幼儿同时抬起一侧的手臂,头同时从抬起的手臂下钻过,身体自然翻转成背对背,游戏继续进行。

游戏规则:要边说儿歌边做动作。

16. 小球回家(幼儿园大班游戏)

游戏目的:培养幼儿传接球的能力,发展幼儿手臂肌肉的动作,提高团队意识。

游戏准备:篮球(2个)

游戏方法:选择活动地点空阔的地方,把班内的人分成相同人数的两队,让幼儿围成两个圈。每队从老师开始传,向右或者向左开始,最后再传到老师那里,传得快的一队为胜队。

游戏规则:(1)在游戏中传球的姿势正确,必须一个接一个地传。

(2)在游戏过程中不能到处跑。

(3)球不能落地。

17. 狡猾的狐狸在哪里(幼儿园大班游戏)

目的:发展灵敏、速度素质。

方法:全体幼儿闭眼、背手站成一个大圆圈,教师在圈外沿逆时针方向走一圈,并用手指触任一幼儿的手,以示请他扮演“狡猾的狐狸”。然后让大家睁开眼睛,并齐声连问三遍:“狡猾的狐狸在哪里?”随之,狐狸迅速跑出,举手说:“我在这里。”然后,狐狸开始追捉,其余幼儿在规定范围内奔跑,被捉到的幼儿站到场外。捉到几名幼儿后,更换狐狸,游戏重新开始。

规则:(1)教师点“狐狸”时,幼儿必须闭上眼睛。

(2)被捉到的幼儿必须站到场外。

18. 学打保龄球(幼儿园大班游戏)

游戏目的:练习投准,增强幼儿上肢肌肉的力量,锻炼手眼协调的能力;培养幼儿养成积极参加体育活动的良好习惯。

活动准备:内装若干沙子或水的大号可乐瓶子若干个,小皮球两个,小红花若干个,记录展示牌。

游戏方法:老师:“让我们一起进行比赛吧。看哪一队得到的小红花最多!”老师将幼儿分成人数相等的两队,将相同数量的可乐瓶放置前方,幼儿站在规定距离的线后进行比赛,由老师记录每一队的小朋友,谁击倒的瓶子多,就得一朵小红花。游戏反复练习,最后看谁得到的红花多。

游戏规则:幼儿必须站在规定距离的线后进行比赛。

19.螃蟹赛跑(幼儿园大班游戏)

游戏目标:训练幼儿侧走的能力和身体的灵活性;培养幼儿之间的协作能力。

游戏准备:2个小皮球,场地上画有起跑线至终点线。

游戏方法:幼儿分成两组,两人成一组,面对面用胸部夹住小皮球,侧身跑到终点处,绕过小旗往回跑,返回起点后,把球交给下一组小朋友,游戏继续进行,哪队先跑完,哪队获胜。

游戏规则:(1)夹球走时手不能碰球。

(2)球若中途落地,应回到起点夹好球重新再跑。

20.老鹰捉小鸡(幼儿大班游戏)

游戏目的:锻炼幼儿快速躲闪的能力,增强幼儿之间团结协作的能力。

游戏方法:把全班小朋友分成四组。从每组中找出两个小朋友,一个扮演老鹰,另一个扮演鸡妈妈。挑出来做老鹰的幼儿要在其他三组中的任意一组扮演老鹰,鸡妈妈在本组。其余本组小朋友扮演小鸡。游戏时间为10分钟。规定鸡妈妈和小鸡的活动场地和老鹰的家。游戏开始,鸡妈妈带着小鸡排成一路纵队出来觅食,老师发出口令“老鹰来了”。这时,老鹰出来了,鸡妈妈可以张开双臂保护小鸡,小鸡灵巧躲闪。被老鹰拍到的小鸡即为被捉。一段时间后,老鹰累了就要回家休息,这时鸡妈妈带小鸡坐在地上休息,时间为1分钟。休息完毕老鹰出现,游戏新一轮开始。游戏结束进行评比,抓到小鸡最多的老鹰为"超级老鹰",剩余小鸡最多一组的鸡妈妈评为"无敌鸡妈妈",没有被老鹰抓到的小鸡都是"优秀宝宝"。

游戏规则:(1)不能离开规定的场地,老鹰在休息时不准到鸡妈妈和小鸡的活动场地。

(2)小鸡不能和妈妈脱离,如果和鸡妈妈脱离将直接成为老鹰的猎物。

(3) 鸡妈妈不能抓住、抱住、拖住老鹰。

(4)老鹰不能从鸡妈妈胳膊下面捉小鸡。

21.小兔子接力赛(幼儿大班游戏)

游戏目的:培养幼儿跳跃和跑的能力,增强幼儿的集体荣誉感。

游戏方法:场地画好起点、中间站,准备四条跳袋及奖品(卡纸制作的胡萝卜)。组织幼儿在起点按组站好,下达游戏口令,幼儿套上跳袋后,蹦到中间站,在中间站摸一下,从跳袋里出来,拿着跳袋跑回队伍,把跳袋给下一位幼儿,该幼儿重复上述动作,以此类推,接力进行比赛。以所有幼儿依次完成一遍为游戏结束,最先全部归队的小组为获胜组,分出第一、二、三、四名。

游戏规则:(1)幼儿必须套上跳袋从起点跳到中间站。

(2)幼儿必须站在中间站处摸地一下。

22.小小飞行员(幼儿园大班游戏)

游戏目的:增强体质,培养幼儿短跑和投掷的能力,提高幼儿的身体素质。

游戏准备:8个大小、材料相同的纸飞机

游戏方法:在场地内画好起点线、终点线。将幼儿分成几个小组,每组发两个纸飞机。从每队中找两个个头差不多的小朋友,手拉手围成一个圆圈。剩余小朋友由老师带领到篮球场的一个边线处为起点,以另一条边线为终点线,小朋友由起点处开始跑,到终点处停住,捡起旁边的纸飞机,然后手臂弯曲在肩上,两脚前后分开,身体后仰,用力蹬地投向前方的圈内。投掷完后,往回跑,击下一个小朋友的手。下一个小朋友再接上,如此反复,直至最后一个小朋友跑回终点线。游戏以投入圆圈内的纸飞机多的队为胜。

游戏规则:(1)小朋友从始发处跑到终点处时,不能越过终点线。

(2)回到起点时,一定要击下一个小朋友的手,下一个小朋友才能开始跑。

(3)每人只能投一次。

23. 鸭子排队走(幼儿园大班游戏)

游戏目的:锻炼幼儿下肢肌肉力量和关节的灵活性;培养幼儿的集体观念,增强团队精神。

游戏方法:将幼儿分成四组进行比赛,各组成纵队站在起点线上。排头的幼儿两臂自然下垂并微微向两侧展开，做小鸭张开双翅状，后面的幼儿将双手搭在前面幼儿的肩上。游戏开始，全体幼儿都蹲着向前走，排头踏上终点“嘎嘎”叫两声表示到家。以排头先到家的小组获胜。

游戏规则：(1)幼儿必须屈膝蹲下，腿不能伸直，队伍不能断。

(2)排头的幼儿到达终点后才能发出“嘎嘎”的叫声。

24.一物多玩(报纸)

目的：发展思维的创新性。

方法：出示报纸，请幼儿玩报纸，并谈谈自己想到的幼儿体育游戏与游戏方法。(1)走的游戏：将报纸裁成窄条，铺在地上，幼儿可以练习直线走、曲线走。(2)跑的练习：置于腹前，练习快速跑。(3)躲闪跑练习：捉带子(捉尾巴)。(4)跳跃练习：将报纸有规则地摆放在地面，从报纸上跳过。(5)掷准练习：叠成纸飞机或团成球，练习掷远或掷准。(6)平衡能力练习：头顶报纸站立或行走。(7)击鼓传花。(8)魔毯游戏。

一物多玩报纸游戏范例：

跑类游戏

(1)捉尾巴

目的：培养幼儿机智灵活的品质，发展幼儿追逐跑、躲闪跑的能力。

准备：将报纸竖着截成宽5厘米的长条，在报纸的一端粘双面胶。

方法一：请两名幼儿(人数可根据幼儿人数多少增减)为追捉者，其余幼儿每人身后粘一条报纸做尾巴，四散在规定场地内。游戏开始，两名追捉者捉其余幼儿身后的尾巴，其余幼儿在规定的场地内跑动躲闪保护自己的尾巴。游戏中被捉掉尾巴的幼儿退出场地外。游戏以尾巴全捉完或到规定时间结束。

方法二：给每一个幼儿发一条报纸粘在身后做尾巴，四散在规定场地内。游戏开始，每一位幼儿积极跑动，追捉躲闪，做到既要保护好自己的尾巴，又要抢捉其他幼儿的尾巴。游戏到一定时间结束，以保护好自己尾巴又捉尾巴多的幼儿为胜。

规则：①追捉幼儿不能推拉有尾巴的幼儿。

②幼儿只能跑动躲闪保护自己的尾巴，不得藏起尾巴或拿在手中。

③追捉过程中不得跑出规定场地。

(2)风儿在这里

目的：发展幼儿快速跑的能力，培养幼儿的竞争意识。

方法：给幼儿每人发一张报纸，游戏开始，要求每一个幼儿将报纸放在腹前，在规定场地内跑动，看谁的报纸最后掉下来。引导幼儿感受风的作用。再进行一次游戏，引导幼儿感受逆风跑时速度越快报纸越晚掉落。游戏再开始，幼儿一起说歌谣：“风儿在哪里？风儿在哪里？风儿在这里。”然后快速跑出，以报纸最后掉落的幼儿为胜。

规则:①游戏中不得用手抓住报纸,否则判为失败。

②听口令开始,不得延迟。

(3)顶球接力

目的:发展幼儿快速跑素质,提高幼儿身体协调能力。

准备:场地设两条线相距30米-50米,各为起点线和河岸线,两条线之间设为河水。

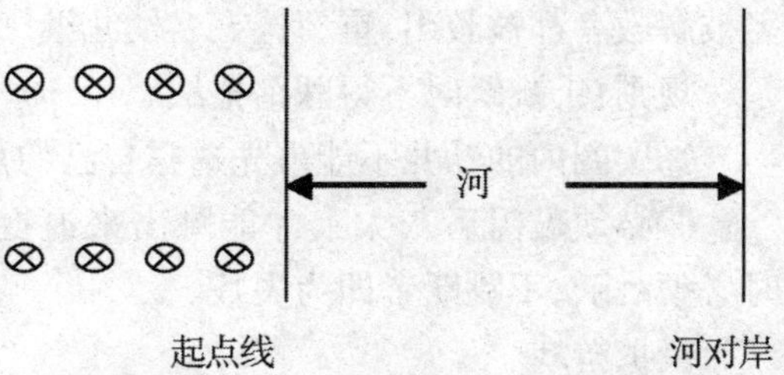

将多张报纸卷成直筒状,另用一张报纸压紧团成纸球,用胶带粘紧。

方法:将幼儿分为两组(可以命名一组海狮队、一组海豹队),每队排头手拿报纸筒,筒上顶纸球,站在起点线前。游戏开始,每队排头顶球快速游(跑)向河对岸,并快速返回将报纸筒和纸球给下一个幼儿,游戏继续进行,直到最后一名幼儿完成。以先完成的队为胜队。

规则:①在河水中游时顶的球不能掉,掉球的幼儿捡起球,从掉球位置继续进行。

②必须到达河对岸才能返回。

跳类游戏

(1)青蛙跳荷叶

目的:发展幼儿双脚跳跃能力,培养幼儿快速反应能力。

准备:用双面胶将报纸分散地粘在规定场地上,做荷叶。报纸数量依据幼儿人数多少来定。

方法:老师做指挥者,幼儿做青蛙。游戏开始,幼儿在规定场地内自由双脚跳,边跳边念儿歌:"小青蛙呱呱呱,吃害虫保庄稼。"听老师说"X只小青蛙在一起",幼儿要快速双脚跳到荷叶(报纸)上,荷叶上停留的幼儿数目必须按老师规定的"X只",后到的幼儿必须离开另找荷叶,最终没有找到荷叶停留的幼儿出来表演节目。游戏继续进行,幼儿念儿歌在场内自由双脚跳。

规则:①幼儿念儿歌时不得停留在荷叶上。

②必须双脚跳,不得快速跑,否则停止游戏一次。

(2)解救同伴

目的:培养幼儿机智的判断能力,发展幼儿跳跃能力。

准备:如图所示,将报纸粘在场地上。

方法:选五名幼儿到被解救区,其中1-2名幼儿做被解救者,剩下的幼儿为灰太狼,分别站到五个圆圈中,其余幼儿站在报纸前。游戏开始,排头双脚跳过报纸,不得踩踏报纸。跳到任意一个圆圈前,双手击掌做敲门状。圈内如果是灰太狼就跳出来追捉解救人，在他返回本队前捉到，就带到自己圆圈后站好；如果是被解救者就跳出来和解救人一起返回，下一名幼儿继续进行。当两名被解救者都被救出，重新选五名幼儿继续进行。

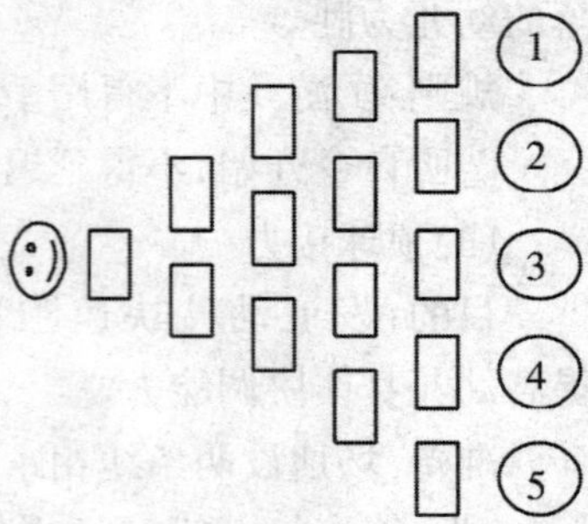

规则：①跳跃时不得踩踏报纸。

②圆圈内的幼儿不能事先透露自己的角色。

③必须敲门后灰太狼才能跳出来追捉，追捉时必须跳跃，不跳跃者即为失败。

投掷游戏

(1)我是小小飞行家

目的：提高幼儿投掷能力，发展幼儿上肢力量，培养幼儿动手创造的能力。

方法：给幼儿每人一张报纸，让幼儿自己动手制作纸飞机。做好后，站在同一起飞线后，听老师口令一起将飞机投掷出去，看谁的飞机飞得最远。

拓展：如果幼儿还不会折纸飞机，也可将报纸团成纸球练习掷远。也可两人一组，相隔一定距离，一人投，一人接。

(2)给河马喂食

目的：锻炼幼儿的手眼协调能力，发展幼儿投掷的能力，培养幼儿集体意识。

准备：如图，将报纸中间掏成一个圆洞，作为河马的嘴巴；用撕下的报纸团成纸球，作为食物。

方法：将幼儿分成四组，每组派两个幼儿拉住报纸两端，其余幼儿每人五个食物球。

方法一：游戏开始，幼儿站在投掷线后依次拿食物球投向河马的嘴巴。以投进个数多者为胜。报纸的距离可根据幼儿掷准技能的增强逐渐增加。

方法二：组与组竞赛。将幼儿分成人数相等的四组站在投掷线后，由其他组幼儿负责举报纸并数投进河马嘴巴的食物个数。每组组员两个食物球，游戏开始，由排头投掷食物，掷完两球，排二继续，依次进行，直至最后一个幼儿游戏结束，以投中个数多的队为胜。

规则：①拿报纸的幼儿不能随意移动手中报纸的位置。

②喂食的幼儿不能超过投掷线。

合作游戏

(1)奥比岛遇险

目的：培养幼儿团结合作、相互配合的品质，发展平衡能力。

准备：大报纸若干张。

方法：将幼儿分成五或六人一组，每组一张大报纸，做奥比岛，可以让幼儿为自己组的奥比岛命名。游戏开始,黑古拉出来捣乱,他让海水呼啸,水位上涨。勇敢的幼儿们要站在岛上保护自己的安全。随着水位上涨,岛变小了,报纸对折为原来的二分之一,要求幼儿们想办法全部站到岛上,并保护自己不能掉到海里(脚触地面)。幼儿们这一次都保护好自己,胜利了。但水位又上涨了,岛越来越小,报纸对折为原来的四分之一,幼儿可以用抱、背、单脚支撑等方式,保证自己组幼儿全部站在报纸(岛)上为胜。还可以继续减小报纸面积,以全部幼儿站到面积最小的报纸上的组为胜。

规则:①游戏中幼儿身体任何部位不得触及地面。

②报纸按要求对折,不得随意扩大。

(2)抢渡

目的:发展幼儿动作协调、平衡的能力,培养相互合作的优良品质。

准备:画两条 10 米 – 15 米的线,为起点线、终点线。两条线中间为河。报纸折为原大小的四分之一。

方法一:将幼儿分成人数相等的四队,每队三张报纸。游戏开始,每队排头由起点线出发,用三张报纸交替移动,脚踩在报纸上渡河。到终点线返回,将报纸交给本队第二名幼儿继续,依次进行,以先完成的队为胜队。

方法二:将幼儿分成人数相等的四队,分给每队的报纸数比人数多一张。由起点先开始集体渡河。每队通过队员间传递、移动报纸,保证全队队员脚踩在报纸上集体渡河。以排尾先到终点线的队为胜队。

规则:①过河时脚不得触及地面,否则为落水。

②必须手触到终点线才能返回。

③必须经每一个队员的手传递报纸,不得抛掷。

(3)不用手搬运

目的:培养幼儿相互配合、勇于创新的优良品质,发展幼儿肢体的协调性。

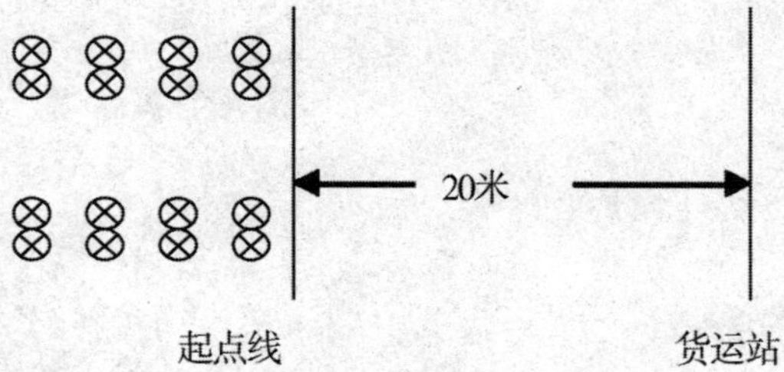

方法一:将幼儿两人组成一组,想办法在不用手的情况下两人配合将报纸运送到指定地点,看哪一组幼儿想的方法好,想的方法多。

方法二:在前一个游戏的基础上,将幼儿分成人数相同的两队。在场地上画两条 15 米 – 20 米的线,为起点线和货运站。幼儿两两站在起点线前,每两人一张报纸。游戏开始,每队前两名幼儿合作不能用手将报纸运到货运站,快速返回,拍本队第二组幼儿的手,第二组幼儿不能用前一组用过的方法,不用手合作将报纸运到货运站,返回拍下一组的手,依次进行。以先完成的队为胜队。

规则:①游戏过程中不能用手触及报纸,报纸掉落捡起除外。

②报纸中途掉落必须捡起,从掉落点继续进行。

③拍手后才能进行下一组。

25.一物多玩(手帕)

目的:发展思维的创新性。

方法:出示手帕,请幼儿谈谈通过手帕可以想到的幼儿游戏。并谈谈游戏方法。(1)丢手绢。(2)捉迷藏。(3)摸人。(4)捉带子(捉尾巴)。(5)两人三足。(6)平衡能力练习。(7)击鼓传花。(8)炒黄豆。

手帕游戏:蒙眼摸猜

目的:增强幼儿的判断能力,促进幼儿间的熟悉度。

方法:找一幼儿做领头人,蒙上眼睛。其余幼儿散在场地内,随意走动。当领头人说“绿灯行,红灯停”时,全体幼儿立刻停住,脚不能离开地面。领头人开始摸人,摸到后要根据所摸幼儿的特征猜出这个幼儿是谁。

规则:①领头人不能偷看。

②停止后,两脚不能离开地面。

同学们,你们还能想到别人想不到的关于手帕的游戏吗?试一试自己写下来。

____

____

第十章 幼儿体育教学活动实践

第一节 幼儿体育教学活动规律与结构

要想设计组织一堂合格的幼儿体育活动课,必须了解幼儿体育教学活动的规律。我们来谈谈几个重要的体育教学规律。

一、幼儿体育教学活动规律

(一)动作形成规律

幼儿体育教学活动要求幼儿掌握基本的活动能力,虽然重视幼儿对运动技能的亲身体验而淡化动作技能的机械传授,但了解动作形成规律,对不同教学阶段中采用不同措施引导幼儿学习有很好的指导作用。

动作形成规律包括粗略掌握动作、改善和提高、巩固与运用自如三个阶段。各阶段特点和教学注意事项如下:

1.粗略掌握阶段:此阶段对动作有初步印象,在动作上表现出肌肉过分紧张而不协调、不准确,有多余动作,做动作时费力又费心,表现出有力不从心的感觉,肌肉感觉迟钝。主要依靠视觉表象来调控动作。

教学中注意:

a 激发幼儿兴趣,鼓励其学习信心。对胆小、体能差的幼儿更要给予鼓励和帮助。

b 抓主要动作,不要过多强调动作细节。

c 多示范,引导幼儿观察动作主要部分特征,尽量使幼儿形成明晰、正确的动作印象。

2.改善与提高阶段:经过反复练习和观察老师的示范动作,初步形成了动作概念。肌肉感觉有了发展,控制能力加强,视觉控制已不起主要作用。动作表现上较放松、协调,对动作的控制力加强,动作还不够熟练、巩固,不常练习,还会忘记。

教学中注意:

a 反复讲解、示范、讲评，建立正确动作概念；并要根据幼儿知识水平，让他们懂得一点浅显的道理。

b 注意动作细节的改进。

c 区别对待，因材施教。此阶段幼儿掌握动作程度出现明显差异，因此要区别不同幼儿、不同情况给予具体帮助。

3. 巩固和运用自如阶段：动作概念明确，动作的动力定型已经牢固建立，动作协调、准确、熟练、省力、运用自如，在复杂的条件下能熟练地运用。这一阶段对幼儿来说，掌握动作完全运用自如是比较困难的，只有相对提高的阶段。

教学中注意：

a 继续巩固和提高已掌握的动作，并不断变化练习条件和动作组合，吸引幼儿不断练习，使动作更加熟练和不断提高，巩固动作技能。

b 因材施教，继续提高。根据幼儿运动能力发展水平和各自具体情况改进动作细节教学，发展幼儿身体素质，不断提高动作质量。

（二）人体生理机能能力变化规律

人体在运动过程中，生理机能能力是不断变化的，而且有一定的规律。一般在开始时，能力逐步上升，然后达到和在一定时间内保持最高水平，最后又逐渐下降。这种变化过程可以分为上升、平稳和下降三个阶段。这个变化过程是人体在体育活动中各部器官活动能力变化的客观规律。体育教学活动要遵循这个规律，妥为安排，充分发挥幼儿身体能力，提高教学效果。

二、幼儿体育教学活动的结构

对应着人体生理机能能力变化规律，幼儿园体育课也多采用准备部分—基本部分—结束部分作为课的结构。这种结构对幼儿体育教学活动是比较合适的。介绍如下：

1. 准备部分

任务：组织幼儿，集中幼儿注意力，说明活动的内容与要求，激发学习和活动的兴趣；发展主要肌肉群，促进肢体的全面发展，形成正确的身体姿态，使身体各器官机能较快进入工作状态，为基本部分做好生理、心理准备。

内容：集合幼儿、整队，向幼儿简要说明活动的内容要求，排队和变换队形练习、走步、慢跑、徒手操和轻器械操以及发展身体素质的练习，为基本部分教学内容做准备的练习，舞蹈和律动、集中注意力和运动负荷不大的游戏。

时间：占上课总时间的 20% – 25%。小班约 4 – 5 分钟，中班约 5 – 6 分钟，大班 6 – 8 分钟。

2. 基本部分

任务：通过新授或安排运动负荷稍大、内容较难一些的教材，向幼儿传授体育知识、技能,锻炼身体,增强幼儿体质,培养优良品质,发展智力。

内容:以《纲要》规定的内容为主。一般安排1-2个练习内容,先排列新教材或较复杂的练习内容,情绪容易激动的教材排在后面。发展速度、灵敏、平衡的练习内容放在前面,发展耐力、力量的练习内容放在后面。

时间:一般占全课总时间的60%。小班约12分钟,中班约15分钟,大班约18-21分钟。

全课的运动负荷高峰一般在基本部分,教学时要掌握好负荷的节奏。

3.结束部分

任务:使幼儿的身体和情绪逐渐平静下来,放松幼儿肢体,较快恢复常态;并要进行简单小结。

内容:走步;较安静的游戏;放松肢体的操节;运动负荷小、轻松活泼的舞蹈或律动;进行小结,组织幼儿整理、收放教具和器材。

时间:一般占总授课时间的10%,约2-3分钟。

小结要简单扼要,有针对性。对幼儿应以表扬为主。对有的幼儿表现不够理想,应从积极的方面提出希望和改进的意见,不应训斥和责怪。对幼儿掌握教材的情况,应作简短的评价。

第二节 幼儿体育活动范例

一个好的教学活动设计(教案)是实现课堂教学最优化的关键,是备课的重要环节。教学活动设计内容包括教学内容、教学目标、教学准备、教学过程、练习时间和次数等。幼儿体育活动设计格式大致有文字式和表格式两种。

一、文字式

范例一:大班体育活动设计——《小猴运桃》

活动目标:

1.提高幼儿跳跃、平衡、投掷等技能。

2.培养幼儿"一物多玩"的兴趣和遵守游戏规则的习惯。

活动准备:

1.废旧报纸每人一张,报纸团若干。

2.猴子头饰若干、录音机、磁带。

活动过程:

一、小猴子下山了

1.幼儿随教师一起头戴头饰,手持用报纸卷成的小棒,扛在肩上,随着音乐步入操场,教师指导语:“今天猴王妈妈(教师)要带她的小猴子们到很远的地方去搬运桃子,路上要经过许多小沟和木桥,路很不好走。”

2.“猴儿们,操练起来!”幼儿跟老师一起分散站在场地上随音乐做棍棒操。

二、小猴练武

1.教师指导说:“在运桃之前我们要练练武艺,练好了本领才能把桃子运回来。”

2.练习跳跃、平衡。四人一组,练习跳小沟走小桥,两名幼儿用纸棒摆成小沟,另两名幼儿用纸棒摆成小桥,然后练习跳小沟,走小桥,请配合好的组示范。

3.练习投掷。四人一组,练习把桃子投入山洞,一个将报纸揉成团当桃子,另外三人的纸棒放在地上,拼成△形,当山洞,轮流练习投掷,请四名幼儿示范后,其他幼儿组合练习。

三、猴子运桃

1.做游戏“小猴子搬运桃子”,介绍游戏规则。

(1)四人一组,各组第一个幼儿将纸卷棒横放在地上,跳过纸卷,到前面筐内取一个“桃”(纸团)往回跑,排在队伍后面;第二个幼儿跳过一根纸棒后,把自己的纸棒横放在地上,再跳过去,到前面筐内取一个“桃”后跑回;第三个幼儿跳过一、二根纸棒后,把自己的纸棒竖放在地上,从棒上走过,取一个“桃”跑回;第四个幼儿同第三个幼儿一样。

(2)各组幼儿依次手拿“桃子”跳过小沟,走过小桥,将桃子投入前面的山洞。

(3)教师注意分组指导,培养幼儿的反应力和一物多玩的兴趣。

2.表扬动作快、投得准的小猴子。

四、小猴子回家了

放音乐,猴王妈妈带领小猴子,抬上桃子,扛上小棒,踏着步子回家了。

范例二:幼儿园小班体育活动设计——《小狗汪汪》

活动目标:

1.学习听信号手膝着地爬行,增强幼儿四肢的肌肉力量。

2.提高幼儿动作的协调性和灵活性。

重点与难点:能根据信号的变化,变速和变换方向爬行,并在倒退爬时注意别碰撞周围的同伴。

活动准备:小鼓一只,哑铃制作的肉骨头若干,供幼儿爬行的大草坪、独木桥若干座。小猫、小鸡、小鸭、小狗的图片贴在小椅子上为小动物的家,放置于场地四周,小狗头饰一只,录音机、磁带若干。

活动过程:

1.扮演角色,活动身体。

孩子们!老师和你们一起做游戏。你们看这是谁呀?(出示小狗头饰)我做狗妈妈,你们做谁呀?对,下面请我们小狗听着音乐,活动下身体吧!

(今天天气真正好,小狗汪汪起得早,穿上漂亮花花衣,跟着妈妈做游戏。点点头,汪汪叫,踢踢腿,蹦蹦跳,发现一根肉骨头,啊呜啊呜吃个饱。摇摇尾巴转个圈,我是聪明的狗宝宝。)

2.变换方式向制定目标爬行。

我们小狗家附近有哪些好朋友?指示贴有图片的小椅子(猫、鸡、鸭)。幼儿爬动着依次向小猫、小鸡去问好,然后再爬回自己家来。爬动着向小鸭去问好,然后在老师的示范下,倒爬着回小狗的家。

3.听信号变换方向和变速爬行。

咚咚咚,这是什么?妈妈要小狗听着鼓声来学本领。鼓声"咚咚咚",小狗就往前爬;鼓声"嗒嗒嗒",小狗就倒退着爬,鼓声"咚嗒咚嗒咚嗒",小狗就转着圈爬。(1)听信号向前爬、向后倒退爬和转圈爬。(2)听信号向前变换速度爬。(3)听信号转圈变换速度爬。(4)听信号交替爬行向前、转圈变换速度爬和倒退着爬。

4.调整活动量,"小狗打滚"。

"小狗宝宝,我们玩累了,打个滚,休息一下,让肚子晒晒太阳,妈妈来帮你们理理毛。"

5.游戏"小狗找肉骨头"。

"我们小狗肚子饿了,要去找肉骨头吃。爬过草地和独木桥,游过小河,河对岸的草丛里就有许多肉骨头,看谁最聪明,能找到肉骨头。"全体幼儿按照一定的路线寻找肉骨头,可重复数次,视幼儿的身体状况和情绪而调整。

6.放松活动"小狗洗澡"。

"小狗宝宝玩累了,出了很多汗,妈妈给你们洗个澡,冲一冲,抖一抖,摇一摇,小狗汪汪真快活。"全体幼儿"洗完澡",扮小狗状,汪汪叫着回家。

范例三:中班体育教学活动设计——《小鸟找家》

活动目标:

1、练习从 10－15 厘米的高处往下跳的动作。

2、发展幼儿听指令行动的能力。

活动准备:

1.材料准备:托班的椅子高度刚好为 15 厘米左右,一人一把小椅子、小树若干、老鹰头饰一个、小虫子若干、小鸟头饰若干。

2.经验准备:知道小鸟喜欢吃的食物,有初步关于小鸟生活习性方面的经验。

活动重难点:

本次活动的重点是练习从10－15厘米的高处往下跳的动作。难点是双脚并拢往下跳，小年龄的幼儿从高处跳下来的时候往往一只脚先下来，后一只脚跟上。在这里教师先示范给幼儿看，然后指导幼儿双脚并拢轻轻地跳下来。

活动流程：

一、以小鸟到树林里去捉虫为引题。

1.今天，妈妈带你们到树林里去捉虫，展开翅膀，小脚踮起来一下一下学小鸟飞。

2.看看，我们来到了哪里呀？树林里有什么？请每个宝宝到树上去找个家。

3.肚子饿了，怎么办？出去找东西，教师带领幼儿从高处跳下来。

二、音乐响起，下雨了，打雷了，小鸟快回家。

三、雨停了，小鸟又出去找东西了，嘘，妈妈好像听见了老鹰的声音，老鹰来了，大家赶紧飞回家。

四、老鹰走了，鸟妈妈请鸟宝宝出来找虫子，找到好多的虫子，高高兴兴地回家了。

范例四：幼儿园中班体育活动设计——《快乐的小兔》

活动目的：

1.通过多种玩法，引导幼儿发展爬、滚等垫上动作，巩固幼儿双手同时进行跳的技能。

2.让幼儿在体验游戏欢乐的同时，培养幼儿要动脑筋的好习惯。

活动准备：垫子若干块铺成一片草地，录音机、磁带。

难点：引导幼儿尝试创编操节动作。

活动过程：

教师扮演兔妈妈，幼儿扮小兔，师生一起听《小兔跳跳》音乐，模仿兔子跳和舞蹈，突出小兔活泼可爱。

1.引导幼儿尝试创编操节动作。

(1)伸伸臂，除了向上伸还可以朝哪个方向伸？(侧平举、后振、上举等)

(2)弯弯腰，还可以向什么方向弯？(向后、向两侧)

(3)踢踢腿，谁能和老师做的不一样？(后踢、侧踢)

(4)蹦蹦跳，可以怎么做的和别人不一样？(单腿跳)

2.带领幼儿跳过小河，来到草地，复习巩固双脚进行跳的技能，鼓励小兔们想出许多办法在草地上玩儿，然后分散到草地上玩耍。

3.集合，让小兔分别说说刚才是怎样玩儿的，并个别演示，然后带领幼儿做如下动作：

(1)爬：双手两膝着地向前、向后、向两侧爬，注意动作连贯。

(2)滚:像皮球一样在草地上向两侧翻,要求动作轻巧连贯。

4.小兔分散到草地上自由进行爬、滚动作练习。

(1)小兔躺在草地上,跟着兔妈妈做系列放松动作。

(2)以小兔拔萝卜、回家吃萝卜结束游戏活动。

范例五:幼儿园中班体育活动设计——《好玩的雪碧瓶》

设计意图:

中班幼儿的创造是多种多样的,除了语言创造、思维创造等,在幼儿阶段更多的是动作和体态的创造。因此,我们教师要及时发现孩子们在日常活动中所表现出来的各种各样的动作,然后根据孩子的需求来设计满足他们兴趣的活动。同时,幼儿直线奔跑时,动作灵活、协调,然而每当他们拐弯时,就经常性发生两名幼儿相撞的现象,拐弯的动作也不是很平衡、协调。为了解决这一问题,我们为幼儿设计了四散追逐跑——“好玩的雪碧瓶”。雪碧瓶是安全的材料,能废物利用也是幼儿园教育所提倡的。

活动目标:

1.游戏“骑自行车”将幼儿的情绪导入到活动中,复习听信号走和跑的能力。

2.幼儿自由探索雪碧瓶的玩法,充分展示自己的创造潜能,体验成功的快乐。

3.通过“给小动物找食物”的游戏,练习绕着跑的技能。

活动准备:空的雪碧瓶20只,音乐磁带,奖章20枚。

活动过程:

一、引起兴趣

1.做“骑自行车”的游戏,复习交通规则的知识,练习听信号走。

师:小朋友们,我们一起骑上自行车到游乐场去玩好吗?(好)马路上车很多,我们要注意遵守交通规则,红灯停、绿灯行、黄灯慢慢走。在骑车的时候,可不能撞车呀,记住了吗?那我们就骑上自行车出发吧。

2.幼儿和教师一起玩“骑自行车”的游戏,复习听信号走和跑的能力。

二、激发情绪

1.随着音乐做瓶子的律动。

师:游乐场到了。你们听游乐场里传来了好听的音乐,我们一起跟着音乐来做做运动,好吗?

2.放音乐,幼儿持瓶随着音乐跟着老师或自己随意创编各种动作。

三、引导探索

1.幼儿自由探索瓶子的多种玩法。

师:跳得可真累呀,小朋友们可以坐在瓶子上休息一下。刚才,我们拿着雪碧瓶骑自行车、跳舞,好不好玩哪?我们再想一下其他的玩法,一起玩起来吧。

2.幼儿探索瓶子的多种玩法,活动中提醒幼儿可以和小伙伴一起合作游戏。

3.重点练习绕过瓶子,“S”型跑的技能。

(1)师:刚才,老师发现了一个很好的玩法,我们一起来试一下。(练习绕瓶原地转圈)。

(2)师:请小朋友们想一下,把瓶子排成一排该怎么绕。(幼儿讨论并尝试)

4.游戏“给小动物找食物”。

(1)师:现在,老师要给你们布置一个任务。小动物的粮食都不够了,对面有许多食物,请小朋友们绕过障碍去帮小动物取一份食物好吗?注意障碍很危险,小朋友分成四路一个跟着一个小心地跑,谁完成任务我就给他发一枚奖章。(幼儿游戏)

(2)师:小朋友们都拿到食物了吗?那我们给小动物们送去吧。

活动反思:

在活动中,我们努力为孩子们创造条件,给他们提供广阔的活动空间,组织和帮助他们投入到活动中。孩子们不仅能充分发挥自己的想象力和创造力,体验到成功的快乐,而且通过活动中的“给小动物运粮”的游戏,我们也很好地解决了孩子们在奔跑拐弯时不协调的问题,让他们学会了在面对面跑的过程中侧身相让的能力。

活动让孩子们健康身心、活泼个性,给他们带来了活动的快乐。

二、表格式

体育教案

中班　任课教师:×××　授课时间:20分钟　施教时间　月　日

活动内容	小熊做客
目标任务	1.认知目标:学习窄道移动,掌握窄道行走时维持身体平衡的方法。 2.技能目标:发展幼儿的爬行和平衡能力。 3.情意目标:发展幼儿的观察能力和识别图形能力,培养幼儿勇敢、沉着的意志品质。
重点	窄道移动
难点	维持身体平衡

（续表）

部分	时间	教学内容	组织教法	练习	
				次数	时间
准备部分	4分钟	一、老师带领幼儿围成圆形，做幼儿操 1. 头部运动 2. 上肢运动 3. 腹背运动 4. 踢腿运动 5. 跳跃运动	教法学法： 一、老师带领幼儿围成圆形，做幼儿操。1. 老师带上熊妈妈头饰，“今天我是谁？”幼儿：“熊妈妈。”老师：“那谁愿做我的熊宝宝？”幼儿：“我愿意，我愿意。”老师：“熊宝宝们，今天天气真好，跟妈妈一起锻炼身体，好不好？” 2. 放音乐，幼儿在老师带领下做操。 队形组织： 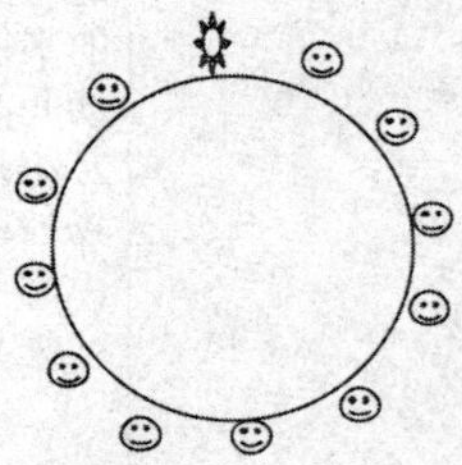	4×8 6×8 2×8 2×8 2×8	4
基本部分	14分钟	一、窄道移动 动作要领：上体保持正直，头正，眼往下看窄道，两臂侧平举，维持身体平衡，步幅要小，动作自然放松。 重点：学会两臂侧平举，维持身体平衡。 内容： （一）走宽15－20厘米的平行线； （二）走宽15－20厘米的弯曲线； （三）走高20－30厘米、宽15－20厘米的平衡木； （四）垫脚走宽15－20厘米的弯曲线； 二、游戏：小熊做客 方法：熊宝宝站在起点线前，听熊妈妈口令，依次走过小桥，爬过草地，按要求的图形拿相应的饼干送到小猴家做客。	教法学法： 一、练习走宽15－20厘米的平行线。 1. 导入：老师：“告诉大家一个好消息，小猴邀请我们到他家里去做客，大家愿不愿意？”幼儿：“愿意。”老师：“到小猴家的路上要走过小桥，爬过草地，我们一起来看看。”带领幼儿进入练习场地。 2. 请幼儿示范如何过小桥才不会掉下来，老师讲解要点，引导幼儿观察示范幼儿的手臂动作。 3. 幼儿练习，老师指导。熊宝宝练本领——走宽15－20厘米的平行线。 场地组织： 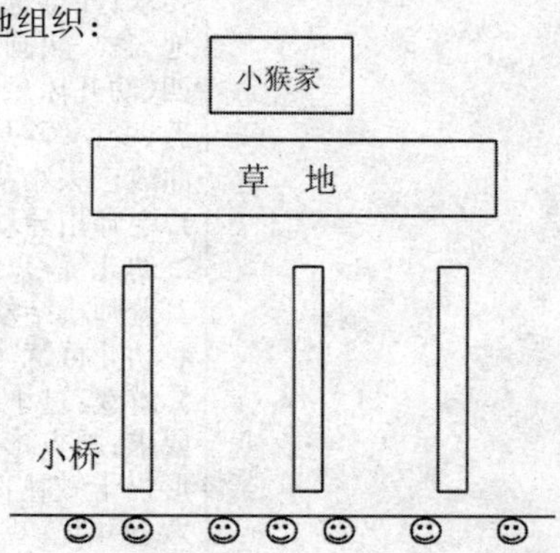	2 3	4 1 4 1 4

（续表）

			4.游戏:去小猴家做客。 要求:走过小桥,爬过草地,拿一块三角形饼干做礼物,到小猴家做客。 (1)老师示范游戏玩法; (2)幼儿练习。 二、幼儿休息。 三、变换练习形式:走宽 15－20 厘米的弯曲线;走高 20－30 厘米、宽 15－20 厘米的平衡木。老师:“小猴来电话,搬新家了,邀请我们去做客,愿不愿意去?” 1.请两名幼儿分别示范如何走宽 15－20 厘米的弯曲线;走高 20－30 厘米、宽 15－20 厘米的平衡木,老师讲解要点,引导幼儿观察示范幼儿的眼睛、手臂动作。 2.幼儿练习过小桥。 场地组织: 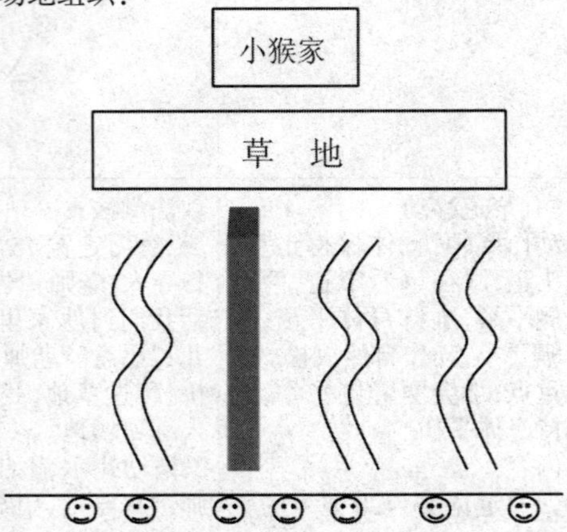 3.老师小结幼儿练习情况 4.游戏:去小猴家做客 要求:任意选择一条小桥,走过小桥,爬过草地,拿一块圆形饼干做礼物,到小猴家做客。 四、幼儿休息 五、变换练习形式:垫脚走宽 15－20 厘米的弯曲线。去小猫家做客。 1.老师指导幼儿观察小桥上的图形; 2.幼儿练习,老师指导; 3.老师小结幼儿练习情况; 4.幼儿再练习。 5.游戏:过小桥去小猫家做客 要求:踩方形走过小桥,爬过草地,拿一块方形饼干做礼物,到小猫家做客。 六、小结游戏,奖励幼儿。		

（续表）

结束部分	2分钟	1.小结活动情况 2.放松练习:《找朋友》 3.排队回教室			2
需用场地器材		垫子、平衡木两个、直条形、弯曲形小桥各三个,三角形、圆形、方形图片若干。			
小结		幼儿运动负荷不大,心理负荷较大。			

第三节　亲子体育活动简介

近年来,较多的幼儿园组织大型亲子体育活动,培养了幼儿运动的兴趣,提高了幼儿体能,促进了家园联系。现简单介绍如下:

一、亲子体能活动定义

运用幼儿健康操的舞动为开场,以亲子带动操、亲子互动游戏与趣味游戏为活动主架构,让现场洋溢家庭的温馨与趣味的欢笑,更带动家庭亲子运动的观念与互动要领。建立学校教育与家庭教育结合的基本理念,强调家庭运动是孩子成长的重要元素,让孩子的童年更健康。

二、亲子体能活动的特色

1.筹备准备时间短。
2.园所人力负担小。
3.家长直接参与。
4.以舞台带动替换舞台表演。
5.现场互动性强。
6.时间容易控制。
7.容易营造气氛。
8.具有活动群体组织力——家长与幼儿与老师与园所长。

三、亲子体能活动筹备要项

1.设定活动主题。
2.规划节目内容。

3.预先告知家长——当日参与方式与注意事项及当日穿着等。

4.准备道具与器材——着重生活化与简易性。

5.场地规划。

6.带动人员与主持。

7.流程设计。

四、亲子体育活动范例

范例一：

“我运动、我健康、我快乐”庆“六一”欢乐世界亲子体能活动邀请函

亲爱的爸爸、妈妈、小朋友们：

快乐的“六一”快到了，为了让孩子的童年更健康、更快乐了，让我们的爸爸妈妈们回到童真、童心的童年，我园拟订在2010年6月1日下午15:00在幼儿园操场举行“庆‘六一’欢乐世界亲子体能活动”。我们诚意邀请你们参与！

一、活动程序

1.关怀的叮咛

(1)园长致词

(2)家长致词

2.幼儿快乐动——幼儿健康操(全体幼儿)

(1) 唱唱跳跳健康操

(2) 大鳄鱼

(3)大家一起来舞动

3.亲子快乐动(家长进场)

(1) 口令带动

(2) 亲子律动——口香糖

(3) 亲子互动游戏——报纸、毛巾、气球、小凳子、空气棒、滑溜布、气球伞等等

4.大家一起来运动(全体家长、幼儿、老师)

(1)永远的画面

(2)大手牵小手，领“六一”礼物

二、配合的事项：

1.穿着要求：本次活动以“我运动、我健康、我快乐”为主题，因此请家长参加活动时穿运动服装和运动鞋；幼儿穿园服和运动鞋。不能出席的提前向本班老师请假。

2.本次活动的地点在幼儿园操场,因此希望在活动时自觉遵守幼儿园的守则,爱护环境,不能乱扔垃圾,爱护幼儿园的一草一木。

3.在“亲子快乐动”中有一个环节是《毛巾变、变、变!》游戏,因此请家长在当天参加活动时,自己备带一条毛巾(宽30厘米、长70厘米左右),作为游戏时的道具。

4.活动当天请家长准时到场,不得缺席。6月1日下午15:00准时在幼儿园集中进场,并听从老师的指挥,排队进场,家长跟在队伍的后面进场。

5.在《亲子快乐动》环节后,请家长照顾好自己的孩子和安全工作。

6.活动结束后,请家长在幼儿园指定班级位置领取幼儿“六一”礼物。

7.由于活动场地在户外,如果当天上午下雨,活动将取消,待通知另安排时间进行。

××幼儿园

2010-5-15

范例二:

亲子运动会项目单(大班)

幼儿单人项目　　项目名称:我要上学了

活动玩法:幼儿从起点听到哨声,背上书包,跑到终点取一本书,装入书包,拉好拉链,跑回起点,取铅笔盒放入书包,拉好拉链,跑向终点,最先冲破终点线的幼儿获胜。

活动规则:幼儿必须独立完成,装完一样物品必须把拉链拉好,背在肩上。

活动准备:书包、书、铅笔盒各六个,30米跑道六条,终点线。

一大一小项目　　项目名称:抬小猪

活动玩法:幼儿与家长两人一组,每组两根棒。两人相对,两手各握住两根棒的一端,把球夹在两根棒的中间,跑向终点。以先冲刺者为胜。

活动规则:家长和孩子合作完成,如中途掉球,需将球放好,再进行比赛。

活动准备:塑料棒12根,皮球六个,20米跑道六条。

一家三口项目　　项目名称:超越刘翔

活动玩法:幼儿从起点跑20米跨过低栏,将大头娃娃戴在妈妈的头上,妈妈继续向前跑50米跨过高栏,将大头娃娃戴在站在终点线的爸爸头上,然后爸爸向回依次跨过高栏低栏冲向终点,最先冲刺者获胜。

活动规则:大头娃娃不许在比赛过程中摘下。

活动准备:30厘米低栏六个,76厘米栏六个,大头娃娃六个,跑道六条。

第十一章　武　术

中华武术源远流长,是我国特有的民族文化遗产,也是内容极为丰富的一种多形式的体育运动。它具有健身效果好、适应面广的特点;其动作富有高度的技击性和艺术性,为我国广大群众和青少年所喜爱。

学前教育专业武术教学的任务,是使学生初步掌握武术的基本动作,并在此基础上学习幼儿武术操,为学生自身锻炼和将来进行武术教学奠定基础。通过武术教学进一步提高学生对武术的认识和兴趣,从而增强民族自尊心和自豪感。

第一节　武术概述

一、武术概念

武术概念,是人们认识研究武术的基本依据。在漫长的历史进程中,不同的时期对武术概念的表达不尽相同,它的内涵和外延是随着社会历史的发展和武术本身的发展而发展、变化的。

从历史上看,有不少归属武术类的名称,春秋战国时称"技击"(士兵技巧一类);汉代出现了"武艺"一词,并沿用至明末;清初又借用南朝《文选》中"偃闭武术"(当时泛指军事)的"武术"一词;民国时称"国术";新中国成立后仍沿用"武术"一词。

随着历史的变迁,专用武术器械的生产及拳械套路的大量出现,对抗性项目、武术竞赛规则的制定,武术已演化成为体育运动项目之一。武术的体育化使其内容、形式及训练手段等都发生了很大变化,反映事物本质属性的概念也在不断变化。发展到今天,武术的基本定义可概括为:武术是以技击为主要内容,以套路和搏斗的运动形式注重内外兼修的中国传统体育项目。

从这一定义出发来认识武术,首先,武术属于中国传统的技击术。它是以踢、打、摔、拿、击、刺等技击动作为主要内容,通过徒手或借助于器械的身体运动表现攻防格斗的能力。无论是对抗性的捕斗运动,还是势势相承的套路运动,都是以中国传统的技击方法为核心的。就人类的社会生活来说,技击术不可能是中国独有的。比较世界各地的技击术,武术不仅在技击方法上更为丰富(诸如快摔法、擒拿法等),在运动形式上,既有套路的,也有散手的,既是结合的,又是分离的,这种发展模式,也迥然有别于世界上其他技击术。武术在演练方法上注重内外兼修,演练风格上要求神形兼备,无不反映了中国传统的技击术的运动特点。

其次,武术是体育项目,它明显区别于使人致伤致残的实用技击技术。套路运动中尽管包含丰富的技击方法,但其宗旨是通过演练以提高人的身体素质和攻防能力,进行功力与技巧上的较量,在技术要求与实用技术上有一定的区别。散手运动的技术固然更接近于实用技术,但由于受竞赛规则的规定,亦将其限制在体育竞技运动之内。总之,归结为一点,武术具有明确的体育属性,体育是当今武术的主要社会哲学、中医学、伦理学、兵学、美学、气功等多种传统文化思想和文化观念,注重内外兼修,诸如整体观、阴阳变化观、形神论、气论、动静说、刚柔说等等,逐步形成了独具民族风貌的武术文化体系。它内涵丰富,寓意深,既具备了人类体育运动强身健体的共同特征,又具有东方文明所特有的哲理性、科学性和艺术性,较集中地体现了中国人民在体育领域中的智慧结晶。它从一个侧面反映了东方的民族文化光彩。因此,从广义上认识,武术不仅是一个运动项目,而且是一项民族体育,是中国人民长期积累起来的一宗宝贵文化遗产。

二、武术的特点

(一)寓技击于体育之中:武术最初作为军事训练手段,与古代军事斗争紧密相连,其技击的特性是显而易见的。在实用中,其目的在于杀伤、限制对方,它常常以最有效的技击方法,迫使对方失去反抗能力。这些技击术至今仍在军队、公安中被采用。武术作为体育运动,技术上仍不失为攻防技击的特性,将技击寓于搏斗与套路运动之中。搏斗运动集中体现了武术攻防格斗的特点,在技术上与实用技击基本上是一致的,但是从体育观念出发,它受到竞赛规则的制约以不伤害对方为原则。如在散手中对武术有些传统的实用技击方法作了限制,而且严格规定了击打部位和保护护具,短兵中使用的器具也作了相应的变化,而推手则是在特殊技术规定下进行竞技对抗的。因此,可以说武术的搏斗运动具有很强的攻防技击性,但又与实用技击有所区别。

(二)内外合一、形神兼备的民族风格:既讲究形体规范,又追求精神传意。内外合一的整体观,是中国武术的一大特色。所谓内,指心、神、意等心志活动和气的总运行;所谓外,即手眼身步等形体活动。内与外、形与神是相互联系统一的整体。

武术"内外合一,形神兼备"的特点主要通过武术功法和技法来体现。"内练精气神,外练筋骨皮"是各家各派练功的准则。如太极拳主张身心合修,要求"以心行气,以气运身";形意拳讲究"内三合,外三合";少林拳也要求精、力、气、骨、神内外兼修。此外,武术套路在技术上往往要求把内在精气神与外部形体动作紧密相合,完整一气,做到“心动形随”,“形断意连”,“势断气连”。以“手眼身法步,精神气力功”八法的变化来锻炼心身。这一特点反映了中国武术作为一种文化形式在长期的历史演进中备受中国古代哲学、医学、美学等方面的渗透和影响,形成了独具民族风格的练功方法和运动形式。

(三)广泛的适应性:武术的练习形式、内容丰富多样,有竞技对抗性的散手、推手、短兵,有适合演练的各种拳术、器械和对练,还有与其适应的各种练功方法。不同的拳种和器械有不同的动作结构、技术要求、运动风格和运动量,分别适应不同年龄、性别、体质的需求,人们可以根据自己的条件和兴趣爱好进行选择练习;同时它对场地、器材的要求较低,俗称“拳打卧牛之地”,练习者可以根据场地的大小变化练习内容和方式,即使一时没有器械,也可以徒手练习。一般来说,受时间、季节限制也很小。较之不少体育运动项目,具有更为广泛的适应性。武术能在广大民间历久不衰,与这一特点不无关系。利用这一特点可为现代群众性体育活动提供方便,使武术进一步社会化。

三、武术对幼儿的作用

近年来,在幼儿教育领域中,挖掘传统民族活动中的重要内容——武术已经走入幼儿园课程,也将成为幼儿园教育中一个探索不懈的主题。在体育活动中,武术的丰富性、多样性、系统性则为幼儿园体育活动的内容和形式的丰富增添光彩。武术运动项目具有持久性和民族代表性。作为武术特色,由幼儿园组织编排的武术表演节目随时可以迎接市、区、单位、街道以及外单位的来访,可以成为各幼儿园之间良好的沟通桥梁,使幼儿园自身优势和成绩得到更好的展示。幼儿练习武术有以下的作用:

第一,增强体质,促进生长发育。

武术套路运动,其动作包含着屈伸、平衡等动作,人体各部位器官和神经都要参与运动。科学地进行武术训练,不但能使人体在速度、力量、耐力、柔韧性、灵活性等身体素质方面得到很大提高,而且还能调节身体内环境的平衡,调养气血,改善人体机能,提高机体抵抗力和免疫力,预防幼儿容易形成的含胸、弓背等不良身体姿态。因此武术运动使人的身心能得到全面锻炼和发展。

第二,锻炼意志,培养道德情操。

练武对意志品质的考验是多面的。通过练习,可使幼儿从小养成独立自主的生活习惯,树立远大的理想,培养吃苦耐劳、永不自满的品质。遇到困难,克服消极逃避,锻炼勇敢无畏、坚韧不屈的意志品质。还可以培养幼儿勤奋、刻苦、果断、顽强、虚心好学、勇于进取的良好生活习性和品德。

第三,交流技艺,增进友谊。

武术运动蕴涵丰富,技理相通,入门之后会有艺无止境之感。幼儿武术活动便成为他们交流思想、增进友谊的良好手段。有时候,幼儿的胆怯和好动等不良心理因素,可以通过良好的武术训练和武德教育来克服;使幼儿克服胆怯的心理,改变日常生活中存在的一些弊端,有利于他们以后的学习和生活。

第四,竞技观赏,丰富文化生活。

武术具有很高的观赏价值,无论是表演还是比赛,历来为人们喜闻乐见。当今,在很多娱乐场所,往往可以看到一些精彩的武术表演。南拳北腿、刀光剑影,往往可以给观众一种紧张、赏心悦目、新颖独特的感受。通过武术锻炼,培养孩子的自我表现力和创造想象力,增强孩子的自信心。

第五,幼儿武术与传统武术的区别。

当今学前武术教育,改变了传统武术练习中的严肃、古板、枯燥、大负荷量以及不科学的练习方式方法,如今的授课方式大多采用游戏、录像、图片、音乐等科学的童趣教学模式。活动过程的游戏化、科学化,使孩子们在轻松愉快的练习中不仅可以学到武术中的技能技巧,还可以培养其豁达、开朗、积极向上的良好心理素质。

第二节　武术基本动作

一、基本手型

1.拳

四指并拢握拳,拇指屈压于食指和中指的中节上。拳握紧,拳面平,腕要直。

2.掌

四指并拢伸直,向后伸张,拇指第一关节弯曲紧扣于虎口处。

3.勾

五指捏拢、屈腕。

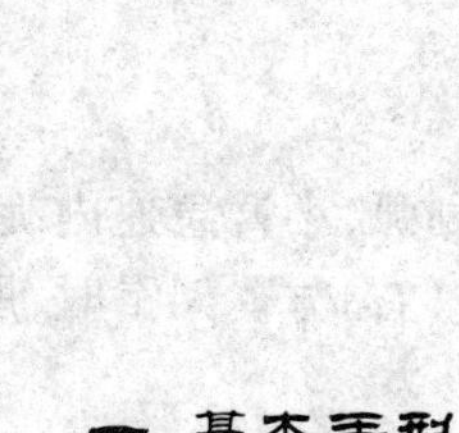

图11-1 拳

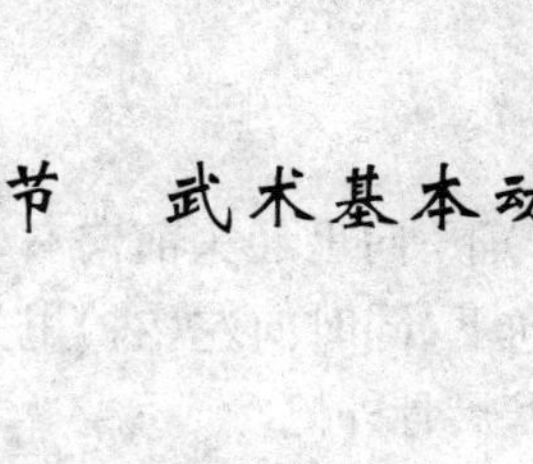

图11-2 掌

图11-3 勾

二、基本手法

1.冲拳

图 11－4　基本手法

预备姿势：

两脚开立，与肩同宽。两手握拳抱贴于腰侧，拳心向上，肘尖向后，目视前方。

动作：一臂从腰侧向前快速冲出，拧腰顺肩；当肘关节冲过腰时，前臂迅速内旋。同时，异侧肘后引，挺胸、立腰，目视前方。冲拳时，肩肘放松，拳走直线，力达拳面。

2.架拳

预备姿势：同冲拳。

动作：右（左）拳向左（右）下、向上经头前向右（左）上方划弧，小臂急速内旋，在头右（左）上方架起，拳眼向下，同时向左（右）甩头，目视左（右）方。架拳时，肘微屈使臂略成弧形，力达小臂尺骨外侧。

3.推掌

预备姿势：同冲拳。

动作：右（左）拳变掌，从腰侧向前快速推出；当肘过腰时，前臂内旋，沉腕，挑指成立掌，臂伸直掌根高于肩。成侧立掌时，手腕后屈并向拇指一侧旋转，使小指侧向前，目视前方。推掌时，掌走直线，要有爆发力，力达掌根。拧腰顺肩、旋臂、沉腕要协调一致。

4.亮掌

预备姿势：同冲拳。

动作：一拳变掌，经体侧向上划弧，掌过肩后臂内旋、抖腕、亮掌。臂略成弧形，掌心向上，眼随掌动。亮拳时，稍向异侧转体、甩头，目视远方。

三、步型

1.弓步

两脚前后开立，后脚尖与前脚跟的距离约为脚长的 3－4 倍。前腿屈膝半蹲，大腿略高于水平，脚尖稍内扣，膝盖向前与脚尖垂直；后腿膝伸直，脚尖内扣，斜向

图 11-5 步型

前方。两脚全脚掌着地,前脚跟与后脚跟内侧横向距离约为 5-10 厘米。两手握拳抱贴于腰侧,拳心向上,目视前方。

2.马步

两脚左右开立,脚内侧距离约为脚长的 3-3.5 倍,脚尖正对前方,屈膝、屈髋成半蹲,挺胸立腰,脚跟外撑。膝向前不超过脚尖,大腿略高于水平。全脚掌着地,重心落于两脚中间,目视前方。

3.仆步

两脚左右开立,一腿屈膝全蹲,臀部接近小腿,脚尖和膝关节外展约为 30 度-45 度。另一腿侧伸平仆接近地面,脚尖内扣。两腿全掌着地,上体稍前倾,向仆方向微转头,目视远方。仆左腿为左仆步,仆右腿为右仆步。

4.虚步

两脚前后开立,重心落在后腿上,脚尖外展。前脚脚面绷直虚点地,挺胸立腰,目视前方。

5.歇步

两脚交叉站立,屈膝全蹲。前脚全脚掌着地,脚尖外展;后脚跟脚掌着地。两腿靠拢贴紧,臀部坐于后小腿接近脚跟处,挺胸、塌腰、坐稳。左脚在前称左歇步,右脚在前称右歇步。左歇步时目视左前方,右歇步时目视右前方。

四、腿法

1.弹腿

预备姿势:同冲拳。

动作:一腿屈膝提起,大腿与腰平,脚面绷直。摆膝接近水平时,迅速猛力挺膝,向前平踢(弹击),力达脚尖,大小腿成一直线。另一腿伸直或微屈支撑,目视前方弹腿时,挺胸立腰,弹击要有寸劲。

2.蹬腿

预备姿势:同冲拳。

动作:同弹腿,唯脚尖勾起,力达脚跟。

3.踹腿

预备姿势:同冲拳。

动作：一腿经前向侧交叉迈步，挺膝支撑；另一腿屈膝提起，脚内扣，脚跟用力向侧上方踹出；上体向支撑腿一侧倾倒，目视踹出方向。踹腿时，挺膝开胯，脚外侧朝上，力达脚跟。侧踹腿也可下踹。

五、五步拳

五步拳是学习武术入门之基本拳术组合，因包含了武术中最基本的五种步型（弓、马、仆、虚、歇）和三种手型（拳、掌、勾），结合搂手、冲拳、按掌、穿掌、挑掌、架打、盖打等手法进行的组合练习，故简称五步拳。通过五步拳的练习，可以增进身体的协调能力，掌握动作与动作之间的衔接要领，提高动作质量。

图11-6

图11-7

图11-8

图11-9

图11-10

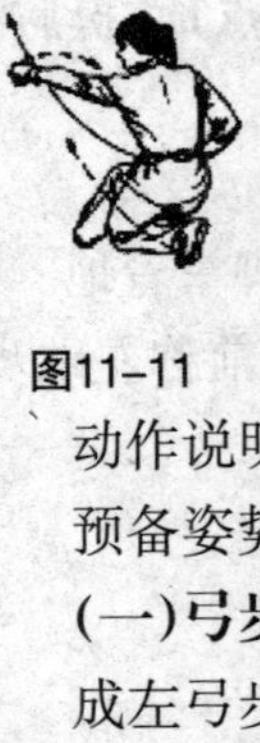
图11-11

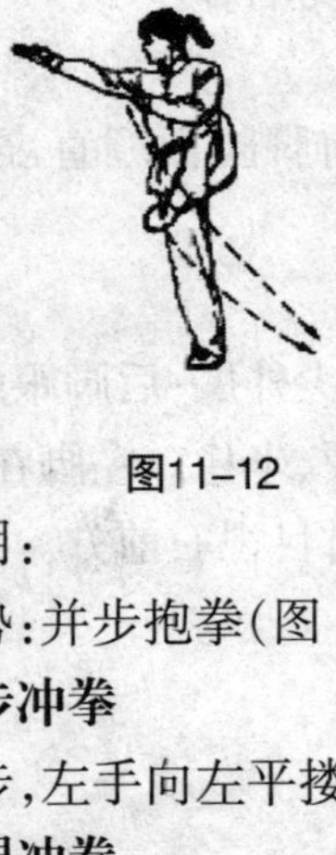
图11-12

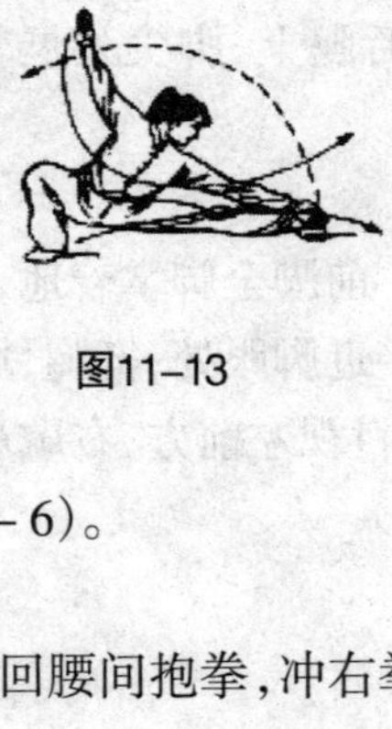
图11-13

图11-14

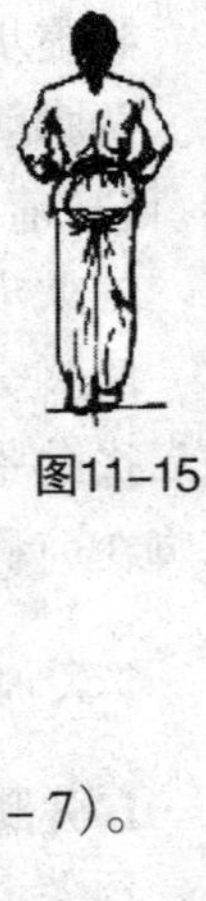
图11-15

动作说明：

预备姿势：并步抱拳（图 11－6）。

（一）弓步冲拳

成左弓步，左手向左平搂收回腰间抱拳，冲右拳。目视前方（图 11－7）。

（二）弹腿冲拳

重心前移，右腿向前弹踢，同时冲左拳，收右拳。目视前方（图 11－8）。

（三）马步架打

右脚落地，向左转体 90 度，下蹲成马步，同时左拳变掌，屈臂上架，冲右拳。目视右方（图 11－9）。

（四）歇步盖冲拳

左脚向右脚后插一步，同时右拳变掌向左下盖，掌外沿向前，身体左转 90 度，收左拳。目视右掌（图 11－10）。上动不停，两腿屈膝下蹲成歇步，同时冲左拳，收右拳。目视左拳（图 7－11）。

(五)提膝仆步穿掌

两腿起立,身体左转。随即左拳变掌,顺势收至右腋下;右拳变掌,由左手背上穿出,手心向上。同时左腿屈膝提起,目视右手(图 11 - 12)。上动不停,左脚落地成仆步;左手掌指朝前,沿左腿内侧穿至左脚面。目视左掌(图 11 - 13)。

(六)虚步挑掌

左腿屈膝前弓,右脚前上成右虚步。同时左手向后划弧成勾手,右手顺右腿外侧向上挑掌。目视前方(图 11 - 14)。

(七)并步抱拳

左脚向右脚靠拢成并步,同时左勾手和右掌变拳,回收抱于腰间。目视前方(图 11 - 15)。

第三节　幼儿武术操范例

幼儿武术在幼儿园是一个起步阶段,教育活动主要有武术操教学、武术课、武术兴趣班等。教学内容主要进行武术操、基本步型腿法、手型手法以及游戏性模仿练习。在本节介绍几套幼儿武术操范例,供同学们学习。

范例一　幼儿武术操

第一节 冲拳—亮拳—勾手(2×8 拍)(图 11 - 16)

预备姿势:并步直立抱拳。

(1)两拳向前平直冲出成平拳(拳心向下),目视前方。

(2)还原成预备姿势。

(3)两拳同时向左右平直冲出成平拳,目视前方。

(4)还原成预备姿势。

(5)两拳变掌,两臂体前交叉(左掌在外),掌心向内。

(6)两臂向下经体侧抡摆至上举部位,抖腕亮掌,仰头,目视指尖。

(7)两臂同时下摆至侧平上举部位,两掌变勾,目视前方。

(8)还原成预备姿势。

图 11－16

第二个八拍动作同上。

第二节 踢腿冲拳—架拳侧踹（2×8 拍）（图 11－17）

(1)右脚后撤一步成左弓步，右拳同时向前冲出成平拳，目视前方。

(2)右腿向前下蹬出，同时左拳向前冲出成平拳，右拳收回腰间成抱拳。

(3)同(1)。

(4)还原成预备姿势。

(5)重心右移，左腿向左下方踹出，右臂上架成架拳，目视左前方。

(6)还原成预备姿势。

(7)同(5)唯方向相反。

(8)还原成预备姿势。

图 11－17

第二个八拍动作同上，唯方向相反。

第三节 马步双劈腿—拗弓步冲拳—马步上架冲拳（2×8 拍）（图 11－18）

预备姿势：并步直立抱拳。

(1)左脚向左跨出一步，两臂同时经腹前交叉（左拳在外，拳心均向内）经上、向外抡臂成侧劈拳，拳心向上；同时两腿屈曲成马步，目视前方。

(2)向左转体 90 度成左弓步，同时左拳收回腰侧，右拳经右腰侧向前冲出成平拳。

(3)向右转体90度成马步,同时左拳向左侧冲出成平拳,右臂上架成架拳,目视前方。

(4)还原成预备姿势。

(5)-(8)同(1)-(4),唯方向相反。

第二个八拍动作同上。

① ② ③

图11-18

第四节 并步直立侧冲拳—弓步撩掌—高虚步亮掌(2×8拍)(图11-19)

预备姿势:并步直立抱拳。

(1)右拳向右侧冲出成平拳。

(2)左脚左跨出一步成左弓步,同时向左转体,右拳变掌直臂经下向前方撩出,掌心向前上。左拳变掌,并于左膝前上方拍击右臂内侧,目视右掌。

(3)向右转体90度重心移至右腿,左腿收回前伸脚尖点地成高虚步,同时右臂经下向右抡摆至上举,抖腕亮掌,左臂伸直上摆至侧平举,抖腕亮掌,目视左前方。

(4)还原成预备姿势。

(5)-(8)同(1)-(4),唯方向相反。

第二个八拍动作同上。

第五节 亮掌—俯身按掌—侧弓步冲拳(2×8拍)(图11-20)

预备姿势:并步直立抱拳。

(1)两拳变掌,两臂在腹前伸直交叉(左臂在外),两臂同时向下经过两侧抡摆至上举,抖腕亮掌,仰头目视手指。

(2)两臂屈肘,两掌经体前垂直下按,同时上体前俯。

(3)上体直立,两掌变拳收回两腰侧,左脚向左侧出跨一步成左侧弓步,同时拧腰顺肩,右拳向前冲出成平拳。

(4)还原成预备姿势。

①　②　③

图 11－19

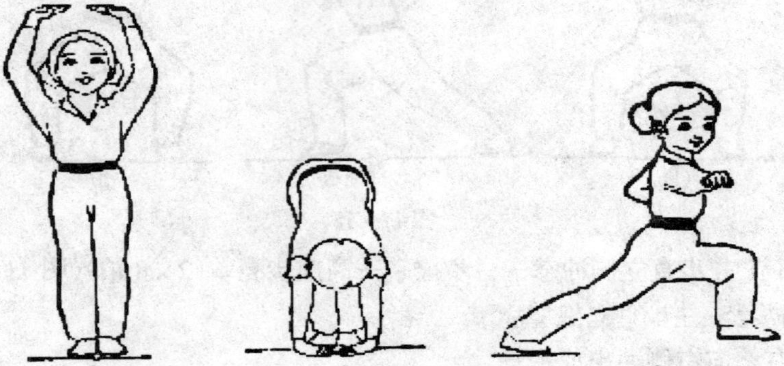

①　②　③

图 11－20

(5)－(8)同(1)－(4),唯方向相反。

第二个八拍动作同上。

第六节 砸拳震脚—弓步双推掌—仆步按掌(2×8 拍)(图 11－21)

①　②　③

图 11－21

预备姿势:并步直立抱拳。

(1)左拳变掌,掌心向上置于腹前;右拳上举至头上方。左腿屈膝,右脚震脚,同时以右拳背砸击左掌作响,两腿屈膝成半蹲,上体稍前倾。

(2)两腿蹬伸跳起,向左转体 45 度,两腿前后分开落地成左弓步,同时两掌向前推出成推掌(掌心朝前)。

(3)左腿伸直,脚尖内扣;右腿弯曲脚尖外展,身体重心右移成右仆步,同时左腕伸直外旋掌心向上,屈小臂翻掌,经体前下按;右掌向下经右向上抡摆,上体顺势向右转体约 90 度,眼随右掌转动,右臂摆至头右上方时,掌变拳同时头迅速左转,目视左方。

(4)还原成预备姿势。

(5)-(8)同(1)-(4),唯方向相反。

第二个八拍动作同上。

第七节 击掌上跳—撩踢拍脚(2×8 拍)(图 11-22)

预备姿势:并步直立抱拳。

(1)两腿蹬伸向上跳起,两拳变掌胸前击响,落地。

(2)双腿跳起,左脚向右后撩踢,右手拍击左脚底(或左脚内侧)作响,左手自然向左上方摆起。

(3)同(1)。

(4)同(2),唯方向相反。

(5)-(8)原地踏步,两掌交替在上于胸前拍响,头向两侧自然摆动。

图 11-22

第二个八拍动作同上。

范例二 幼儿武术操《精忠报国》

前奏:3×8 立正。

4×8 左脚侧出,两脚开立。两手背后,小臂重叠,手握肘关节。头左转。

最后四拍(5-8)头转回正前方。

词:狼烟起,江山北望

1－2 收左脚，并立。两手抱拳行礼。

3－4 两手抱拳于腰间。

5－6 两臂由侧向前平冲拳。

7－8 7 两臂胸前屈，小臂上举，手握拳。8 两臂侧冲拳(侧平举)。

词：龙起卷，马长嘶，剑气如霜

2－2 两臂胸前交叉，手握拳。

3－4 出左脚成马步，两手腰间抱拳。

5 身体左转成左弓步，左手上伸成掌，掌心朝前。右手腰间抱拳。

6 右臂前下伸，手成掌，掌背向前。低头。

7－8 头右转，看向前方。

词：心似黄河水茫茫

3－2 左手向下砍至前举，掌外沿向下。右臂收于腰间抱拳。

3－4 上体右转 90 度，面向前。左手收于腰间抱拳，右臂前推掌。

5－8 两腿右转成开立，左手不变，右掌由下经侧摆至头上亮掌，眼随手走。

词：二十年纵横间谁能相抗

4－2 头右转 90 度，下肢成右弓步。左臂不变，右臂由上向侧成侧平举，手成拳，拳眼向上。

3－4 右弓步，左臂侧平举，手成掌，掌心向下。右臂前屈，大小臂成 90 度，手成拳，头左转。

5－8 右腿屈，跪地。左腿大小腿成 90 度。左掌经侧上挡，掌心向上。右手前推掌，眼向前看。

词：恨欲狂，长刀所向

1－2 起立，两腿开立，两手抱拳于腰间。

3－4 左手前推掌，其他动作不变，口呼“哈”。

5－6 左掌向侧砍，掌背向上，力达掌外沿，头向左看，口呼“哈”。

7－8 左臂向上摆至头上亮掌，头转向正前，口呼“哈”。

词：多少手足忠魂埋骨他乡

2－2 两腿开立，两手抱拳于腰间。

3－4 右手前推掌，其他动作不变，口呼“哈”。

5－6 右掌向侧砍，掌背向上，力达掌外沿，头向左看，口呼“哈”。

7－8 右臂向上摆至头上亮掌，头转向正前，口呼“哈”。

词：何惜百死保家国

3－2 两脚开立，两手腰间抱拳。

3－4 两拳上举，头上交叉，拳心向前。

5－8 左脚侧出成马步，两拳由上举至侧平举。

词:忍叹息,更无语,血泪满眶

4-4 两脚开立,两手胸前交叉,手成掌,掌外沿向前。

5-8 收左脚,两脚并立。两臂由下向侧向上摆,左手至头上亮掌,右手至侧平举立掌。

间奏 空 4 拍。

词:马蹄南去,人北望

1-2 出左脚,两脚开立。左臂由上至侧平举,掌心向上;右手收回腰间抱拳,头左转。

3-4 出右手,至侧平举,掌心向上。头右侧转,眼看手。

5-8 身体左转,收右脚并左脚(跺并)。右臂经侧击至左掌内侧,两臂立掌交叉。

词:人北望,草青黄,尘飞扬

2-2 两脚开立,两手抱拳于腰间。

3-4 两臂前冲拳,口呼"哈"。

5-6 两臂上推掌,掌心向上,口呼"哈"。

7-8 两臂侧平举,手成勾,口呼"哈"。

词:我愿守土复开疆

3-2 身体左转 90 度成左弓步,右臂由下经上摆至前平举,手成掌。左臂胸前平屈,立掌。

3-4 身体右转 90 度成马步,右臂经上至侧上举,手成勾。

5-8 左脚并右脚,直立。左臂经下摆至侧下举,立掌。

词:堂堂中国要让四方

4-2 两手立掌,胸前交叉。

3-8 两手经体侧向下、向前摆至前平举,手成掌,掌心向上。

来—— 右脚向右后方退一步,身体右转,右臂抱拳于腰间,左臂胸前平屈,立掌。

贺—— 左脚靠右脚有力,右臂上举成掌,掌心向前。左臂收于腰间抱拳,头左转,眼看前方。

间奏(2×8):

1-2 出左脚,两脚开立,两臂侧平举,两手成掌,掌心向上。

3-4 两手头上击掌,掌心相对。

5-6 两手合掌收于胸前。

7-8 二八拍前四拍 停住。

5-8 两臂向侧摆成侧平举,两手成拳。

接——狼烟起,重复至来——贺——

重复马蹄南去

来——身体右转,右脚后侧一步,两手头上击掌。

贺——身体转正,成左虚步。左臂前平举,掌心向上;右臂侧上举,掌心向前,头向前看。

附录：

国民体质测定标准手册(幼儿部分)

第一部分 适用对象的分组与测试指标

一、适用对象的分组与测试指标

1.分组和年龄范围

《国民体质测定标准》(幼儿部分)的适用对象为3-6周岁的中国幼儿。按年龄、性别分组,3-5岁每0.5岁为一组,6岁为一组。男女共计14个组别。

2.年龄计算方法

(1)3-5岁者

测试时已过当年生日,且超过6个月者:年龄=测试年-出生年+0.5

测试时已过当年生日,且不满6个月者:年龄=测试年-出生年

测试时未过当年生日,且距生日6个月以下者:年龄=测试年-出生年-0.5

测试时未过当年生日,且距生日6个月以上者:年龄=测试年-出生年-1

(2)6岁者

测试时已过当年生日者:年龄=测试年-出生年

测试时未过当年生日者:年龄=测试年-出生年-1

二、测试方法

测试指标包括身体形态和素质两类(表1)

表1　测试指标

类　别	测试指标
形态	身高体重
素质	10米折返跑 立定跳远 网球掷远 双脚连续跳 坐位体前屈 走平衡木

第二部分　评定方法与标准

采用单项评分和综合评级进行评定。单项评分包括身高标准体重评分和其他单项指标评分，采用5分制。综合评级是根据受试者各单项得分之和确定，共分四个等级：一级（优秀）、二级（良好）、三级（合格）、四级（不合格）。任意一项指标无分者，不进行综合评级（见表格）。

等级	得分
一级（优秀）	>31分
二级（良好）	28－31分
三级（合格）	20－27分
四级（不合格）	<20分

测试方法：受试者测试前应保持安静状态，不要从事剧烈体力活动，着运动服和运动鞋参加测试。

一、形态指标

1.身高 反映人体骨骼纵向生长水平。使用身高计测试，精度为0.1厘米。测试时，受试者赤脚，呈立正姿势站在身高计的底板上（躯干挺直，上肢自然下垂，脚跟并拢，脚尖分开约60度），脚跟、骶骨部及两肩胛间与身高计的立柱接触，头部正直，两眼平视前方，耳屏上缘与眼眶下缘最低点呈水平（图1）。记录以厘米为单位，保留小数点后1位。

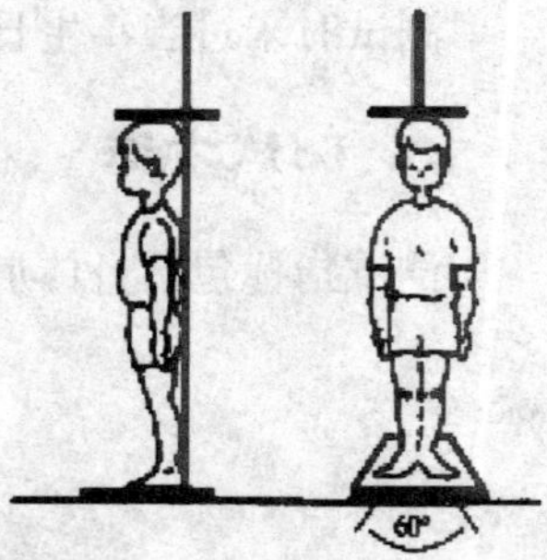

图1　身高测量

2.体重 反映人体发育程度和营养状况。使用体重秤测试,精度为 0.1 千克。测试时,受试者自然站在体重秤中央,站稳后,读取数据(图 2)。记录以千克为单位,保留小数点后一位。注意事项:测试时,受试者尽量减少着装;上、下体重秤时,动作要轻缓。

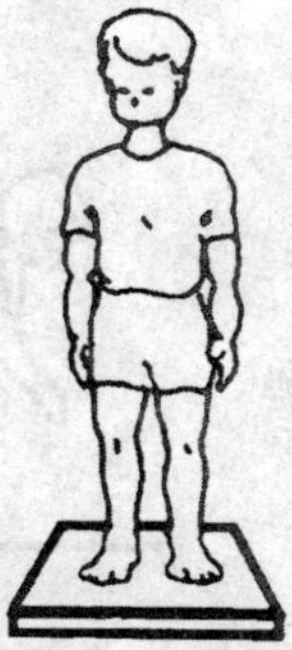

图 2　体重测量

二、素质指标

1.10 米折返跑 反映人体的灵敏素质。使用秒表测试。在平坦的地面上画长 10 米、宽 1.22 米的直线跑道若干条,在每条跑道折返线处设一手触物体(如木箱),在跑道起终点线外 3 米处画一条目标线(图 3)。测试时,受试者至少两人一组,以站立式起跑姿势站在起跑线前,当听到"跑"的口令后,全力跑向折返线,测试员视受试者起动开表计时。受试者跑到折返处,用手触摸物体后(图 4),转身跑向目标线,当胸部到达起点线的垂直面时,测试员停表。记录以秒为单位,保留小数点后一位。小数点后第二位数按"非零进一"的原则进位,如 10.11 秒记录为 10.2 秒。注意事项:受试者应全速跑,途中不得串道,接近终点时不要减速;在起终点处和目标线处不得站人,以免妨碍测试。

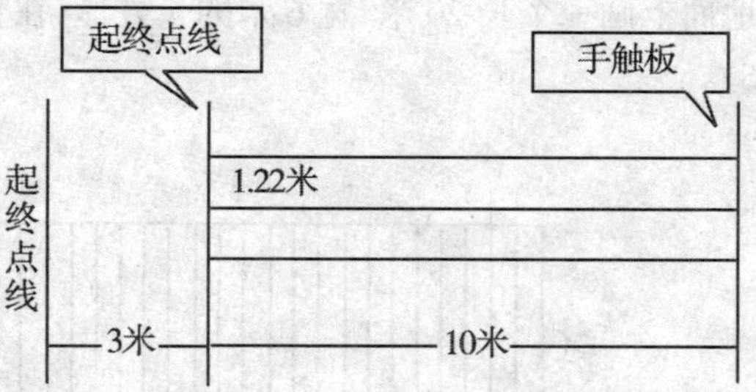

图 3　10 米往返跑场地

图 4　10 米往返跑测试

2.立定跳远 反映人体的爆发力。使用沙坑(距沙坑边缘 20 厘米处设立起跳线)或软地面、卷尺和三角板测试。测试时,受试者双脚自然分开,站立在起跳线后,然后摆动双臂,双脚蹬地尽力向前跳,测量起跳线距最近脚跟之间的直线距离(图 5)。测试两次,取最大值,记录以厘米为单位,不计小数。注意事项:受试者起跳时,不能有垫跳动作。

图5　立定跳远测试

3.网球掷远 反映人体上肢和腰腹肌肉力量。使用网球和卷尺测试。在平坦地面上画一个长20米、宽6米的长方形,在长方形内,每隔0.5米画一条横线(图6)。

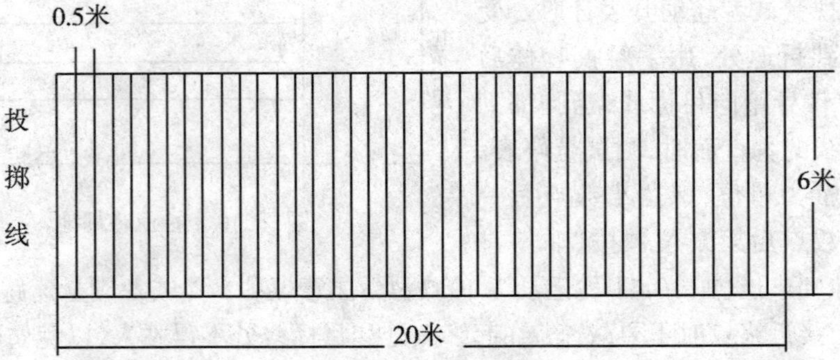

图6　网球掷远测试场地

图7　网球掷远测试

以一侧端线为投掷线。测试时,受试者身体面向投掷方向,两脚前后分开,站在投掷线后约一步距离,单手持球举过头顶,尽力向前掷出(图7)。球出去时,后脚可以向前迈出一步,但不能踩在或越过投掷线,有效成绩为投掷线至球着地点之间的直线距离。如果球的着地点在横线上,则记录该线所标示的数值;如果球的着地点在两条横线之间,则记录靠近投掷线的横线所标示的数值;如果球的着地点超过20米长的测试场地,可用卷尺丈量;如果球的着地点超出场地的宽度,则重新投掷。测试两次,取最大值,记录以米为单位。注意事项:测试时,严禁幼儿进入投掷区,避免出现伤害事故。

4.双脚连续跳 反映人体协调性和下肢肌肉力量。使用卷尺和秒表测试。在平坦地面上每隔 0.5 米画一条横线,共画 10 条,每条横线上横置一块软方包(长 10 厘米,宽 5 厘米,高 5 厘米),在距离第一块软方包 20 厘米处设立起跑线(图 8)。测试时,受试者两脚并拢,站在起跳线后,当听到"开始"口令后,双脚同时起跳,双脚一次或两次跳过一块软方包,连续跳过 10 块软方包。测试员视受试者起动开表计时,当受试者跳过第十个软方包双脚落地时,测试员停表(图 9)。测试两次,取最好成绩,记录以秒为单位,保留小数点后一位,小数点后第二位数按"非零进一"的原则进位,如 10.11 秒记录为 10.2 秒。注意事项:测试时,如果受试者两次单脚起跳跨越软方包、踩在软方包上或将软方包踢乱,则重新测试。

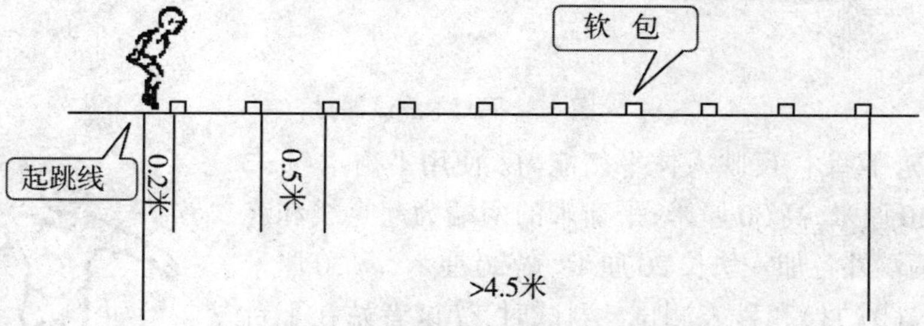

图 8 双脚连续跳测试场地

图 9 双脚连续跳测试

5.坐位体前屈 反映人体柔韧性。使用坐位体前屈测试仪测试。测试时,受试者坐在垫上,双脚伸直,脚跟并拢,脚尖自然分开,全脚掌蹬在测试仪平板上;然后掌心向下,双臂并拢平伸,上体前屈,用双手中指指尖推动游标平滑前移,直至不能移动为止(图 10)。测试两次,取最大值,记录以厘米为单位,保留小数点后一位。注意事项:测试前,受试者应做准备活动,以防肌肉拉伤;测试时,膝关节不得弯曲,不得有突然前振的动作;记录时,正确填写正负号。

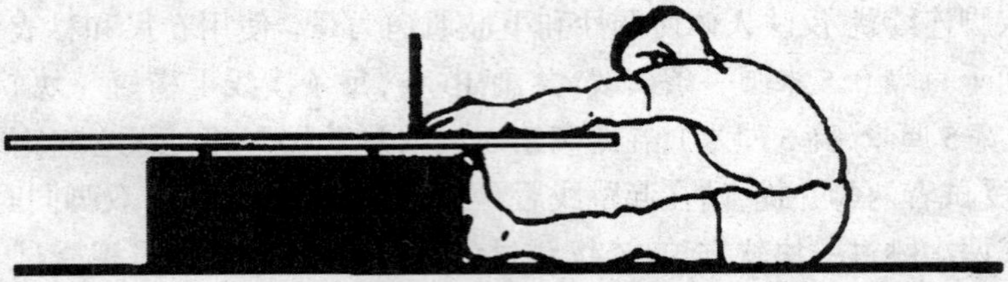

图 10　坐位体前屈测试

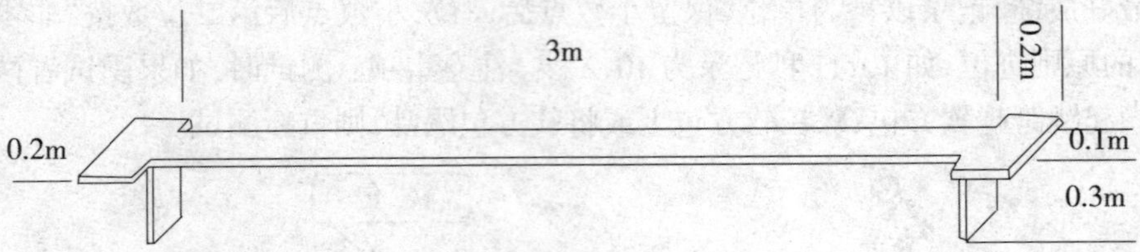

图 11　平衡木测试器材

6.走平衡木 反映人体平衡能力。使用平衡木(长 3 米,宽 10 厘米,高 30 厘米;平衡木的两端为起点线和终点线,两端外各加一块长 20 厘米、宽 20 厘米、高 30 厘米的平台)(图 11)和秒表测试。测试时,受试者站在平台上,面向平衡木,双臂侧平举,当听到"开始"口令后,前进(图 12)。测试员视受试者起动开表计时,当受试者任意一个脚尖超过终点线时,测试员停表。测试两次,取最好成绩,记录以秒为单位,保留小数点后一位,小数点后第二位数按"非零进一"的原则进位,如 10.11 秒记录为 10.2 秒。注意事项:测试时,受试者如中途落地须重试;要安排人员对受试者进行保护。

图 12　走平衡木测试

评定标准

一、评定方法与标准 采用单项评分和综合评级进行评定。单项评分包括身高标准体重评分(表 3 – 表 4)和其他单项指标评分(表 5 – 表 11),采用 5 分制。综合评级是根据受试者各单项得分之和确定,共分四个等级:一级(优秀)、二级(良好)、三级(合格)、四级(不合格)。任意一项指标无分者,不进行综合评级。综合评级标准见表 2。

二、身高标准体重评分标准 表 3:3 – 6 岁幼儿身高标准体重(男),表 4:身高标准体重评分表(女)

表3　3－6岁幼儿身高标准体重(男)

身高段(厘米)	体重(千克)				
	1分	3分	5分	3分	1分
76.0~76.9	<8.6	8.6~9.3	9.4~11.7	11.8~12.4	>12.4
77.0~77.9	<8.7	8.7~9.5	9.6~11.8	11.9~12.5	>12.5
78.0~78.9	<8.9	8.9~9.7	9.8~11.9	12.0~12.6	>12.6
79.0~79.9	<9.1	9.1~9.8	9.9~12.1	12.2~12.8	>12.8
80.0~80.9	<9.2	9.2~10.0	10.1~12.3	12.4~12.9	>12.9
81.0~81.9	<9.4	9.4~10.1	10.2~12.5	12.6~13.1	>13.1
82.0~82.9	<9.6	9.6~10.2	10.3~12.7	12.8~13.3	>13.3
83.0~83.9	<9.8	9.8~10.4	10.5~12.9	13.0~13.5	>13.5
84.0~84.9	<10.0	10.0~10.5	10.6~13.1	13.2~13.8	>13.8
85.0~85.9	<10.1	10.1~10.7	10.8~13.3	13.4~14.0	>14.0
86.0~86.9	<10.3	10.3~10.9	11.0~13.6	13.7~14.2	>14.2
87.0~87.9	<10.5	10.5~11.1	11.2~13.8	13.9~14.5	>14.5
88.0~88.9	<10.7	10.7~11.3	11.4~14.0	14.1~14.7	>14.7
89.0~89.9	<10.9	10.9~11.5	11.6~14.3	14.4~14.9	>14.9
90.0~90.9	<11.1	11.1~11.7	11.8~14.5	14.6~15.2	>15.2
91.0~91.9	<11.3	11.3~11.9	12.0~14.7	14.8~15.4	>15.2
92.0~92.9	<11.3	11.3~12.1	12.2~15.0	15.1~15.6	>15.6
93.0~93.9	<11.7	11.7~12.3	12.4~15.2	15.3~15.9	>15.9
94.0~94.9	<11.9	11.9~12.5	12.6~15.4	15.5~16.1	>16.1
95.0~95.9	<12.1	12.1~12.7	12.8~15.7	15.8~16.4	>16.4
96.0~96.9	<12.4	12.4~12.9	13.0~16.0	16.1~16.6	>16.6
97.0~97.9	<12.6	12.6~13.2	13.3~16.2	16.3~16.9	>16.9
98.0~98.9	<12.8	12.8~13.5	13.6~16.5	16.6~17.2	>17.2
99.0~99.9	<13.0	13.0~13.7	13.8~16.8	16.9~17.5	>17.5
100.0~100.9	<13.3	13.3~14.0	14.1~17.0	17.1~17.7	>17.7
101.0~101.9	<13.5	13.5~14.3	14.4~17.3	17.4~18.0	>18.0

（续表）

身高段(厘米)	体重(千克)				
	1分	3分	5分	3分	1分
102.0~102.9	<13.7	13.7~14.6	14.7~17.6	17.7~18.3	>18.3
103.0~103.9	<13.9	13.9~14.9	15.0~17.9	18.0~18.6	>18.6
104.0~104.9	<14.1	14.1~15.2	15.3~18.2	18.3~18.9	>18.9
105.0~105.9	<14.4	14.4~15.6	15.7~18.5	18.6~19.3	>19.3
106.0~106.9	<14.6	14.6~15.8	15.9~18.8	18.9~19.6	>19.6
107.0~107.9	<14.8	14.8~16.0	16.1~19.1	19.2~19.9	>19.9
108.0~108.9	<15.0	15.0~16.2	16.3~19.4	19.5~20.3	>20.3
109.0~109.9	<15.3	15.3~16.5	16.6~19.9	20.0~20.7	>20.7
110.0~110.9	<15.6	15.6~16.8	16.9~20.2	20.2~21.0	>21.0
111.0~111.9	<15.9	15.9~17.1	17.2~20.5	20.6~21.4	>21.4
112.0~112.9	<16.2	16.2~17.4	17.5~20.9	21.0~21.9	>21.9
113.0~113.9	<16.5	16.5~17.7	17.8~21.3	21.4~22.2	>22.2
114.0~114.9	<16.8	16.8~17.9	18.0~21.8	21.9~22.6	>22.6
115.0~115.9	<17.1	17.1~18.1	18.2~22.1	22.2~23.1	>23.1
116.0~116.9	<17.4	17.4~18.3	18.4~22.5	22.6~23.5	>23.5
117.0~117.9	<17.8	17.8~18.5	18.6~22.9	23.0~24.0	>24.0
118.0~118.9	<18.1	18.1~18.7	18.8~23.4	23.5~24.5	>24.5
119.0~119.9	<18.5	18.5~18.9	19.0~23.8	23.9~25.0	>25.0
120.0~120.9	<18.9	18.9~19.2	19.3~24.3	24.4~25.5	>25.5
121.0~121.9	<19.3	19.3~19.5	19.6~24.7	24.8~26.0	>26.0
122.0~122.9	<19.6	19.6~20.0	20.1~25.3	25.4~26.5	>26.5
123.0~123.9	<20.0	20.0~20.4	20.5~25.8	25.9~27.1	>27.1
124.0~124.9	<20.4	20.4~20.8	20.9~26.3	26.4~27.7	>27.7
125.0~125.9	<20.8	20.8~21.3	21.4~26.9	27.0~28.3	>28.3

（续表）

身高段(厘米)	体重(千克)				
	1分	3分	5分	3分	1分
126.0～126.9	<21.2	21.2～21.7	21.8～27.4	27.5～28.9	>28.9
127.0～127.9	<21.6	21.6～22.2	22.3～28.0	28.1～29.5	>29.5
128.0～128.9	<22.0	22.0～22.6	22.7～28.6	28.7～30.2	>30.2
129.0～129.9	<22.5	22.5～23.1	23.2～29.2	29.3～30.9	>30.9
130.0～130.9	<22.9	22.9～23.6	23.7～29.8	29.9～31.6	>31.6
131.0～131.9	<23.4	23.4～24.1	24.2～30.5	30.6～32.3	>32.3
132.0～132.9	<23.8	23.8～24.6	24.7～31.2	31.3～33.1	>33.1
133.0～133.9	<24.3	24.3～25.1	25.2～31.9	32.0～33.8	>33.8
134.0～134.9	<24.8	24.8～25.7	25.8～32.7	32.8～34.6	>34.6
135.0～135.9	<25.3	25.3～26.2	26.3～33.4	33.5～35.5	>35.5
136.0～136.9	<25.8	25.8～26.8	26.9～34.2	34.3～36.3	>36.3
137.0～137.9	<26.3	26.3～27.4	27.4～35.0	35.1～36.9	>36.9
138.0～138.9	<26.8	26.8～28.0	28.1～35.8	35.9～37.5	>37.5
139.0～139.9	<27.4	27.4～28.6	28.7～36.6	36.7～38.2	>38.2
140.0～140.9	<27.9	27.9～29.2	29.3～37.5	37.6～38.9	>38.9
141.0～141.9	<28.4	28.4～29.9	30.0～38.5	38.6～39.7	>39.7
142.0～142.9	<29.0	29.0～30.6	30.7～39.6	39.7～40.6	>40.6
143.0～143.9	<29.7	29.7～31.3	31.4～40.6	40.7～41.6	>41.6
144.0～144.9	<30.4	30.4～31.9	32.0～41.7	41.8～42.6	>42.6
145.0～145.9	<31.0	31.0～32.5	32.6～42.7	42.8～43.7	>43.7

表4　身体标准体重评分表(女)

身高段(厘米)	体重(千克)				
	1分	3分	5分	3分	1分
76.0～76.9	<8.9	8.9～9.0	9.1～11.6	11.7～12.9	>12.9
77.0～77.9	<9.0	9.0～9.1	9.2～11.8	11.9～13.1	>13.1
78.0～78.9	<9.1	9.1～9.3	9.4～12.0	12.1～13.2	>13.2
79.0～79.9	<9.3	9.3～9.5	9.6～12.2	12.3～13.3	>13.3

（续表）

身高段(厘米)	体重(千克)				
	1分	3分	5分	3分	1分
80.0~80.9	<9.5	9.5~9.7	9.8~12.4	12.5~13.5	>13.5
81.0~81.9	<9.7	9.7~10.0	10.1~12.6	12.7~13.7	>13.7
82.0~82.9	<9.9	9.9~10.2	10.3~12.8	12.9~13.9	>13.9
83.0~83.9	<10.1	10.1~10.4	10.5~13.1	13.2~14.1	>14.1
84.0~84.9	<10.3	10.3~10.6	10.7~13.3	13.4~14.4	>14.4
85.0~85.9	<10.5	10.5~10.8	10.9~13.5	13.6~14.6	>14.6
86.0~86.9	<10.7	10.7~11.0	11.1~13.7	13.8~14.8	>14.8
87.0~87.9	<10.9	10.9~11.2	11.3~14.0	14.1~15.1	>15.1
88.0~88.9	<11.1	11.1~11.4	11.5~14.2	14.3~15.3	>15.3
89.0~89.9	<11.3	11.3~11.6	11.7~14.4	14.5~15.6	>15.6
90.0~90.9	<11.5	11.5~11.8	11.9~14.7	14.8~15.8	>15.8
91.0~91.9	<11.7	11.7~12.1	12.2~14.9	15.0~16.1	>16.1
92.0~92.9	<11.9	11.9~12.3	12.4~15.2	15.3~16.3	>16.3
93.0~93.9	<12.1	12.1~12.5	12.6~15.4	15.5~16.6	>16.6
94.0~94.9	<12.3	12.3~12.7	12.8~15.7	15.8~16.8	>16.8
95.0~95.9	<12.5	12.5~13.0	13.1~15.9	16.0~17.1	>17.1
96.0~96.9	<12.7	12.7~13.2	13.3~16.2	16.3~17.4	>17.4
97.0~97.9	<13.0	13.0~13.4	13.5~16.5	16.6~17.7	>17.7
98.0~98.9	<13.2	13.2~13.7	13.8~16.7	16.8~18.0	>18.0
99.0~99.9	<13.4	13.4~13.9	14.0~17.0	17.1~18.2	>18.2
100.0~100.9	<13.6	13.6~14.2	14.3~17.3	17.4~18.5	>18.5
101.0~101.9	<13.9	13.9~14.4	14.5~17.6	17.7~18.8	>18.8
102.0~102.9	<14.1	14.1~14.7	14.8~17.9	18.0~19.1	>19.1
103.0~103.9	<14.3	14.3~14.9	15.0~18.2	18.3~19.5	>19.5
104.0~104.9	<14.6	14.6~15.2	15.3~18.5	18.6~19.8	>19.8
105.0~105.9	<14.8	14.8~15.5	15.6~18.8	18.9~20.1	>20.1
106.0~106.9	<15.1	15.1~15.7	15.8~19.1	19.2~20.4	>20.4
107.0~107.9	<15.4	15.4~16.0	16.1~19.4	19.5~20.8	>20.8

（续表）

身高段(厘米)	体重(千克)				
	1分	3分	5分	3分	1分
108.0～108.9	<15.6	15.6～16.3	16.4～19.8	19.9～21.1	>21.1
109.0～109.9	<15.9	15.9～16.6	16.7～20.1	20.2～21.5	>21.5
110.0～110.9	<16.2	16.2～16.9	17.0～20.5	20.6～21.8	>21.8
111.0～111.9	<16.5	16.5～17.2	17.3～20.8	20.9～22.2	>22.2
112.0～112.9	<16.8	16.8～17.5	17.6～21.2	21.3～22.6	>22.6
113.0～113.9	<17.1	17.1～17.8	17.9～21.6	21.7～23.0	>23.0
114.0～114.9	<17.4	17.4～18.2	18.3～21.9	22.0～23.4	>23.4
115.0～115.9	<17.7	17.7～18.5	18.6～22.2	22.3～23.8	>23.8
116.0～116.9	<18.0	18.0～18.8	18.9～22.8	22.9～24.3	>24.3
117.0～117.9	<18.4	18.4～19.2	19.3～23.2	23.3～24.8	>24.8
118.0～118.9	<18.7	18.7～19.6	19.7～23.7	23.8～25.2	>25.2
119.0～119.9	<19.1	19.1～20.2	20.3～24.1	24.2～25.8	>25.8
120.0～120.9	<19.4	19.4～20.5	20.6～24.6	24.7～26.3	>26.3
121.0～121.9	<19.8	19.8～20.8	20.9～25.0	25.1～26.9	>26.9
122.0～122.9	<20.2	20.2～21.2	21.3～25.4	25.5～27.5	>27.5
123.0～123.9	<20.6	20.6～21.6	21.7～25.8	25.9～28.1	>28.1
124.0～124.9	<21.0	21.0～22.0	22.1～26.2	26.3～28.7	>28.7
125.0～125.9	<21.4	21.4～22.5	22.6～26.5	26.6～29.4	>29.4
126.0～126.9	<21.8	21.8～23.0	23.1～26.9	27.0～30.2	>30.2
127.0～127.9	<22.2	22.2～23.4	23.5～27.3	27.4～30.9	>30.9
128.0～128.9	<22.7	22.7～24.0	24.1～27.8	27.9～31.7	>31.7
129.0～129.9	<23.1	23.1～24.5	24.6～28.3	28.4～32.6	>32.6
130.0～130.9	<23.6	23.6～25.0	25.1～28.8	28.9～33.4	>33.4
131.0～131.9	<24.1	24.1～25.6	25.7～29.3	29.4～34.4	>34.4
132.0～132.9	<24.6	24.6～26.1	26.2～29.7	29.8～35.3	>35.3
133.0～133.9	<25.1	25.1～26.7	26.8～30.2	30.3～36.3	>36.3
134.0～134.9	<25.7	25.7～27.3	27.4～30.7	30.8～37.4	>37.4
135.0～135.9	<26.2	26.2～28.0	28.1～31.2	31.3～38.5	>38.5
136.0～136.9	<26.7	26.7～28.6	28.7～31.7	31.8～39.7	>39.7
137.0～137.9	<27.4	27.4～29.4	29.5～32.3	32.4～40.6	>40.6

三、其他单项指标评分标准

表5　3岁幼儿其他单项指标评分表

测试指标	1分	2分	3分	4分	5分
	男				
身高（厘米）	<91.2	91.2－95.4	95.5－99.3	99.4－104.1	>104.1
10米折返跑（秒）	15.8－12.9	12.8－10.3	10.2－9.1	9.0－8.0	<8.0
立定跳远（厘米）	21－29	30－42	43－58	59－76	>76
网球掷远（米）	1.5	2.0－2.5	3.0－3.5	4.0－5.5	>5.5
双脚连续跳（秒）	25.0－19.7	19.6－13.1	13.0－9.2	9.1－6.6	<6.6
坐位体前屈（厘米）	2.9－4.8	4.9－8.5	8.6－11.6	11.7－14.9	>14.9
走平衡木（秒）	48.5－30.1	30.0－16.9	16.8－10.6	10.5－6.6	<6.6
	女				
身高（厘米）	<90.0	90.0－94.6	94.7－98.0	98.1－103.0	>103.0
10米折返跑（秒）	16.8－13.5	13.4－10.6	10.5－9.4	9.3－8.2	<8.2
立定跳远（厘米）	21－28	29－39	40－54	55－71	>71
网球掷远（米）	1.0	1.5－2.0	2.5－3.0	3.5－5.0	>5.0
双脚连续跳（秒）	25.9－20.1	20.0－13.5	13.4－9.8	9.7－7.1	<7.1
坐位体前屈（厘米）	3.2－6.2	6.3－9.9	10.0－12.9	13.0－15.9	>15.9
走平衡木（秒）	49.8－32.5	32.4－17.4	17.3－10.8	10.7－6.9	<6.9

表6 3.5岁幼儿其他单项指标评分表

测试指标		1分	2分	3分	4分	5分
		男				
身高	(厘米)	<94.1	94.1–98.2	98.3–102.0	102.1–106.9	>106.9
10米折返跑	(秒)	14.0–11.4	11.3–9.5	9.4–8.4	8.3–7.5	<7.5
立定跳远	(厘米)	27–34	35–52	53–69	70–84	>84
网球掷远	(米)	1.5	2.0–2.5	3.0–4.0	4.5–5.5	>5.5
双脚连续跳	(秒)	21.8–17.0	16.9–11.2	11.1–8.3	8.2–6.1	<6.1
坐位体前屈	(厘米)	2.7–4.6	4.7–8.4	8.5–11.5	11.6–14.9	>14.9
走平衡木	(秒)	41.1–27.1	27.0–15.1	15.0–9.4	9.3–5.9	<5.9
		女				
身高	(厘米)	<93.0	93.0–97.5	97.6–101.1	101.2–105.5	>105.5
10米折返跑	(秒)	14.9–12.1	12.0–9.8	9.7–8.7	8.6–7.7	<7.7
立定跳远	(厘米)	25–33	34–49	50–64	65–81	>7.7
网球掷远	(米)	1.5	2.0–2.5	3.0–3.5	4.0–5.0	>5.0
双脚连续跳	(秒)	21.9–17.1	17.0–11.3	11.2–8.5	8.4–6.2	<6.2
坐位体前屈	(厘米)	3.5–6.2	6.3–9.9	10.0–12.9	13.0–15.9	>15.9
走平衡木	(秒)	40.4–27.5	27.4–15.1	15.0–9.7	9.6–6.1	<6.1

表7 4岁幼儿其他单项指标评分表

测试指标		1分	2分	3分	4分	5分
		男				
身高	(厘米)	<97.5	97.5–101.9	102.0–105.4	105.5–110.4	>110.4
10米折返跑	(秒)	12.4–10.2	10.1–8.6	8.5–7.7	7.6–6.9	<6.9
立定跳远	(厘米)	35–46	47–64	65–79	80–95	>95
网球掷远	(米)	2.0–2.5	3.0–3.5	4.0–4.5	5.0–6.0	>6.0
双脚连续跳	(秒)	17.0–13.2	13.1–9.2	9.1–7.1	7.0–5.6	<5.6
坐位体前屈	(厘米)	2.4–4.4	4.5–8.4	8.5–11.4	11.5–14.9	>14.9
走平衡木	(秒)	33.2–21.6	21.5–11.6	11.5–7.4	7.3–4.9	<4.9
		女				
身高	(厘米)	<96.6	96.6–100.9	101.0–104.4	104.5–108.9	>108.9
10米折返跑	(秒)	13.2–10.9	10.8–9.1	9.0–8.1	8.0–7.2	<7.2
立定跳远	(厘米)	32–43	44–59	60–73	74–89	>89
网球掷远	(米)	2.0	2.5–3.0	3.5–4.0	4.5–5.0	>5.0
双脚连续跳	(秒)	17.2–13.5	13.4–9.6	9.5–7.4	7.3–5.9	<5.9
坐位体前屈	(厘米)	3.4–5.9	6.0–9.9	10.0–12.9	13.0–15.9	>15.9
走平衡木	(秒)	32.2–22.6	22.5–12.3	12.2–8.2	8.1–5.3	<5.3

表 8　4.5 岁幼儿其他单项指标评分表

测试指标	1 分	2 分	3 分	4 分	5 分
	男				
身高（厘米）	< 100.0	100.0 – 104.6	104.7 – 108.4	108.5 – 113.1	> 113.1
10 米折返跑（秒）	11.8 – 9.8	9.7 – 8.1	8.0 – 7.3	7.2 – 6.7	< 6.7
立定跳远（厘米）	40 – 54	55 – 72	73 – 88	89 – 102	> 102
网球掷远（米）	2.5	3.0 – 4.0	4.5 – 6.0	6.5 – 8.0	> 8.0
双脚连续跳（秒）	14.5 – 11.3	11.2 – 8.2	8.1 – 6.5	6.4 – 5.3	< 5.3
坐位体前屈（厘米）	1.8 – 4.1	4.2 – 7.9	8.0 – 10.9	11.0 – 14.4	> 14.4
走平衡木（秒）	28.4 – 17.9	17.8 – 9.7	9.6 – 6.3	6.2 – 4.3	< 4.3
	女				
身高（厘米）	< 99.0	99.0 – 103.6	103.7 – 107.3	107.4 – 111.9	> 111.9
10 米折返跑（秒）	12.4 – 10.3	10.2 – 8.6	8.5 – 7.7	7.6 – 7.0	< 7.0
立定跳远（厘米）	40 – 49	50 – 67	68 – 80	81 – 96	> 96
网球掷远（米）	2.0	2.5 – 3.0	3.5 – 4.0	4.5 – 5.5	> 5.5
双脚连续跳（秒）	14.9 – 12.0	11.9 – 8.6	8.5 – 6.8	6.7 – 5.5	< 5.5
坐位体前屈（厘米）	3.0 – 5.9	6.0 – 9.9	10.0 – 12.9	13.0 – 16.0	> 16.0
走平衡木（秒）	26.5 – 18.7	18.6 – 10.2	10.1 – 7.0	6.9 – 4.7	< 4.7

表 9　5 岁幼儿其他单项指标评分表

测试指标	1 分	2 分	3 分	4 分	5 分
	男				
身高（厘米）	< 103.1	103.1 – 107.8	107.9 – 111.9	112.0 – 116.9	> 116.9
10 米折返跑（秒）	10.3 – 9.0	8.9 – 7.7	7.6 – 7.0	6.9 – 6.4	< 6.4
立定跳远（厘米）	50 – 64	65 – 79	80 – 95	96 – 110	> 110
网球掷远（米）	3.0 – 3.5	4.0 – 5.0	5.5 – 7.0	7.5 – 9.0	> 9.0
双脚连续跳（秒）	12.5 – 9.9	9.8 – 7.3	7.2 – 6.0	5.9 – 5.1	< 5.1
坐位体前屈（厘米）	1.1 – 3.4	3.5 – 7.5	7.6 – 10.9	11.0 – 14.4	> 14.4
走平衡木（秒）	22.2 – 14.1	14.0 – 7.9	7.8 – 5.3	5.2 – 3.7	< 3.7
	女				
身高（厘米）	< 102.0	102.0 – 106.5	106.6 – 110.4	110.5 – 115.4	> 115.4
10 米折返跑（秒）	11.2 – 9.7	9.6 – 8.1	8.0 – 7.3	7.2 – 6.7	< 6.7
立定跳远（厘米）	50 – 59	60 – 74	75 – 88	89 – 102	> 102
网球掷远（米）	2.5 – 3.0	3.5 – 4.0	4.5 – 5.5	6.0 – 8.5	> 8.5
双脚连续跳（秒）	12.7 – 10.1	10.0 – 7.6	7.5 – 6.2	6.1 – 5.2	< 5.2
坐位体前屈（厘米）	3.0 – 5.4	5.5 – 9.6	9.7 – 13.1	13.2 – 16.6	> 16.6
走平衡木（秒）	23.7 – 14.1	14.0 – 8.3	8.2 – 5.8	5.7 – 4.1	< 4.1

表 10　5.5 岁幼儿其他单项指标评分表

测试指标		1 分	2 分	3 分	4 分	5 分
		男				
身高	（厘米）	< 104.6	104.6 – 110.1	110.2 – 114.6	114.7 – 119.7	> 119.7
10 米折返跑	（秒）	10.0 – 8.6	8.5 – 7.4	7.3 – 6.8	6.7 – 6.2	< 6.2
立定跳远	（厘米）	56 – 69	70 – 89	90 – 102	103 – 119	> 119
网球掷远	（米）	3.0 – 3.5	4.0 – 5.5	6.0 – 7.5	8.0 – 10.0	> 10.0
双脚连续跳	（秒）	11.9 – 9.4	9.3 – 6.9	6.8 – 5.7	5.6 – 4.9	< 4.9
坐位体前屈	（厘米）	1.0 – 3.2	3.3 – 7.5	7.6 – 10.9	11.0 – 14.4	> 14.4
走平衡木	（秒）	19.2 – 12.1	12.0 – 6.8	6.7 – 4.6	4.5 – 3.3	< 3.3
		女				
身高	（厘米）	< 104.5	104.5 – 109.2	109.3 – 113.4	113.5 – 118.4	> 118.4
10 米折返跑	（秒）	10.5 – 9.1	9.0 – 7.7	7.6 – 7.0	6.9 – 6.4	< 6.4
立定跳远	（厘米）	54 – 65	66 – 81	82 – 95	96 – 109	> 109
网球掷远	（米）	3.0	3.5 – 4.5	5.0 – 6.0	6.5 – 8.5	> 8.5
双脚连续跳	（秒）	11.5 – 9.3	9.2 – 7.0	6.9 – 5.8	5.7 – 4.9	< 4.9
坐位体前屈	（厘米）	3.0 – 5.4	5.5 – 9.6	9.7 – 12.9	13.0 – 16.7	> 16.7
走平衡木	（秒）	20.1 – 12.6	12.5 – 7.5	7.4 – 5.1	5.0 – 3.6	< 3.6

表 11　6 岁幼儿其他单项指标评分表

测试指标		1 分	2 分	3 分	4 分	5 分
		男				
身高	（厘米）	< 108.2	108.2 – 113.2	113.3 – 117.7	117.8 – 123.0	> 123.0
10 米折返跑	（秒）	9.4 – 8.0	7.9 – 6.9	6.8 – 6.3	6.2 – 5.8	< 5.8
立定跳远	（厘米）	61 – 78	79 – 94	95 – 110	111 – 127	> 127
网球掷远	（米）	3.5 – 4.0	4.5 – 6.5	7.0 – 9.0	9.5 – 12.0	> 12.0
双脚连续跳	（秒）	10.4 – 8.3	8.2 – 6.2	6.1 – 5.2	5.1 – 4.4	< 4.4
坐位体前屈	（厘米）	1.0 – 3.1	3.2 – 7.0	7.1 – 10.4	10.5 – 14.4	> 14.4
走平衡木	（秒）	16.0 – 9.4	9.3 – 5.4	5.3 – 3.8	3.7 – 2.7	< 2.7
		女				
身高	（厘米）	< 107.0	107.0 – 111.9	112.0 – 116.6	116.7 – 121.7	> 121.7
10 米折返跑	（秒）	10.2 – 8.6	8.5 – 7.3	7.2 – 6.6	6.5 – 6.1	< 6.1
立定跳远	（厘米）	60 – 70	71 – 86	87 – 100	101 – 116	> 116
网球掷远	（米）	3.0	3.5 – 4.5	5.0 – 6.0	6.5 – 8.0	> 8.0
双脚连续跳	（秒）	10.5 – 8.4	8.3 – 6.3	6.2 – 5.3	5.2 – 4.6	< 4.6
坐位体前屈	（厘米）	3.0 – 5.3	5.4 – 9.5	9.6 – 12.9	13.0 – 16.7	> 16.7
走平衡木	（秒）	17.0 – 10.8	10.7 – 6.2	6.1 – 4.3	4.2 – 3.0	< 3.0

本文节选自《国民体质测定标准》(幼儿部分)。

最新田径世界纪录(截止到 2011 年 6 月)

性别	项目	成绩	创造者	国籍	时间	地点	赛事
男	100 米	9 秒 58	乌塞恩·博尔特	牙买加	2009.8.16	柏林	世界田径锦标赛
男	200 米	19 秒 19	乌塞恩·博尔特	牙买加	2009.8.20	柏林	世界田径锦标赛
男	400 米	43 秒 18	迈克尔·约翰逊	美国	1999.8.26	塞维利亚	第七届世界田径锦标赛
男	800 米	1 分 41 秒 11	威尔逊·基普凯特	丹麦	1997.8.24	苏黎世	国际田径大奖赛
男	1000 米	2 分 11 秒 96	诺·恩吉尼	肯尼亚	1999.9.5	列蒂	意大利国际田径赛
男	1500 米	3 分 26 秒 00	西查姆·埃尔·奎罗伊	摩洛哥	1998.7.14	罗马	国际田联黄金联赛罗马站
男	2000 米	4 分 44 秒 79	西查姆·埃尔·奎罗伊	摩洛哥	1999.9.8	柏林	'99 国际田联黄金联赛
男	3000 米	7 分 20 秒 67	丹·科曼	肯尼亚	1996.9.1	列蒂	国际田径赛
男	5000 米	12 分 37 秒 35	贝克勒	埃塞俄比亚	2004.5.31	荷兰	国际比赛
男	10000 米	26 分 17 秒 53	贝克勒	埃塞俄比亚	2005.8.26	布鲁塞尔	国际田联黄金联赛
男	3000 米障碍	7 分 53 秒 64	沙希恩	卡塔尔	2004.9.3	布鲁塞尔	国际田联黄金联赛
男	马拉松	2 小时 3 分 59 秒	格布雷西拉西耶	埃塞俄比亚	2008.9.27	柏林	马拉松赛
男	20000 米竞走	1 小时 17 分 25 秒 6	塞桂拉	墨西哥	1994.5.7	卑尔根	
男	50000 米竞走	3 小时 40 分 57 秒 9	图坦	法国	1996.9.29	埃利库尔	
男	20 公里竞走	1 小时 16 分 43 秒	谢尔盖·莫洛佐夫	俄罗斯	2008.6.8	萨兰斯克	全国锦标赛
男	30 公里竞走	2 小时 01 分 44 秒	毛里齐奥·达米拉诺	俄罗斯	1992.10.3	库内奥	本人告别赛
男	50 公里竞走	3 小时 34 分 13 秒	尼泽戈罗托夫	澳大利亚	2008.5.11	俄·切伯克萨瑞	第二十三届世界杯竞走赛
男	110 米栏	12 秒 87	罗伯斯	古巴	2008.6.12	捷·俄斯特拉发	田径大奖赛
男	400 米栏	46 秒 78	凯文·扬	美国	1992.8.6	巴塞罗那	第二十五届奥运会
男	4×100 米接力	37 秒 10	卡特、弗雷特、博尔特、鲍威尔	牙买加	2008.8.22	北京	第二十九届奥运会
男	4×400 米接力	2 分 54 秒 20	杨、佩拂格瑞、华盛顿、约翰逊	美国	1998.7.22	纽约	友好运动会
男	4×800 米接力	7 分 2 秒 43	约·穆图阿、	肯尼亚	2006.8.25	布鲁塞尔	国际田径赛
男	10 公里	27 分 01 秒	格布雷西拉西耶	埃塞俄比亚	2002.12.11	多哈	10 公里公路赛
男	20 公里	55 分 31 秒	旺吉鲁	肯尼亚	2007.3.17	海牙	国际半程马拉松赛
男	半程马拉松	58 分 35 秒	旺吉鲁	肯尼亚	2007.3.17	海牙	国际半程马拉松赛
男	1 英里	3 分 43 秒 13	西查姆·埃尔·奎罗伊	摩洛哥	1999.7.7	罗马	国际田联黄金联赛罗马站

（续表）

性别	项目	成绩	创造者	国籍	时间	地点	赛事
男	2英里	7分58秒61	丹尼尔.科门	肯尼亚	1997.7.19	比·海切特尔	国际田径赛
男	跳高	2米45	哈维尔·索托马约尔	古巴	1993.7.27	萨拉曼卡	国际田径赛
男	跳远	8米95（+0.3）	鲍威尔	美国	1991.8.30	东京	第三届世界田径锦标赛
男	三级跳远	18米29（+1.3）	埃德沃兹	英国	1995.8.30	哥德堡	第五届世界田径锦标赛
男	撑杆跳高	6米14	谢尔盖·布勃卡	乌克兰	1994.7.31	塞斯特列雷	国际田径赛
男	铅球	23米12	兰迪·巴恩斯	美国	1990.5.20	洛杉矶	
男	铁饼	74米08	丁尔根·舒尔特	前东德	1986.6.6	新勃兰登堡	
男	标枪	98米48	扬·泽莱兹尼	前捷克斯洛伐克	1996.5.26	耶拿	“奥林匹克日”田径赛
男	链球	86米74	尤里·谢迪赫	前苏联	1986.8.30	斯图加特	
男	十项全能	9026分	塞布尔勒	捷克	2001.5.28	福拉尔贝格	国际田联世界挑战赛
女	100米	10秒49(0.0)	格里菲斯·乔伊娜	美国	1988.7.16	印第安纳波利斯	
女	200米	21秒34（+1.3）	格里菲斯·乔伊娜	美国	1988.9.29	汉城	第二十四届奥运会
女	400米	47秒60	马里塔·科赫	前东德	1985.10.6	堪培拉	
女	800米	1分53秒28	娅尔米拉·克拉托赫维洛娃	前捷克斯洛	1983.7.26	慕尼黑	国际田径赛
女	1000米	2分28秒98	斯·玛斯科特娃	俄罗斯	1996.8.23	布鲁塞尔	国际田径大奖赛
女	1500米	3分50秒46	曲云霞	中国	1993.9.11	北京	第七届全运会
女	3000米	8分06秒11	王军霞	中国	1993.9.13	北京	第七届全运会
女	5000米	14分11秒15	蒂努内塞·迪巴巴	埃塞俄比亚	2008.6.8	奥斯陆	国际田联黄金联赛
女	10000米	29分31秒78	王军霞	中国	1993.9.8	北京	第七届全运会
女	2000米障碍	6分11秒84	玛琳娜·普鲁兹尼科娃	俄罗斯	1994.7.25	圣彼得堡	第三届友好运动会
女	3000米障碍	8分58秒81	萨米托娃	俄罗斯	2008.8.17	北京	第二十九届奥运会
女	马拉松	2小时15分25秒	保拉·拉德克里夫	英国	2003.4.13	伦敦	
女	2英里	8分58秒58	梅塞莱特·德法尔	埃塞俄比亚	2007.9.14	布鲁塞尔	国际田联黄金联赛
女	5000米竞走	20分02秒60	吉兰·奥苏利文	爱沙尼亚	2002.7.13	都柏林	
女	10000米竞走	41分56秒23	雷斯基娜	前苏联	1990.7.24	西雅图	
女	20000米竞走	1小时26分52秒3	伊万诺娃	俄罗斯	2001.9.6	布里斯班	
女	5公里竞走	20分13秒26	克里·萨克斯比 琼娜	澳大利亚	1996.2.25	霍巴特	田径大奖赛
女	10公里竞走	41分04秒	叶琳娜·尼科拉耶娃	俄罗斯	1996.4.20	阿德勒	全国竞走锦标赛

（续表）

性别	项目	成绩	创造者	国籍	时间	地点	赛事
女	20公里竞走	1小时25分41秒	伊万诺娃	俄罗斯	2005.8.7	赫尔辛基	世界田径锦标赛
女	100米栏	12秒21（+0.7）	约丹卡·东科娃	保加利亚	1988.8.20	旧扎格拉市	
女	400米栏	52秒34	尤里娅·佩奇昂基娜	俄罗斯	2003.8.8	图拉	俄罗斯田径锦标赛
女	4×100米接力	41秒37	西尔克·格拉迪施、萨宾·里格尔、英格里德·奥斯瓦尔德、玛莉斯·格尔	前东德	1985.10.6	堪培拉	
女	4×200米接力	1分27秒46	马里恩·琼斯等	美国	2000.4.29	宾夕法尼亚	州田径赛
女	4×400米接力	3分15秒17	莱多夫丝卡娅、娜扎罗娃、彼尼基娜、布赖兹基娜	前苏联	1988.10.1	汉城	第二十四届奥运会
女	4×800米接力	7分50秒17	奥莉扎伦科、吉莉娜、布里苏娃、伊列娜	前苏联	1984.5.8	莫斯科	
女	10公里	30分38秒	麦科尔根	英国			
女	20公里	1小时3分21秒	洛娜·基普拉加特	荷兰	2006.10.8	匈·德布勒森	国际田联首届国际公路赛跑锦标赛
女	半程马拉松	1小时06分43秒	千叶正子	日本	1997.1.19	东京	
女	1英里	4分12秒56	斯·玛斯科特娃	俄罗斯	1996.8.14	苏黎世	国际田径大奖赛
女	1小时跑	18517米	图内	埃塞俄比亚	2008.6.12	捷·俄斯特拉发	田径大奖赛
女	跳高	2米09	斯特夫卡·科斯塔迪诺娃	保加利亚	1987.8.30	罗马	第二届世界田径锦标赛
女	跳远	7米52（+1.4）	加利娜·奇斯佳科娃	前东德	1988.6.11	列宁格勒	
女	三级跳远	15米50（+0.9）	因尼萨·克拉维茨	乌克兰	1995.8.10	哥德堡	第五届世界田径锦标赛
女	撑杆跳高	5米05	伊辛巴耶娃	俄罗斯	2008.8.18	北京	第二十九届奥运会
女	铅球	22米63	纳塔利娅·利索夫斯卡娅	前苏联	1987.6.7	莫斯科	
女	铁饼	76米80	加布里尔·赖因施	前东德	1988.7.9	新勃兰登堡	
女	标枪	72米28	斯波塔科娃	捷克	2008.9.13	斯图加特	国际田联总决赛
女	链球	78米67	莱森科	俄罗斯	2007.5.26	索契	俄罗斯国内比赛
女	七项全能	7291分	杰基·乔伊娜 克西	美国	1988.9.24	汉城	第二十四届奥运会